# 中國學術思想研究輯刊

七　編

林　慶　彰主編

## 第24冊

# 劉申叔先生之經學

陳冠甫（慶煌）著

花木蘭文化出版社

國家圖書館出版品預行編目資料

劉申叔先生之經學／陳冠甫（慶煌）著 — 初版 — 台北縣永和市：花木蘭文化出版社，2010〔民99〕

目 4+242 面；19×26 公分

（中國學術思想研究輯刊 七編；第24冊）

ISBN：978-986-254-183-8（精裝）

1. 劉師培 2. 學術思想 3. 經學

128.1 99002317

ISBN - 978-986-254-183-8

中國學術思想研究輯刊

七 編 第二四冊 ISBN：978-986-254-183-8

# 劉申叔先生之經學

作　　者　陳冠甫（慶煌）
主　　編　林慶彰
總 編 輯　杜潔祥
出　　版　花木蘭文化出版社
發 行 所　花木蘭文化出版社
發 行 人　高小娟
聯絡地址　台北縣永和市中正路五九五號七樓之三
　　　　　電話：02-2923-1455／傳眞：02-2923-1452
網　　址　http://www.huamulan.tw 信箱 sut81518@ms59.hinet.net
印　　刷　普羅文化出版廣告事業
封面設計　劉開工作室
初　　版　2010 年 3 月
定　　價　七編 24 冊（精裝）新台幣 40,000 元

版權所有・請勿翻印

# 劉申叔先生之經學

陳冠甫（慶煌）著

## 作者簡介

陳冠甫，原名慶煌，號修平，以字行。臺灣頭城人，政大國家文學博士，淡江大學專任教授，臺北大學兼任教授。幼嗜丹青，長好文學，淹貫羣經、諸子、史、漢、文選及唐宋明清要集。嘗涉獵考據、義理、經世之學，而以辭章為依歸。義務任中華學術院詩研所永久祕書長，中華閩南文化研究會理事長，為宏揚風雅、鼓吹休明，與發揚閩南精神及團結臺灣族羣而努力。傳世有《蒹葭樓詩論》、《西廂記的戲曲藝術》、《慎餘錄》，《古典文學縱橫論》論文百餘篇。《心月樓詩文集》六千首，李猷讚為：「真近今教授中之僅見」，曾霽虹以：「楚望一脈之延續而昌大之，宜恃一肩承之」勖勉。以會通百家，兼採眾長，自成新格，識者覺詩中有獨特之靈氣、仙氣洋溢焉。日後將履行方子丹教授生前僅結撰一千字而重託繼志完稿《禮學價值新論》之承諾。

## 提　　要

夫經者，恆久之至道，不刊之鴻典。先聖曾以溫柔敦厚、疏通知遠、廣博易良、絜靜精微、恭儉莊敬、屬辭比事六者，設為詩、書、樂、易、禮、春秋立教之旨。冀學者通經致用，得以福國利羣也。

有清一代，經學之隆，度越前世。儀徵劉氏三代以春秋左氏傳蜚聲道、咸、同、光間。至師培劉申叔先生，迺遠紹門風，恢宏前業，甫弱冠即英才挺發，特懋聲光，蔚為名家；惜稟命不融，奕葉鑽研之功未竟。爰著論八章，凡廿餘萬言以闡揚之：

首為導言：溯其學術地位及經學著述。次述其生平：備列小傳，兼附年譜，以求知人論世。

三、究其易學：分易之名義、作者、內容、傳授，以及象、數、理、旨、例與價值等而究之。

四、考其尚書學：依書之傳授、中古文即孔安國所獻、孔傳實有二偽本、今文無序、今古文皆有泰誓而考之。

五、探其詩經學：憑詩之傳授、詩分四家、邶鄘衞、頌、毛詩蘊義、傳例而探之。

六、明其禮學：除禮樂之傳授外，以論周官本源、周禮注、西周田制，述其對周禮之創獲；以論儀禮篇次、篇義、逸禮篇次，述其對儀禮之創獲；以論王制、月令、中庸、格物，述其對禮記之創獲。

七、論其春秋左氏學：除春秋之傳授外，以論左傳釋經、未經後儒附益、君子曰非劉歆增竄、洪邁謂左傳議論遣辭之非四條，力闢前儒對左傳之誹詆；以論左傳嚴華夷之界、富民主思想二條，闡明左傳之精義；以論推考左氏故誼應資取諸子史記、研治左傳條例、左氏禮例事三端尚待探討三條，另開研究左傳之蹊徑，敘其對左傳之貢獻。

最後為結論：綜述其於經學兼采今古文，固初主古文經學，但亦不墨守漢儒家法，蹈其故轍；雖反對今文學派之非古、疑古，但亦不否定今文經。

此全篇大略也，其中：易與禮學部分，先經陳貽鈺教授潤飾，再呈高師仲華認可；其他各經，悉由成師楚望裁定。憶廿八年前，三老玉成茲編，今日猶感荷無既，虔祈神佛，祐其冥福！

# 目次

第壹章　導　言 1
第貳章　劉申叔先生之生平附年譜 5
第參章　劉申叔先生之易學 17
一、引　言 17
二、論易之名義 18
三、論易之作者 21
（一）八卦 21
（二）重卦 22
（三）卦辭、爻辭 22
（四）十翼 23
四、論易之內容 24
（一）卦 25
（二）爻 26
（三）辭 27
五、論易之傳授及歷朝易學 34
（一）論兩漢易學之傳授 35
（二）論三國南北朝隋唐之易學 37
（三）論宋元明之易學 39
（四）論清代之易學 40
六、論易象 41
七、論易數 45
八、論易理 48
（一）太極無極之辯 48
（二）本體一元論 49
九、論易旨 51
（一）言陰陽而不言五行 51
（二）言人事而兼言天事 53
（三）言周禮而不言古禮 53
十、論易例 54
（一）爻例 55
（二）互體 59
（三）卦變 61
（四）比例 64

十一、論易之價值……65
（一）資訓詁……65
（二）闡物理……65
（三）裨考史……66
（四）別夷夏……67
（五）倡民本……67
（六）知統類……68
（七）明人倫……69
第肆章　劉申叔先生之尚書學……71
一、引　言……71
二、論書之傳授及歷朝尚書學……73
（一）論兩漢尚書學之傳授……74
（二）論三國南北朝隋唐之尚書學……77
（三）論宋元明之尚書學……78
（四）論清代之尚書學……80
三、論中古文即孔安國所獻古文尚書……81
四、論尚書孔傳實有二僞本……83
五、論今文尚書無序……89
六、論今古文皆有泰誓……95
第伍章　劉申叔先生之詩經學……101
一、引　言……101
二、論詩之傳授及歷朝詩經學……103
（一）論兩漢詩學之傳授……104
（二）論三國南北朝隋唐之詩經學……106
（三）論宋元明之詩經學……108
（四）論清代之詩經學……109
三、論詩分四家……111
四、論邶鄘衛……113
五、論　頌……117
六、詮釋毛傳之蘊義……119
七、論傳例……123
第陸章　劉申叔先生之禮學……131
一、引　言……131

二、論禮樂之傳授及歷朝禮學……134
（一）論兩漢禮學之傳授……135
（二）論三國南北朝隋唐之禮學……139
（三）論宋元明之禮學……140
（四）論清代之禮學……142
三、論劉氏治周禮之創獲……145
（一）論周官之本源……146
（二）論周禮注……149
（三）論西周之田制……158
四、論劉氏治儀禮之創獲……164
（一）論儀禮之篇次……165
（二）論儀禮之篇義……167
（三）論逸禮之篇名……179
五、論劉氏治禮記之創獲……181
（一）論王制……183
（二）論月令……185
（三）論中庸……187
（四）論格物……189
第柒章　劉申叔先生之春秋左氏學……195
一、引　言……195
二、論春秋之傳授及歷朝春秋學……200
（一）論兩漢春秋學之傳授……201
（二）論三國南北朝隋唐之春秋學……204
（三）論宋元明之春秋學……204
（四）論清代之春秋學……206
三、論劉氏對於左傳之貢獻……207
（一）力闢前儒對《左傳》之誹詆……209
（二）闡明《左傳》之精義……215
（三）另開研究《左傳》之蹊徑……218
第捌章　結　論……229
主要參考書目……235

# 第壹章　導　言

古今才高算促者踵相繼，而年耆學豐者，則曠代不一聞；蓋才與生而俱來，學隨年而愈進。若儀徵劉申叔先生者，蘭膏自灼，早殞厥身；而經術湛深，著述宏富，爲並世所罕覯。此不僅才學過人有以致然，實亦得力於其先人之遺業也。

先生少襲先芬，服膺儒學，焚膏繼晷，兀兀窮年，澤古之深，並世諸子，鮮有出其右者。清代經師治古文者，自高郵王氏父子以降，迄於定海黃以周、德清俞樾、瑞安孫詒讓，各張厥幟，匡微補缺，闡發宏多。若夫廣徵古說，足諍馬、鄭之違，且鉗今師之口，則先生翹然獨出，諸家未之或逮，故述造視前師爲省，而精當實過之，可謂研精覃思，持之有故者矣。又歷檢羣籍，乃至內典、道藏，無不究宣，嘗取老、莊、荀、呂、賈、董之書，讐正譌脫，獨創新解，按文是正，凡數百事，均乾、嘉諸老之所未詮。每論定一說，必旁推交通，百思莫易，乃著簡畢；〔註1〕而術業之所專攻，則在《周禮》及《春秋》、《左傳》。其所爲碑銘文字，皆體仿六朝，文采麗都；敘錄文字，則寓駢於散，樸厚淵雅，駸駸乎上攀漢、魏。若文說、論文雜記，直融諸家之長，以自成一家之說。嘗以駢文爲文章之正體，於魏、龔之文不中律，桐城之囿於義法，皆深致不滿，而獨心醉於「天下文章在揚州」〔註2〕焉。

慨自庚子以還，愛國志士憤韃虜辱國，漢人受虐，故於南明遺儒黃宗羲觝排君主之論，王夫之攘斥異族之文，羣起讀之，深受激盪，而顛覆清廷以

〔註1〕見《劉申叔先生遺書》（下註皆簡稱曰《遺書》）冊一，頁19～20，所附陳鐘凡撰〈劉先生行述〉。

〔註2〕見《遺書》冊一，頁39～40，所附〈南桂馨序〉。

建民國之運動，於斯展焉。申叔先生値此思潮澎湃之時，傾其所學，發爲言論，聲光煒然，眾口交譽。綜其肆力著述，凡十七年，始民元前九年癸卯，迄民國八年己未，因前後見解互異，可大別之爲二期：前六年趨於革新，務在徵實，喜闡經中粹言，故雖主古文，祖《左氏》，偏重漢儒經說，實亦左右采獲，不欲專己守殘，近乎戴學，是爲前期；後十一年趨於循舊，篤信古義而不疑，凡有所述，均以掇拾爲主，近乎惠學，是爲後期。〔註3〕至於著述所及，方面孔多：有論古今學術思想者，有論經學者，有論文學者，有論小學者，有爲校釋羣書者。要之，皆具有獨得之見，足以名家。明末大儒顧炎武嘗云：「凡文之不關於六經之指，當世之務者，一切不爲。」蓋以經學乃傳統文化之精髓，深有裨於世道人心也。本論文爲期知人論世，除首列申叔先生之生平外，實以闡述先生有關《易》、《書》、《詩》、《禮》及《春秋》、《左氏》等經學爲主，茲析之如次：

《易》爲聖人之精蘊所萃，所以經天緯地，綱紀羣品，括萬世之法則，資人生之日用。申叔先生於《易》最能彌綸眾學，觀其會通，〔註4〕故所撰〈兩漢易學之傳授〉、〈漢宋象數學異同論〉、〈連山歸藏考〉及〈經學教科書〉（第二冊專論易學）、〈司馬遷述周易考〉等，內容精審，旨義豐贍，皆各家所不及。其治《易》也，博而不繁，精而能貫，融通漢、宋，勝義紛陳，誠足爲吾人所取法也。

《書》者，所以宣王道之正義，記政事之往績，其所載皆典、謨、訓、誥、誓、命之文。後經孔子編定，上斷於堯，下訖於秦，凡百篇。惟流傳已歷二千餘年，其間凡遭厄七次，故今傳《尚書》，篇有亡佚，字多改易，文分今古，學者聚訟紛紜，迄無定論。而申叔先生篤好古文，故對今文學說，極力駁斥，所撰〈兩漢尚書學之傳授〉、〈中古文考〉、〈尚書源流考〉、〈今文尚書無序說〉、〈駁泰誓答問〉及〈史記用古文尚書考略〉等，陳義並皆精審，斐然可觀。

《詩經》乃吾國文學之鼻祖，先民歌謠之總集，自漢迄今，二千餘載，致力於斯學者，名家輩出。申叔先生所撰〈兩漢詩學之傳授〉、〈毛詩札記〉、

〔註3〕見《遺書》冊一，頁34所附〈錢玄同序〉。

〔註4〕按先生於《經學教科書》第二冊〈弁言〉云：「漢儒言象、言數，宋儒言理，均得易學之一端，若觀其會通，其惟近儒焦氏之書乎！故今編此書，多用焦氏之說，剌舊說者十之二，參臆解者十之三。如《易》於〈彖傳〉之外兼有〈象經〉，則係前人所未言；惟限於篇幅，引而伸之，是在讀者。」

〈毛詩詞例舉要〉、〈詩分四家說〉、〈廣釋頌〉及〈邶鄘衛考〉等，或以考證古代之史實，或以闡明詩學之源流，或旁徵博引以糾前人說詩之謬，或綜合排比以究一字一詞之義，其精闢處，有非昔儒所能幾及者。

安上治民，莫善乎禮。是以古之學者，無不習禮，以爲修己治人之資。三禮（即《周禮》、《儀禮》、《禮記》）之學，乃申叔先生畢生精力之所萃，曾撰成〈兩漢禮學之傳授〉、《禮經舊說》、《逸禮考》、《西漢周官師說考》、《周禮古注集疏》、《王制篇集證》及〈月令論〉、〈中庸說〉、〈格物解〉等，皆甄采古義，旁輯遺佚，復下己意，折中而會通之。要之，於鄭學而外，別開康莊之途以啓後學，誠絕業也。

孟子曰：「王者之迹熄而《詩》亡，《詩》亡然後《春秋》作。」《詩》主美刺，《春秋》寓褒貶，迨美刺不足以正人心，則示之以褒貶，使亂臣賊子知所戒懼也。自漢世經今古文之爭起，《左傳》一書之眞僞與性質，遂成一大懸案，二千年來，黨伐相繼，歷久不衰。儀徵劉氏以《左傳》爲累世相傳之家學，至申叔先生則更發揚光大之，所撰〈兩漢春秋學之傳授〉、《春秋古經箋》、《讀左劄記》、《春秋左氏傳古例詮微》、《春秋三傳先後考》、《周秦諸子述左傳考》、〈王魯新周辨〉等，或糾駁誤說，或闡明精義，或指陳條例，或垂示方法。以其學識淹貫，故持論無不精當焉。

此章所述，僅具大意，擘肌分理，統見他篇。惟先生之學，體大思精，予以緋管之識，慮多訛漏，固未敢自列於著述之林也。

# 第貳章　劉申叔先生之生平附年譜

先生姓劉氏，名師培，申叔其字也，又名光漢，別號左盦，江蘇揚州儀徵人。〔註 1〕清光緒十年閏五月二日（陽曆六月二十四日）生。曾祖文淇，祖毓崧，伯父壽曾，均以治《春秋左氏傳》，蜚聲道、咸、同、光間。〔註 2〕父貴曾，通經術，尤邃於曆學，盡通三統、四分之術。

先生淵源家學，覃思冥悟。髫齔之年，母李夫人親授《毛詩》、《爾雅》、《說文》，目十行俱下，爲文有若宿構。年十二，即讀畢四子書及五經。年十八補縣學生員，十九領鄉薦，二十赴京會試不第，遂以舉人保薦，充學部諮

---

〔註 1〕按日本小澤文四郎撰《劉孟瞻先生年譜》卷上，頁 1 云：「孟瞻籍儀徵，居邗上。名屋云『青溪舊屋』，又顏云『光照堂』。」又引劉師潁所寄書云：「青溪舊屋在揚州城内運署東園門東，寒家數世均居此宅。」「自六世祖魯凡公瞰始占籍儀徵，但久居揚州，並未在儀徵卜居。」

〔註 2〕按文淇少時家貧，舅氏凌曙憐其穎悟，自課之，年未及壯，即以淹通經史知名江、淮間。道光八年，嘗與劉寶楠、梅植之、包愼言、柳興恩及陳立同赴省試，相約各治一經，爲之疏證，而文淇分任《春秋左氏傳》。嘗謂《左氏》之義，爲杜注剝蝕已久，其稍可觀覽者，皆襲取舊說。擬先取賈、服、鄭三君之注，疏通證明。凡杜氏所排擊者，糾正之；所勦襲者，表明之。其沿用韋氏《國語》注者，亦一一疏記。他如《五經異義》所載《左氏》說，皆本《左氏》先師；《說文》所引《左傳》，亦是古文家說。《漢書・五行志》所載劉子駿說，凡若此者，皆稱舊注，而加以疏證。其顧、惠補注，及洪稚存、焦理堂、沈小宛等人專釋《左氏》之書，以及錢、戴、段、王諸通人說有可采，咸與登列。末始下以己意，定其從違。上稽先秦諸子，下考唐以前史書，旁及雜家筆記文集，皆取爲證佐，期於實事求是，俾左氏之大義，炳然著明（見其子毓崧所撰〈行略〉，載《通義堂文集》卷六）。如此規爲浩大，自非一人之力所易成，故甫得一卷而歿。其子毓崧思卒其業，未果。壽曾乃發憤以繼志述事爲任，嚴立課程，屬稿至襄公而絕筆（其間亦有貴曾、富曾二公參與之痕迹。）。三世一經，齎志踵歿，可哀矣。

議官。後舍去，歸道上海，識餘杭章太炎。時諸公方昌言攘除客帝，先生心契其說，遂贊襄革命，時民國紀元前九年也。歸娶何班為妻，旋偕至上海，何氏入愛國女校肄業，先生則改名光漢，著《攘書》，倡言排滿。

民前八年，與林獬主持警鐘日報社，既諷切時政，益以辨章夷夏，寓諸論學；冬與萬福華謀狙擊王之春，不遂。

民前七年春，與鄧實、黃節、陳去病及章太炎等創國學保存會，刊行《國粹學報》，倡導古文經學；未幾，《警鐘日報》被封，先生走蕪湖，與陳仲甫、章士釗、蘇曼殊等同任皖江中學教員，並發行白話報。

民前五年，與妻何氏偕赴日本，何氏改名震，至是復遘太炎，遂同編輯《民報》。章氏經術篤守古文，先生雖旁通，亦以古文為主，故論議益相得。其為人恂恂儒雅，然頗近名，聞社會主義、無政府主義新說，皆馳騖焉。劬學每至夜分不輟，精氣疲苶，又不暇察邇言，夫人何震以他事憾章氏，與汪公權者交相讒構，始與章氏齟齬，後汪復假先生名告密兩江總督端方，端因招致之。黨人聞而大憤，指為滿臣之鷹犬，先生乃於是年冬負氣歸國，竟入兩江之幕，為端考訂金石，稱陶齋，名遂替。章氏聞其事，猶遺書規之云：「中以小釁，翦為仇讎；豈君本懷，慮亦為人詿誤。……天羑其衷，公權隕命，君以權首，眾所屬目；進無搏擊彊禦之用，退乏山林獨善之地。彼帥外示寬宏，內懷猜賊，閑之游徼之門，致諸干掫之域。臧穀扈養，由之任使。賃舂執爨，莫非其人。猜防積中，菹醢在後。斯誠明哲君子所為嗟悼者也。……蓋聞元朗、沖遠，皆嘗為凶人牽引矣！先迷後復，無滅令名。況以時當遯尾，經籍道息，儉德避難，則龍蛇所以存身；人能宏道，而球圖由之不隊。禍福之萌漸，廢興之樞機，可不察乎？」〔註3〕先生得書竟不報。章氏本有「與君學術素同，蓋乃千載一遇」〔註4〕之語，於先生仍思全交，其間曾致書瑞安孫氏詒讓，請代調停，中有：「儀徵劉生，江淮之令，素治古文《春秋》，與麟同術，情好無閒，獨古年少氣盛，熏受浸潤之譖。……先生於彼則父執也，幸被一函，勸其弗爭意氣，勉治經術，以啓後生，與麟戮力，支持殘局，度劉生必能如命。縷縷陳述，非為一身毀譽之故，獨念先漢故言，不絕如綫，非有同好，誰與共濟？……」〔註5〕惜亦無結果。

〔註3〕見《遺書》冊一，頁29，所附章氏〈與劉光漢書〉。
〔註4〕同註3。
〔註5〕見《遺書》冊一，頁29，所附民元前四年五月三日章炳麟〈與孫仲容書〉。

民前一年，四川路潮事起，端方領兵入川，及革命軍興，川人殺端方，以先生嘗爲端幕僚，欲置之死，章氏聞訊，急電謝无量諸人云：「昔姚少師語成祖云：『城下之日，弗殺方孝孺，殺孝孺，讀書種子絕矣！』今者文化陵遲，宿學凋喪，一二通博之材，如劉光漢輩，雖負小疵，不應深論。若拘執黨見，思復前仇，殺一人無益於中國，而文學自此掃地，使禹域淪爲夷裔者，誰之責耶？」〔註 6〕幸新督蒲殿俊對先生頗致惺惺相惜之意，而章氏又有電爲之緩頰，遂免於難。因赴成都，講學於四川國學院；然江南不易知其蹤跡，章氏甚念先生，乃約蔡元培遍託上海各報寄聲覓之，並勸其東下。是時，川邊不靖，軍政府議出師，先生乃貽都督尹昌衡，民政長張修爵書，止其事。其與修爵書尤切直，略云：「邇聞議定遣師，出援川邊，愚竊以爲過康定以西，古號蕃落，大小欣貢，有恭順之素。今茲至計，要在安集，開示信諾，通接商賈，俾知順附和同之利，用就有征無戰之業。今之議者，弗務文德，欲以草昧經綸之始，上規季末開邊之跡，无資懷遠，適益病蜀。蜀地沃野，材榦所生，忘戰日久，復修征伐，三軍縣遠，飢疲太半，卒臨鋒刃，必見敗衄。又所賦發，日竭千金，力役失時，舍委穡事，軍有連征之費，民有凋殘之損，襁負流散，庶品不安，聽聞歌謠，輒爲辛楚，下竭則潰，弗可不察也。」〔註 7〕

民國二年，先生由四川至上海，轉赴山西太原講學。次年至北京，用都督閻錫山薦，袁世凱先後畀予總統府諮議、教育部編審及參事上行走等職。四年，袁氏方以兵力暫壹海內，漸謀改制，楊度等創籌安會議，假民意勸進，以先生善屬文，引之入會，作〈君政復古論〉，辭采淵懿，時人比諸〈劇秦美新〉。袁氏爲酬其勞，復委以參政院參政及上大夫等職。五年，又與康寶忠重組《中國學報》，以君政復古相標榜。迨洪憲失敗，袁世凱死，先生亦列名於帝制餘孽通緝之內，因避匿天津租界，後幸得內閣總理李經羲之寬宥，始脫其罪名。是時，章氏又爲之簡介國立北京大學任文科教授，其致蔡元培薦書中，有曰：「劉生儒林之秀，使之講學而不論政，亦足以敭明國故，牖迪我多士，未可以一眚廢也。」〔註 8〕以章氏之高視羣倫，獨於先生拳拳加厚，惓眷不忘，顯非敬其人，尊其品；乃是愛其才，重其學。此固足見章氏求師取友尊經衛道之偉大精神，而於先生棄嫌修好，與人爲善，其雅量宏襟，高風厚

〔註 6〕見朱通孺〈五十日見聞錄〉及高拜石先生《古春風樓瑣記》冊一，頁 288 所引。
〔註 7〕見《汪旭初先生遺集》，頁 386，〈劉師培傳〉所引。
〔註 8〕見錢基博氏《現代中國文學史》，頁 112～113 所引。

誼，尤非常人所能幾及。

先生長身竦立，頗見瘻瘠，書法枯槁，亦如其人。既得以所學授諸生，惟病瘵已深，慮終不久，一日謂其友蘄春黃君侃曰：「僕自謂經學違絕，惜無傳者！」侃曰：「聽講者數百人，胡為無傳也？」先生笑曰：「必得如足下者乃可。」侃曰：「審若是，請北面為弟子矣。」遽下拜，先生泰然受之。〔註9〕八年十一月二十日（陰曆九月二十八日）卒，年三十六，無子。蔡元培氏為經紀其喪，歸葬於祖塋之原。夫人何震，所受刺激尤深。據先生之叔富曾所撰墓志銘曰：「艱難中，間關相從，武昌戎馬，保全先著稿本，蠶叢崎嶇，尋夫蜀道。今者嫠室哀吟，苦空徹悟，爰訪名山，將為比丘尼終焉。」〔註10〕則何氏之於先生，亦可謂不負矣。

先生遺著，經弟子陳鐘凡、劉文典諸君搜輯，其友錢玄同加以董理，於民國二十三年，由南桂馨聘鄭裕孚校印，越二年，書成。凡論羣經及小學者二十二種，論學術及文辭者十三種，羣書校釋二十四種，詩文集四種，讀書記五種，學校教本六種。除詩文集外，餘皆民元前九年以後十七年中所作。

茲綜覽蔡元培、汪東及張舜徽諸氏之言，論曰：先生席三世傳經之業，又秉絕人之資，泛覽百家，兼綜條貫。平生以張大揚州之學為己任，〔註11〕而取徑所由，大抵遵其鄉先輩故轍以恢宏之。不特斠正羣書，演高郵王氏之法；沈思翰藻，宗儀徵阮氏之說而已。觀其就字音以求字義，則黃承吉之嗣音也；表章周秦諸子，則汪中之遺教也。至於持類統雜，推見古書大例，尤焦循之所長，而先生又推其法以理董羣籍，故其著述，條理分明，秩然不混，斯皆上紹揚州諸儒矩矱，以成其博綜通貫之學，固集揚州學派之大成矣。〔註12〕弱齡著書，年不中壽，故其說前後牴牾者亦時有，〔註13〕要未足為病也。向使先生委身學

〔註9〕見《汪旭初先生遺集》，頁387，〈劉師培傳〉。

〔註10〕見《遺書》冊一，頁21所錄。

〔註11〕按張舜徽氏《清人文集別錄》，頁516云：「壽曾嘗溯其家學所自，實淵源於江（永）、戴（震），謂戴氏弟子，以揚州為盛。阮元得師說於王念孫、任大椿，為江氏之再傳。其大父淇，嘗從阮氏問故，為江氏之三傳。其父毓崧，紹述家學，為江氏之四傳（詳《傳雅堂文集》卷一〈漚宧夜集記〉）。余則以為徽學必待揚州諸儒而後能大。由專精以趨于通核，廓然有以見學術之公，斯又王、汪、焦、阮諸家不同於江、戴之趣也。儀徵劉氏雖晚起，而能守其鄉先正遺風，故亦取徑廣而畜德多，觀其祖孫父子，持論名通，而不泥於一曲，夫豈偶然。」

〔註12〕見張舜徽氏《清人文集別錄》，頁677所述。

〔註13〕語見《汪旭初先生遺集》，頁387，〈劉師培傳〉。按申叔先生之論政也，則早主

術，不為外緣所擾，以康強其身而盡瘁於著述，則遺惠於後世者，寧可限量哉！〔註14〕

## 劉申叔先生年譜

先生名師培，又名光漢，字申叔，別號左盦。世自溧水遷揚州，遂為儀徵人。

先生八世祖春和，國學生，始由溧水遷揚州。七世祖起泰，國學生。六世祖暾，以占籍儀徵，補縣學生員。高祖錫瑜，國學生，業醫。曾祖文淇，嘉慶二十四年優貢生，候選訓導，著有《左傳舊疏考正》二卷、《春秋左氏傳舊注疏證》一卷及《青溪舊屋文集》十卷。祖毓崧，道光二十年優貢生，薦舉八旗官學教習，自少從父客遊四方，居曾國藩、國荃幕中最久，晚主金陵書局，校勘《王船山遺書》，用力尤勤，著有《通義堂文集》十六卷。伯父壽曾，同治三年及光緒二年副榜貢生，同知銜候選知縣，後入金陵書局，凡所刊善本，多出其手校，著有《傳雅堂文集》四卷，附《傳雅堂詩》一卷。父貴曾，光緒二年及十五年恩科副榜舉人，敕授文林郎，亦以經術發名東南。自文淇以還，祖孫三代咸治《左氏》，世所稱儀徵劉氏者也。茲列世系表如下：

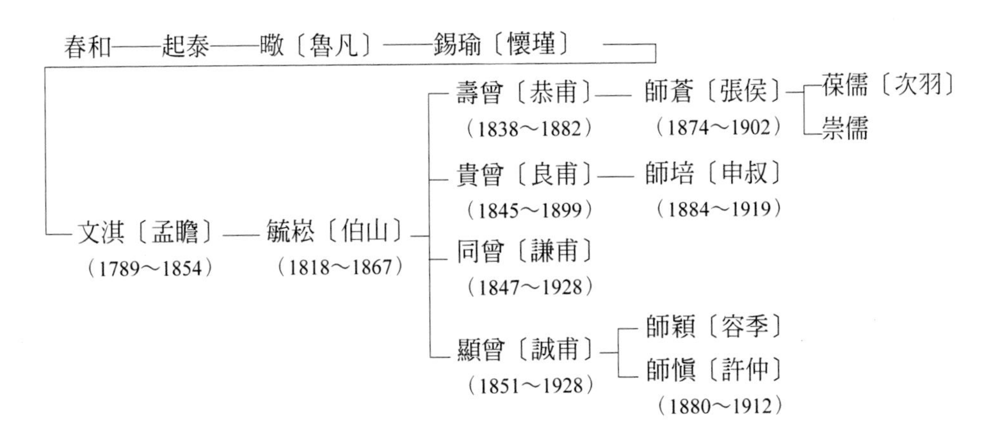


革新，晚主復古：其言文字也，則早主減省漢字點畫，增造新體，晚主墨守許氏《說文》，不得違舛。前後判若兩人，悉前是而後非，學者宜分別觀之也。

〔註14〕見《遺書》冊一，頁23，所附蔡元培撰〈劉君申叔事略〉。

**民前二十八年甲申**（光緒十、1884）**一歲**

閏五月二日（國曆六月二十四日）先生生。父貴曾，字良甫。

是年秋七月，與法宣戰，法軍寇臺灣，襲鎮海，均爲我軍擊退。九月劉銘傳爲臺灣巡撫，督辦軍務，駐紮臺灣。

**民前二十七年乙酉**（光緒十一、1885）**二歲**

是年春正月，法軍陷諒山，進寇鎮南關。冬十月，英人滅緬甸。

大學士左宗棠卒於軍。

**民前二十六年丙戌**（光緒十二、1886）**三歲**

是年六月，皇太后諭明年舉行皇帝親政大典，不果行。

**民前二十五年丁亥**（光緒十三、1887）**四歲**

先生年甫四歲，母李夫人即授以《毛詩》，琅琅上口，解釋《爾雅》字義，無一訛誤。

是年夏四月，定出洋遊歷人員章程。秋八月，黃河於鄭州下汎十堡處決口泛濫。

**民前二十四年戊子**（光緒十四、1888）**五歲**

先生於歲末時，已能爲人書春聯，作擘窠大字，一時有神童之譽。

從父富曾應鄉試，中舉人。

是年春正月，英兵謀入藏。八月，英領印兵侵藏。冬十一月，北洋海軍成。

**民前二十三年己丑**（光緒十五、1889）**六歲**

父貴曾中副貢，候選直隸州州判。

是年二月，光緒帝親政。

**民前二十二年庚寅**（光緒十六、1890）**七歲**

是年《中英藏印條約》成。

**民前二十一年辛卯**（光緒十七、1891）**八歲**

是年十一月，俄國侵帕米爾。

**民前二十年壬辰**（光緒十八、1892）**九歲**

從父顯曾及進士第，官甘肅道監察御史。

**民前十九年癸巳**（光緒十九、1893）**十歲**

是年冬十月，英、法共謀暹羅，停止入貢。十二月，與法使會勘廣西邊界，並繪圖立石。

兩湖總督張之洞奏設自強學堂於武昌。

民前十八年甲辰（光緒二十、1894）十一歲

是年夏五月，朝鮮東學黨作亂，我派兵往剿。六月，日本襲我運兵船於豐島沖，擊我陸軍於牙山。秋七月，清廷宣布與日本開戰。

民前十七年乙未（光緒二十一、1895）十二歲

先生讀畢四書、五經。

是年東事甫定，中國賢士大夫，蠹然有國威不振之懼，京都及南洋，皆有強學書局之設。

民前十六年丙申（光緒二十二、1896）十三歲

新會梁啓超創《時務報》於上海，並撰《變法通議》。

是年秋七月，工部尙書孫家鼐，奏請開辦京師大學堂。

清廷派遣學生赴日留學。

民前十五年丁酉（光緒二十三、1896）十四歲

從兄師蒼中拔貢，舉於鄉。

是年冬十月，德軍入佔膠州灣。

十一月，工部主事康有爲上書請變法。

民前十四年戊戌（光緒二十四、1898）十五歲

俞樾辭詁經精舍講席，計在職三十一年。

兩湖總督張之洞刊布《勸學篇》。計內篇九，外篇十四。

是年春正月，詔設經濟特科。設京師大學堂。夏四月，詔改各省書院爲學校。五月詔廢八股文，科舉改試策論。秋八月六日，皇太后以帝有疾，復垂簾聽政，並詔復一切舊制。

俄人租借旅順、大連，英人租借威海衛，德國佔據膠州灣。內訌外寇，紛至沓來，國事危矣。

民前十三年己亥（光緒二十五、1899）十六歲

父貴曾卒，年五十五。

秋八月，孫詒讓撰《周禮正義》八十六卷成。

是年冬十月，法軍艦入侵廣州灣，據之。

十二月，立端郡王載漪子溥儁為大阿哥。繼承穆宗毅皇帝為嗣。

**民前十二年庚子**（光緒二十六、1900）**十七歲**

是年五月，八國聯軍陷大沽礮臺。六月陷天津，七月二十日北京城破。太后挈帝，出奔宣化。八月幸太原。九月西幸西安。十一月外人提出和議十二款。

**民前十一年辛丑**（光緒二十七、1901）**十八歲**

先生應童子試，補縣學生員。

是年六月，改總經理各國事務衙門為外務部。

秋七月，清廷與八國簽辛丑和約十二款。

九月，全權大臣直隸總督李鴻章卒。

冬十一月，太后挈帝還京師。

**民前十年壬寅**（光緒二十八、1902）**十九歲**

是年秋，至南京應鄉試，中舉人。惟其兄師蒼因親送先生至縣境泗源溝，不幸墜江死焉（時八月三日），年二十九，時人惜之。

十一月二十三日，師蒼之遺腹子崇儒生。

梁啓超在日本橫濱發刊《新民叢報》。

**民前九年癸卯**（光緒二十九、1903）**二十歲**

赴京會試，歸途，滯上海，晤章太炎及其他愛國學社諸同志，組光復會。歸娶揚州何家輅之妹何班為妻，旋偕至上海，何班入愛國女校肄業，而先生則改名光漢，寓有光復漢族之意，著《攘書》，倡言排滿。

是年夏，先生撰《中國民約精義》三編。

上海蘇報案發生，章太炎以發表〈駁康有為論革命書〉，內有「載湉小醜，未辨菽麥」之語，又序鄒容《革命軍》一書，被逮繫獄。

是年十一月，頒布〈學堂章程〉。

十二月，日俄宣戰，宣告各省嚴守局外中立。

**民前八年甲辰**（光緒三十、1904）**二十一歲**

與林獬主持警鐘日報社，為日報撰稿人。

冬與萬福華預謀狙擊王之春，未遂。

是年春正月，詔舉行皇太后七旬萬壽慶典。

冬十月，黃興謀起義於長沙。事洩，東走日本。同月，孫中山先生與黃興合組革命同盟會於日本，謀建中華民國。

日、俄之戰發生，日兵於十二月進佔旅順口，俄軍乞降。

**民前七年乙巳**（光緒三十一、1905）**二十二歲**

先生與鄧實、黃節及陳去病等創國學保存會，刊行《國粹學報》，倡導古文經學。

先生撰《讀左劄記》、《羣經大義相通論》、《小學發微補》、《理學字義通釋》、《國學發微》、〈周末學術史序〉、《兩漢學術發微論》、《漢宋學術異同論》、《南北學派不同論》、《中國民族志》、《古政原論》、《古政原始論》、《文說》、《論文雜記》、《讀書隨筆》、《倫理教科書》、《經學教科書》、《中國文學教科書》、《中國歷史教科書》、《中國地理教科書》。

二月二十二日，《警鐘日報》被封，先生潛匿於彼時所謂平湖大俠敖金熊家，居數月。

二月二十九日，鄒容病死獄中。

德清俞樾卒，年八十八。

是年春，清廷廢科舉。秋，宣示預備立憲，並派五大臣出洋考察。

**民前六年丙午**（光緒三十二、1906）**二十三歲**

先生易名金少甫，與陳仲甫、章士釗、蘇曼殊、張通典及范光啓等，在安徽蕪湖，任皖江中學教員，並創白話報。

是年五月，章太炎期滿出獄，章氏赴日，入同盟會，主辦革命黨之《民報》。

**民前五年丁未**（光緒三十三、1907）**二十四歲**

二月，先生至日本，何班偕往，改名震，時爲《民報》撰稿人，與章氏相沆瀣，曾發表〈利害平等論〉、〈辨滿人非中國之臣民〉、〈清儒得失論〉及〈悲佃篇〉等，皆義正詞嚴，極爲精闢。

夏，因深受日本社會黨急進派北輝次郎之影響，遂創《天義報》。

秋與張繼設社會主義講習會。

先生撰《荀子詞例舉要》、《古書疑義舉例補》、《爾雅蟲名今釋》、《晏子春秋補釋》、《法言補釋》、《周書王會篇補釋》。

是年夏，徐錫麟起事於安徽，未成。大通女校校長秋瑾爲浙江巡撫張曾敭所逮捕，旋就義。冬，孫中山先生與黃興合攻廣西鎮南關，克之，旋敗退。

民前四年戊申（光緒三十四、1908）二十五歲

在日本創辦《衡報》，言社會主義及無政府主義。

與太炎先生齟齬，遂於是年冬，同夫人何震及姻弟汪公權乘輪歸國，於上海稍作逗留。

先生撰《荀子補釋》、《琴操補釋》。

五月，瑞安孫詒讓卒，年六十一。

是年，光緒帝及太后崩，醇親王載灃攝政。溥儀即帝位。

民前三年己酉（宣統元、1909）二十六歲

先生至南京，任瑞方兩江督署中幕僚，并兼任兩江師範學堂教習。

未幾，江浙革命黨人以先生向端告密，欲對先生夫婦不利，以爲報復，先生懼而辭本兼各職，與夫人回鄉匿居。

先生撰《穆天子傳補釋》、《左盦集》。

是年，清廷宣示決行預備立憲。

清日東三省五案交涉條款成。

民前二年庚戌（宣統二、1910）二十七歲

先生至天津。

先生撰《春秋左氏傳時月日古例考》、《古曆管窺》、《白虎通德論補釋》、《白虎通義源流考》、《白虎通義斠補》、《讀道藏記》、《敦煌新出唐寫本提要》。

民前一年辛亥（宣統三、1911）二十八歲

辛亥秋，端方奉命入川，查辦鐵路風潮，先生復入端幕，隨之入川，端在資州爲民軍所殺，先生亦被捕下獄。後經太炎急電營救，始獲脫免。

先生撰《周書補正》六卷、《周書略說》、《管子斠補》、《楚辭考異》。

是年春，黃興起事於廣州，未成。

十月民軍起義於武昌，創立中華民國。外蒙宣告獨立。

民國元年壬子（1912）二十九歲

先生應謝无量之邀，講學於四川國學院。爲四川《國學雜誌》撰稿人。主古文經學，與川人廖平之今文學相抗。

從兄師慎，以家國多故，發憤仰藥死，年三十三。

先生撰《春秋左氏傳答問》、《春秋左氏傳古例詮微》三十篇、《莊子斠補》、《春秋繁露斠補》。

是年元旦中華民國開國。　國父在南京就任臨時大總統。二月十二日，清帝退位。　國父辭臨時大總統職，袁世凱繼任。

**民國二年癸丑（1912）三十歲**

癸丑秋，先生由四川至山西太原講學，創國故鉤沈。都督閻錫山薦之於袁世凱。

先生撰《西漢周官師說考》上下二卷、《春秋左氏傳傳例解略》、《白虎通義定本》及〈左盦長律・癸丑紀行六百八十八韻〉。

是年二月，宋教仁遇刺於上海。

袁世凱向五國銀行團簽下大借款。

二次革命，失敗。袁世凱就第一任大總統。

**民國三年甲寅（1914）三十一歲**

先生由山西至北京，袁世凱先後任其爲總統府諮議、教育部編審及參事上行走。

袁世凱下令宣佈停止參眾兩院議員職務，解散國會。

章太炎以詬詈總統府，袁乃禁錮之於龍泉寺。

**民國四年乙卯（1915）三十二歲**

八月十四日，先生因夫人之脅迫，與楊度、孫毓筠、嚴復、李燮和、胡瑛等在京發起籌安會，鼓吹帝制。十月，袁世凱任先生爲參政院參政；十一月，授爲上大夫。是年一月，日本提出二十一條件。

十二月底袁世凱令改明年爲洪憲元年。

**民國五年丙辰（1916）三十三歲**

先生在北京，與康寶忠重組《中國學報》（共出五期），爲學報撰稿人，以君政復古相標榜。

先生撰〈春秋左氏傳例略〉。

是年三月，袁世凱撤銷帝制，廢止洪憲年號。六月，袁世凱死，黎元洪繼爲大總統，章太炎遂獲釋放。

**民國六年丁巳（1917）三十四歲**

先生以列名於帝制餘孽通緝之內，因避匿天津租界，後經人斡旋取消通緝。蔡元培先生憐其景況潦倒，聘之爲國立北京大學教授，旋兼任國立北平女子師範大學教授，自是謝絕交游，專心任教，不復與聞外事。

先生撰《中國中古文學史講義》。

是年七月，張勳擁溥儀復辟，旋失敗。

**民國七年戊午年（1918）三十五歲**

是年九月，北京新國會選舉徐世昌爲總統。

十一月，公佈注音字母表。

**民國八年己未（1919）三十六歲**

先生爲《國故雜誌》撰稿人。

九月二十八日（國曆十一月二十日）卒。蔡元培經紀其喪，翌年二月，命門人劉文典爲之歸櫬揚州，旅櫬蕭寺，待寒冬，窆於祖塋（揚州西郊赫家寶塔）之原。

先生撰《毛詩詞例舉要略本》。

十月十二日，先生母李夫人卒，年七十八，去先生歿僅十月十四日。叔顯曾以孫葆楹承其香火。

是年五月四日，北京大專院校學生三千餘人，爲爭山東主權，反對巴黎和會決定，舉行示威運動。

按：先生自民國以後，不著年月之著作有：《尚書源流考》、《毛詩札記》、《禮經舊說》十七卷、《逸禮考》、《周禮古注集疏》二十卷、《春秋古經箋》九卷、《春秋左氏傳傳注例略》、《毛詩詞例舉要詳本》、《晏子春秋斠補》、《晏子春秋斠補定本》、《老子斠補》、《墨子拾補》、《荀子斠補》、《賈子新書斠補》、《楊子法言斠補》、《韓非子斠補》及《讀書續筆》。纂集各年之作品者有：《左盦外集》、《左盦詩錄》、《左盦詞錄》及《左盦題跋》。茲附之如上，藉供參覽。

# 第參章　劉申叔先生之易學

## 一、引　言

《易・繫辭》曰：「夫《易》廣矣大矣！以言乎遠則不禦，以言乎邇則靜而正，以言乎天地之間則備矣。」是知易之範圍，與天地同其大，與日月同其明，無所不備，而亦無所不察。是以古之聖人無不極深而研幾也。

夫《易經》一書，乃中國學術思想之根源，文化之濫觴。班固《漢書・藝文志》云：「六藝之文——《樂》以和神，仁之表也；《詩》以正言，義之用也；《禮》以明體，明者著見，故無訓也；《書》以廣聽，知之術也；《春秋》以斷事，信之符也。蓋五常之道，相須而備，而《易》爲之原。」《易》專言理，無不涵容；蓋以其爻象紛綸，妙達自然，得融裁諸《詩》、《書》、《禮》、《樂》、《春秋》之間，故乃居六經之首位。是以欲知中國文化，必先明《易》。

申叔先生擘精易學，著述有〈連山歸藏考〉、〈易繫辭多有所本說〉、〈司馬遷述周易考〉、〈象盡意論〉等鴻文，其《經學教科書》第二冊所論《易經》三十六課尤爲整練而有所統紀。通論《易經》卦名、卦象、卦文、卦義，釋彖辭、爻辭，著〈易象〉，以〈十翼〉及〈筮法〉，甚爲精到。擴而充之，更推衍及《易》與文字、《易》與數學、《易》與科學、《易》與史學、《易》與政治學、《易》與社會學、《易》與倫理學、《易》與哲學。誠所謂「究天人之際，通古今之變」，探賾發幽，體大思精矣。至於推及《易》與禮典，論《易》詞，釋《易》韻，直以中國文化，蓋莫不淵源於《易》者。於是橫說豎說，亦皆各成妙趣。茲綜覽其說，槩分「論易之名義」、「論易之內容」、「論易之傳授及歷朝易學」、「論易象」、「論易數」、「論易理」、「論易旨」、「論易例」

及「論易之價值」等十目，申述如次：

## 二、論易之名義

古有三易，夏易曰《連山》，商易曰《歸藏》，與《周易》相合，名曰三易，西周之時，太卜掌之。按《周禮·春官·太卜職》曰：「太卜掌『三易』之法：一曰《連山》，二曰《歸藏》，三曰《周易》。其經卦皆八，其別皆六十有四。」孔穎達《周易正義》第三〈論三代易名〉曰：「杜子春云：『《連山》，伏羲；《歸藏》，黃帝。』鄭玄〈易贊〉及〈易論〉云：『夏曰《連山》，殷曰《歸藏》，周曰《周易》。』」蓋三易均裨卜筮之用，其卦名相同，至其不同者，申叔先生謂其有三：一曰序次不同，二曰占法不同，三曰卦辭不同，並申之云：

> 序次不同者：《連山》以艮爲首，《歸藏》以坤爲首，《周易》則以乾爲首。
>
> 占法不同者：夏殷《易》以七八不變爲占，《周易》以九六變者爲占。
>
> 卦辭不同者：《左傳》所引古《易》之文，多爲《周易》所無。〔註1〕

按所謂序次不同者，觀《禮記》載：「孔子曰：『吾欲觀殷道，是故之宋，而不足徵也，吾得坤乾焉。』」梁元帝即據以立論云：「按《禮記》曰：『我欲觀殷道，得坤乾焉。』今《歸藏》，先坤後乾，則知是殷明矣。推《歸藏》既是殷制，《連山》理是夏書。」〔註2〕則知矣。若夫《連山》所以首艮，《歸藏》所以首坤者，則以二書既佚，諸家之說又異，〔註3〕疑皆爲憑肊之詞，未可據爲定論。所謂占法不同者，觀孔穎達《周易正義》之言：「周世之卜，雜用《連山》、《歸藏》、《周易》。《連山》、《歸藏》，以不變爲占，占七八之爻，二易並亡，不知實然與否？」已作疑似之辭，則後儒本之而爲說者，似更不得確言之矣。至於卦辭不同者，凡《左傳》載有今《周易》所無之繇辭，後儒多指爲《連山》、《歸藏》之繇辭，而其他載籍之徵引《連山》、《歸藏》繇辭者亦夥（詳下文），惟其書亡佚已久，無從覆按，不知其辭之果爲《連山》、《歸藏》之文否也。

---

〔註1〕見《遺書》，冊四，頁2375，《經學教科書》。

〔註2〕見《金樓子》卷四，〈立言篇九下〉。

〔註3〕有關諸家之說辭，見高師仲華《高明文輯》上冊，頁124～129，〈連山歸藏考〉所述。

有關《連山》、《歸藏》二易，所以亡佚之故，申叔先生亦有解說。申叔先生曰：

> 秦代以後所存者僅《周易》，而夏殷之《易》俱亡，其所以湮滅者，一則國亡之故，一則未經孔子編訂之故也。〔註4〕

蓋三代不相法，商君明言之，所謂「治世不一道，便國不法古」也。是故夏殷之《易》，雖西周初葉亦歸太卜所掌，然終隨其國亡而漸佚；迄春秋之末期，聖人所贊者僅《周易》耳，又不及夏殷，則其湮滅自可知矣。試考諸歷代《藝文》，《漢志》不錄《連山》，而《唐志》錄之；《漢志》不錄《歸藏》，而晉《中經》、隋唐《志》錄之。特以古籍晚出，故後儒多疑其僞也。雖申叔先生又指出：「《漢志》術數略著龜類，載《夏龜》二十六卷，《南龜書》二十八卷。南、商形近，南疑商之訛。」而疑其即《連山》、《歸藏》，且據《帝王世紀》、《水經注》所引《連山》之語，及諸家所輯二書佚文，〔註5〕以證漢以後是書猶存；惜乏確切之佐證，終亦無由探其眞象。顧以其既爲仲尼之徒所不道，存而勿論可也。

舍《連山》、《歸藏》勿論，則所謂易者，即爲《周易》，其名義乃可得而言。夫子說《易》原未嘗冠以「周」字，試觀《論語・述而》：「子曰：加我數年，五十以學『易』，可以無大過矣。」於茲可見。考「周易」一詞，嘗先見於《周禮》及《左傳》，〔註6〕其所以冠「周」者，申叔先生則主張因代以題周，洵的見也。

夫《易》之爲名也，自有多義。觀〈繫辭傳〉所言：「生生之謂易」，蓋其本義也。生生者，本生而生；本生而生者，非作而生也。非作而生者，無死；無死者，進化而不已，終則復始矣。此生死之義，猶往來耳。且生死往來之義，相待而著，不可以示，可示者，唯日月之象。〔註7〕故申叔先生之說

〔註4〕　同註1。

〔註5〕　按《玉海》卷三一載《帝王世紀》引《連山》云：「禹娶塗山之子，名曰攸女，生余。」《水經・淮水注》引《連山易》云：「有崇伯鮌伏於羽山之野。」惜所引僅隻詞，末由考其繇文耳。又朱彝尊《經義考》、馬國翰《玉函山房》、嚴可均《全上古三代文》，均載有二書之輯本，彙觀其語，半屬繇辭，與《隋志》所稱僅載卜筮合。詳見《遺書》第三冊，頁1433，《左盦集・連山歸藏考》。

〔註6〕　《周禮》已見本節前文，至於《左傳》者，除莊二十二年：「陳厲公生敬仲，——其少也。周史有以『周易』見陳侯者。」外，並見宣十二年、襄九年、襄十二年、昭五年、哀九年傳。

〔註7〕　見李證剛氏《易義概論》第一編，頁1所述。

易也，引〈參同契〉曰：「日月爲易」，又引虞翻注：「字从日下月。」《說文》：「祕書說曰：日月爲易，象陰陽也。」以釋之。〔註8〕斯乃生生之引申義也。蓋乾爲天，坤爲地，天地會然後萬物生。天地既會，則本乎天者爲陰陽，本乎地者爲柔剛。天地位而人生定，人生定而易用章。所謂易用者，生用也。〈繫辭傳〉云：「天地之大德曰生。」則生之用，即天地之大用也。故聖人準天地之用以爲《易》。《易》用章而德崇業廣，人人修其身而天下平矣。是《易》之爲名也，蓋以其能明著生之變化，而定人之準則，由交易以明變易，由變易以示不易者也。〔註9〕

易者，蓋有三義，故申叔先生引《易緯・乾鑿度》云：「孔子曰：易者，易也，變易也，不易也。」又引鄭玄《易贊》曰：「易一名而含三義；易簡一也，變易二也，不易三也。」〔註10〕以爲義證。並即此三者而引申之曰：

一、簡易：即儒家反約行簡，道家抱一之說所從出。

二、變易：即漢儒改制、更新之說所從出。

三、不易：即儒家則古稱先，漢儒天不變道亦不變之說所從出。

〔註11〕

按：三義之說，實起自前引《易緯》之〈乾鑿度〉，託爲 孔子之言。緯書文辭詭異，義多舛駁，張惠言謂其原出於七十子之徒，相與傳夫子之微言，恐未必也。然其三義皆有〈繫辭傳〉可據，鄭玄述之備矣。觀鄭氏所言：「……〈繫辭〉云：『乾坤其易之蘊邪！』又云：『易之門戶邪！』又云：『夫乾，確然示人易矣；夫坤，隤然示人簡矣。』『易則易知，簡則易從。』此言其易簡之法則也。又云：『爲道也屢遷，變動不居，周流六虛，上下无常，剛柔相易，不可爲典要，唯變所適。』此言順時變易，出入移動者也。又云：『天尊地卑，乾坤定矣；卑高以陳，貴賤位矣；動靜有常，剛柔斷矣。』此言其張設布列不易者也。」〔註12〕蓋疑即緯書作者探索〈繫辭傳〉而得，非夫子之別傳也。

易既有此三義，則就其於發明易道而言，自有其價値，惟未必有當於先

〔註8〕 見《遺書》，冊四，頁2371，《經學教科書》。

〔註9〕 見李證剛氏《易義概論》第一編，頁2所述。

〔註10〕 原文見《易緯乾鑿度》卷一，頁1，以及孔穎達《周易正義》卷首所附〈論三代易名〉。並參見《遺書》第四冊，頁2376，《經學教科書》。

〔註11〕 見《遺書》，冊四，頁2376，《經學教科書》。

〔註12〕 見孔穎達《周易正義》卷首「論易之三名」所引鄭玄《易贊》及《易論》。

聖所以名易之元也。試考諸〈乾鑿度〉所言「易者，以言其德也」是矣。至於「變易也者，其氣也；……不易也者，其位也。」〔註13〕則非。蓋變易者，易之用也；舉凡生生不息，新新相續，暑往而寒，終則有始，皆易之大用也。不易者，其體也；蓋不可以位言之也。〈繫辭傳〉云：「天下之動貞夫一者也。」一者何？不易也；即易之體也。天地之所以能長且久者，賴易有不易之體與其變易之用也。不易而有變易之用，變易而有不易之體，體用合一，此其所以爲易也。唯易之要旨在於通變，太史公所謂「易長於變。」是也。聖人設卦示象，正以變之難明耳。是則聖人名易之主旨，疑當在變易也。〔註14〕

## 三、論易之作者

《易》之爲書，包括八卦、重卦、卦辭、爻辭、十翼等部分，其作者當分而述之。

### （一）八　卦

申叔先生據〈繫辭傳〉以定「易卦始于伏羲。」〔註15〕按〈繫辭傳〉曰：「古者包犧（按即伏羲）氏之王天下也，仰則觀象于天，俯則觀法於地，觀鳥獸之文，與地之宜；近取諸身，遠取諸物，于是始作八卦，以通神明之德，以類萬物之情。」明言伏羲畫卦之事。故《史記・太史公自序》云：「伏羲至純厚，作《易》八卦。」《漢書・藝文志》因亦述之，自是無甚異議。惟近世學者頗有疑焉，或謂孔子刪《書》，斷自唐虞，未言伏羲之事，〈繫辭傳〉爲孔門弟子所作，於是有伏羲畫卦之說；或謂殷墟卜辭未有以八卦爲占者，八卦顯係後起之事。按：《漢志》孔子刪定之《書》原有百篇，經秦火之餘，至漢而多所亡佚，今文唯二十八篇，古文五十九篇，計亡佚至少四十一篇；馬、班二氏言孔子刪《書》斷自唐虞，當係據其所見二十八篇或五十九篇之文而爲之說，焉知亡佚之數十餘篇未記唐虞前事者乎？如孔子刪《書》斷自唐虞不誤，其所刪餘，亦未必不道三皇之事者，蓋斷自唐虞乃孔子刪定之書，非孔子所見之全部也。又若以〈繫辭〉爲孔門弟子所作，不足以證明伏羲畫卦之說爲必然無誤則可，因而斷定畫卦者必非伏羲，則有待於更強有力之證據也。至於殷虛甲骨卜辭未有以八卦爲占，亦不足以證明八卦之必然後起。蓋

〔註13〕見《周易・乾鑿度》卷上，頁1。
〔註14〕見王瓊珊氏《易學通論》，頁12～13。
〔註15〕《遺書》，冊四，頁2374，《經學教科書》。

卜辭僅可藉以考見殷商文化於萬一，若謂當其時代之全部史料盡在於是，則斷乎不可者。且如以卦爲筮果在龜卜之後，亦不能斷定殷商之前未有卦畫也。〔註 16〕是故八卦之作者，仍當屬之伏羲。而「伏羲」云者，疑乃象徵中國古史上之某一漁獵時代，或係此一漁獵時代之共主。其時間當稍遠於從事漁獵之殷商時代，或與之相近。〔註 17〕

### （二）重　卦

重卦之說，向來頗有異辭。孔穎達《周易正義》舉前人對此問題之不同主張者有四，其說曰：「王輔嗣（弼）等以爲伏羲重卦，鄭玄之徒以爲神農重卦，孫盛以爲夏禹重卦，史遷等以爲文王重卦。」〔註 18〕孔氏本人則同意第一說。前二說係以〈繫辭傳〉第一章所謂「觀象制器」等文字爲主要依據，然深考〈繫辭傳〉此段文字，乃七十子之徒舉上古聖王之偉大創制比附卦象，藉以說明該卦象之含義，甚而於黃帝、堯、舜之下，亦引有大有卦上九之爻辭：「自天佑之，吉无不利。」按：卦爻辭係作於周初，是以此段文字斷不能作爲伏羲氏之後，易學演變之依據也。第三說主夏禹重卦，孔氏未言其何所據，依今人高懷民氏之推測，或係孫盛以〈洪範〉九疇之第七疇言及筮術爲六十四卦之用，而此九疇據箕子說乃出於夏禹，遂因以附會之者。〔註 19〕至於第四說——主文王重卦之說，唯據司馬遷《史記・周本紀》：「西伯蓋即位五十年；其囚羑里，蓋益《易》之八卦爲六十四卦。」《漢志》即因之謂：「至於殷周之際，紂在上位，逆天暴物，文王以諸侯順命而行道，天人之占可得而効，於是重易六爻，作上下篇。」然其於〈繫辭〉中實無線索可尋。是故申叔先生曰：「《易經》當伏羲時，僅有八卦，……後聖有作，重爲六十四卦。」〔註20〕蓋以高貴鄉公所云：「後聖重之爲六十四。」〔註21〕最爲審愼，故用之也。

### （三）卦辭、爻辭

卦、爻辭之作者，言者不一其詞。申叔先生乃折衷孔穎達《周易正義》所

---

〔註 16〕見王瓊珊氏《易學通論》，頁 13～15。

〔註 17〕參見《幼獅月刊》第四七卷第 2 期，頁 57，黃慶萱氏〈周易縱橫談〉述高師仲華《周易研究》之言。

〔註 18〕《周易正義》卷首所附〈論重卦之人〉。按《淮南子・要略篇》有「伏犧爲之六十四變」之言，則伏羲重卦說已始於西漢，不始於晉王弼。

〔註 19〕見高懷民氏《先秦易學史》，頁 115。

〔註 20〕《遺書》，冊四，頁 2371，《經學教科書》。

〔註 21〕見《三國志》卷四《魏書》四，〈三少帝紀〉。

引鄭玄、馬融二家之說，曰：「彖辭（亦稱卦辭）者，文王之所作也。」又曰：「爻辭者，或以爲文王所作，或以爲周公所作。」〔註 22〕唯《正義》言爲鄭玄所主卦爻辭並爲文王作之說，實際上不自鄭氏始，乃自〈繫辭〉以降傳統之說，〈繫辭〉云：「《易》之興也，其當殷之末也，周之盛德邪！當文王與紂之事邪！」嗣後，《易緯乾鑿度》亦云：「垂皇策者犧，卦道演者文，成命者孔。」鄭氏注《易經》及《易緯》，故承襲此一主張。至於馬融所主卦辭爲文王作，爻辭爲周公作者，孔氏提出〈升卦〉六四爻辭：「箕子之明夷。」〈既濟〉九五爻辭：「東鄰殺牛，不如西鄰之禴祭。」謂此三處爻辭均出於文王後，故有此說。因之屈翼鵬先生更舉出卦爻辭中部分人名器用及習語，以證卦爻辭之必成於武王時。〔註 23〕余永梁氏則以爲周之卜官所作，成於成王之時；〔註 24〕而皮錫瑞氏則更以爲「並屬孔子所作」。〔註25〕按：《論語》載孔子「五十以學《易》，可以無大過」〔註26〕之言，《史記》亦著孔子「讀《易》韋編三絕」〔註27〕之文。是則孔子時已早有卦爻辭，非孔子之所作。又卦爻辭中雖有言及文王以後之事，而爲數甚少，其絕大多數事例均屬文王時代，可見卦爻辭容有後人少數附益之文，固宜視爲文王所作，於義甚明。因之，申叔先生主卦辭爲文王作，可稱允當；至又謂爻辭或爲文王作，或爲周公作，莫衷一是，蓋亦調和之論也。

### （四）十　翼

申叔先生曰：「孔子所釋之《易》，謂之十翼，十翼者，上彖、下彖、上象、下象、上繫、下繫、文言、說卦、序卦、雜卦也。皆謂之傳。翼也者，以傳輔經之謂也。」〔註 28〕蓋本陸德明《經典釋文》：「班固曰：『孔子晚而好《易》，讀之韋編三絕，而爲之傳。』傳即十翼也。」以十翼皆爲孔子所作。自歐陽脩〈易童子問〉始言〈繫辭〉、〈文言〉、〈說卦〉而下皆非孔子所作。下至錢玄同、顧頡剛諸氏，或疑孔子與《易》無關，或造謬說以遺誤後學，皆不思之過也。按：《論語》載孔子「五十而知天命。」又言「五十以學《易》。」

〔註22〕《遺書》，冊四，頁 2376 及 2377，《經學教科書》。

〔註23〕見《書傭論學集》，頁 8，〈周易卦爻辭成於周武王時考〉。

〔註24〕見《古史辨》第三冊，〈易卦爻辭的時代及其作者〉。

〔註25〕《經學通論》卷一，頁 9。

〔註26〕《論語．述而第七》。

〔註27〕《史記》卷四七，〈孔子世家〉。

〔註28〕見《遺書》，冊四，頁 2379，《經學教科書》。按十翼之名始見於《易緯乾坤鑿度》（卷下，頁 8）：「孔子……五十究易，作十翼。」

又引〈恆卦〉九三爻辭，與〈艮卦〉象辭。且〈繫辭傳〉言「顏子有不善未嘗不知，知之未嘗復行也。」與《論語》「不二過」之旨皆是，可相驗證。凡此以知孔子贊《易》之旨。復考馬、班之言，則見孔子與十翼之淵源，實有深切之關係。

大抵〈彖辭〉、〈象辭〉，其文樸實，朱子以爲孔子所作；而崔述《洙泗考信錄》以〈象辭〉有「君子以思不出其位。」又見於《論語》，爲曾子之言，遂以〈象傳〉之作，在曾子之後。〈彖〉、〈象〉兩傳之著成，約在春秋戰國之世。〈繫辭〉、〈文言〉皆有「子曰」字樣，爲孔子弟子或再傳弟子所著錄夫子之言，《史記》已引〈繫辭〉:「天下同歸而殊途。」董仲舒《春秋繁露》已引〈文言〉:「履霜堅冰，蓋言遜也。」足見二傳必不晚於西漢初年。〈說卦〉已受五德終始說之影響，雖僅前三章可靠；〈序卦〉亦惟上下篇開端數語，及「飲食必有訟。」五字說盡天下紛爭之所由起，篇終「物不可窮也，故受之以〈未濟〉終焉。」頗具深意，尚得夫子之遺意，以其曾爲《淮南子》所稱引，疑與〈說卦〉同爲戰國末期之人所作。至於〈雜卦〉，則不見於西漢及以前作品所徵引，《史記》述《易》之內容:「序、彖、繫、象、說卦、文言。」於十翼中獨缺〈雜卦〉，疑其成篇於《史記》之後，〔註29〕然亦可視爲孔門再傳、數傳之弟子所著錄孔子之言，蓋皆與孔子有關者也。

總之，六十四卦乃占筮之符號；卦爻辭係對占筮所得結果之解釋，與六十四卦同爲西周初年所作，有濃厚之「占筮」性質。十翼除〈雜卦〉爲西漢作品外，皆著成於春秋戰國，代表先秦儒者對《周易》闡釋〔註30〕之旨趣。

## 四、論易之內容

《易》之爲書也，其要項有三：曰卦、曰爻、曰辭。其中辭之一項，又可分爲卦辭、爻辭及十翼。卦辭、爻辭，先儒皆稱之以經；十翼即彖辭上下、象辭上下、繫辭上下、文言、說卦、序卦及雜卦十篇，宋儒始稱十翼爲傳，而各加一傳字。然唐以前之書，如《周易》王弼、韓康伯《注》，孔穎達《正義》及李鼎祚《周易集解》，皆不稱十翼爲傳。茲依卦、爻、辭三項，摭拾申叔先生之說，以論易之內容如下：

〔註29〕見屈翼鵬先生《古籍導讀》，頁134～136。及王瓊珊氏《易學通論》，頁26～27。
〔註30〕見黃慶萱氏〈周易縱橫談〉(《幼獅月刊》卷四七第二期，頁57)。

## （一）卦

孔穎達〈乾卦正義〉引《易緯》云：「卦者掛也，言縣掛物象，以示於人，故謂之卦。」申叔先生曰：「《易經》當伏羲時，僅有八卦。」又曰：「後聖有作，重爲六十四卦。」〔註31〕所謂八卦，亦稱三畫卦，亦稱經卦。經卦八：乾☰、震☳、坎☵、艮☶、坤☷、巽☴、離☲、兌☱。前四卦爲陽卦，後四卦爲陰卦。乾卦三奇爲老陽，震、坎、艮各一奇爲少陽，坤卦三偶爲老陰，巽、離、兌各一偶爲少陰。乾坤爲父母，餘六卦爲六子，六子由乾坤之交而生者也。繫辭傳謂陽卦多陰，陰卦多陽，指六子而言之也。所謂六十四卦，亦稱六畫卦，亦稱重卦。申叔先生曰：

> 重卦者，合八卦中之二卦爲一卦，即〈繫辭〉所謂「因而重之」也。故其卦六十有四。〔註32〕

按：六畫卦，上三畫爲外卦，亦曰上卦；下三畫爲內卦，亦曰下卦。甲卦變乙卦，則甲卦爲本卦；乙卦爲之卦。重卦爲二經卦所合成，不復分陰陽。蓋六畫卦，六爲偶數，陰陽有相半之時，不能以陰畫、陽畫之多寡區分，故經文言卦之陰陽，皆就上下體分別言之，六畫卦無所謂陰陽焉。夫先聖豈不知合計九六？亦不用耳。

六十四卦，卦各有名，申叔先生曰：

> 夫乾、坤、坎、離，名也；健、順、陷、麗，義也。惟先有健順陷麗之義，然後有乾坤坎離之名。卦義在先，卦名在後。〔註33〕

所謂卦名者，係以一字或二字代表一卦之義者也。其取名之義，申叔先生謂有四焉：一曰言其德，二曰言其用，三曰言其象，四曰指其事。並釋之云：

> 言其德，如乾、健也，坤、順也是；言其用，如咸、感也是；言其象，如屯、盈也，坎、陷也是；指其事，如訟卦、師卦是。

又《易經》〈彖〉、〈象〉、〈繫辭〉、〈文言〉、〈序卦〉、〈說卦〉、〈雜卦〉諸傳，其以一字釋卦名，或以一義釋卦名者，亦不外上舉四端。惟訓釋之法，據申叔先生所言，則分：以本字訓本字，以有偏旁之字訓無偏旁之字、以雙聲疊韻之字訓本字、以同義之字訓本字四類，申叔先生又釋之曰：

> 以本字訓本字者，此由字包數音，音包數義，或以虛義釋實義，或

---

〔註31〕同註20。
〔註32〕同註20。
〔註33〕《遺書》，冊四，頁2372，《經學教科書》。

以此音推彼音，如「蒙者，蒙也」（〈序卦〉）、「剝者，剝也」（〈序卦〉）是。

以有偏旁之字釋無偏旁之字者，由於字義。字義起於右旁之聲，故右旁爲聲之字，一字有數多之義。後人昌造合體之字，故以合體之字釋獨體之義，如「咸，感也」（〈彖傳〉）、「夬，決也」（〈彖傳〉）是。

以雙聲疊韵之字訓本字者，由於上古之時，一字一義，因語言不同，分爲數字，故音近之字義即相同，如「乾，健也」（〈象傳〉）、「坤，順也」（〈說卦傳〉）是。

以同義之字訓本字者，由於一字各有界說，各有義象，故一字必有所該之義，如「震，動也」（〈說卦傳〉、〈序卦〉）、「艮，止也」（〈彖傳〉、〈說卦傳〉、〈序卦〉、〈雜卦〉）是。〔註34〕

## （二）爻

爻者，卦之畫也；有陰陽二體，奇者爲陽，如「⚊」；偶者爲陰，如「⚋」。重三爻而成卦，故「☰」爲乾，「☷」爲坤。〔註35〕

凡畫卦之法，皆自下而上，申叔先生曰：

凡易道從下升，故卦爻亦由下而上，最下之爻爲初爻，其上爲二爻，其上爲三爻，其上爲四爻，又其上爲五爻，又其上爲上爻。〔註36〕

凡六畫之卦，卦分內外，申叔先生曰：

由初爻至三爻爲上卦，由四爻至上爻爲下卦。〔註37〕

又六畫卦之陽爻曰九，陰爻曰六。申叔先生釋之云：

如陽爻之卦，初爻稱初九，二爻稱九二，三爻稱九三，四爻稱九四，五爻稱九五，六爻稱上九。陰爻之卦，初爻稱初六，二爻稱六二，三爻稱六三，四爻稱六四，五爻稱六五，六爻稱上六。凡一卦之中，雜有陽爻、陰爻者，則陰爻均稱六，陽爻均稱九。〔註38〕

至於卦畫之所以稱爻，申叔先生析之綦詳，先生曰：

---

〔註34〕同註33。申叔先生又於頁2373～2374，以表將〈彖傳〉、〈象傳〉、〈繫辭〉、〈說卦〉、〈序卦〉、〈雜卦〉訓釋卦名之說列出，可參閱。

〔註35〕《遺書》，冊四，頁2377，《經學教科書》。

〔註36〕同註35。

〔註37〕同註35。

〔註38〕《遺書》，冊四，頁2377～2378，《經學教科書》。

爻者，效也；所以效天下之動也。道有變動，故曰爻；爻有等，故曰物；物相雜，故曰文；物不當，故吉凶生。蓋爻義取于交，《說文》云：「爻，交也。」《易》之有爻，所以表參伍錯綜之象也。而參伍錯綜之象，必待變動而後著，此旁通、相錯、卦變三端所由，爲治易學者之要義也。〔註39〕

由是以觀，吾人於易爻之義亦可了然矣。惟有關爻例及旁通、相錯、卦變等詳情，容於「論易例」節再作說明，茲暫從略。

### （三）辭

聖人據卦爻之象而推其義，表之以文字者曰辭。徒有卦畫而無其辭，則後人將不知其爲何物而弗能用也。故聖人之辭，尤重於卦畫。茲依卦辭、爻辭、十翼三者分述之如下：

#### 1. 卦　辭

總一卦之義者曰卦辭，以其統論全卦而斷之以吉凶，故亦曰彖辭，六十四卦各有「彖曰……」繫於卦名之下者，即彖辭也。觀乎〈繫辭〉：「彖者，材也。」材、裁義通。《方言》：「蠡者，分也。」蠡訓爲分，則彖字本訓爲分可知矣。是故申叔先生曰：

彖訓爲材，言以彖辭分析每卦中所含之意也。〔註40〕

又〈繫辭傳〉謂：「爻、彖，以情言。」又謂「彖者，言乎象者也。」是以申叔先生曰：

故彖辭爲每卦之界說，而每卦所含之情，所包之象，均該于彖辭之中。〔註41〕

夫如是，則知〈繫辭傳〉所謂：「智者觀其彖辭，則思過半矣。」即言彖辭既解，即一卦之大義均可解也。至其訓釋之法，據申叔先生所述，凡有二例：

有舉所標之字，而自釋之者：如蒙亨下云：童蒙求我；謙亨下云：君子有終是。

有首一字舉卦名，與下連貫爲義者：如同人于野；否之匪人；履虎尾是。〔註42〕

〔註39〕《遺書》，冊四，頁2378，《經學教科書》。
〔註40〕《遺書》，冊四，頁2376，《經學教科書》。
〔註41〕同註40。
〔註42〕同註35。

又易之斷辭常用者，凡十二字，申叔先生謂：「彖辭立十二字爲全經之標，字各一義，即元、亨、利、貞、吉、凶、悔、吝、厲、孚、無咎是也。《易經》各卦於此十二字之中，有含有數字之義者，有僅含一二字之義者，均於彖辭見其凡。」復示其例曰：

元之謂言始也（〈乾彖〉）；善之長也（〈乾文言〉）；萬物所資始也（〈乾卦〉）。

亨之謂言通也（《廣韻》）；嘉之會也（〈乾文言〉）；觀會通而行典禮之義也（〈繫辭〉）。

利者，義之和也（〈乾文言〉）；利物足以和義（同上）。利者變而通之之謂（〈繫辭〉）。

貞者事之幹也（〈乾文言〉）；貞固足以幹事，貞者正也（〈師卦〉）。

吉凶者得失之象也；吉凶生於外，愛惡相攻而吉凶生（〈繫辭〉）。

悔吝者憂虞之象也；言乎其小疵也。遠近相取而悔吝生（〈繫辭〉）。

厲者危也；厲與孚並言（〈夬卦〉）。凡未悔吝者均爲厲（焦循《易通釋》）。

无咎者善補過也（〈繫辭〉）；凡既悔吝者均無咎（焦循《易通釋》）。

〔註43〕

按：易之斷辭，義有廣狹深淺，非可並列，或有對，或無對，或獨用，或兼用，不等。是以申叔先生又釋之曰：

十二字之中，又以吉、凶二字爲總綱，元、亨、利均吉，貞則凶吉相兼。悔、吝可以由凶而入吉，未悔吝則凶，是曰厲；既悔吝則吉，是曰無咎。〔註44〕

2. 爻　辭

申叔先生曰：「卦各六爻……爻必有義，就爻義而釋之者，謂之爻詞（按應作辭）。」〔註45〕是所謂爻辭者，蓋巧據一爻之象而發明卦之一義也。就一卦言，則卦爲體，爻爲用。卦一而爻六，體貞而用變，故卦辭爲彖而爻辭言變。按六十四卦，每爻皆有爻辭。如乾卦爻辭：

〔註43〕同註35。
〔註44〕同註35。
〔註45〕同註35。

初九，潛龍勿用；九二，見龍在田，利見大人；九三，君子終日乾乾，夕惕若厲，无咎；九四，或躍在淵，无咎；九五，飛龍在天，利見大人；上九，亢龍有悔；用九，見羣龍无首，吉。

爻辭歷數每爻之義，每爻爻義無不變，而所變者，正爲宇宙自然之動態，亦即人生事理之動態，亦即人生事理之動態。六十四卦所以畫成，每卦六爻，所以如此解說，純係由人類生活體驗中，悟出宇宙大自然運動之變化，亦深體人類生活於宇宙之中，必不能脫離宇宙萬象中大自然之至理，以是據人類生活之經驗，百代智慧之累積，將物象之變化，條理成六十四卦，每卦以六爻象其變化動態，而以爻辭作每爻之說明。六十四卦，共有三百八十四爻，乾坤各有用九、用六者，蓋乃總述六爻皆陽、六爻皆陰之特質，示人用剛用柔之法也。

3. 十　翼

卦辭、爻辭爲經，經分上下卷；上經三十卦，下經三十四卦。釋經者爲傳。傳十篇，曰十翼。翼也者，以傳輔經之謂也。十翼與經，本分列而不相雜廁。《漢書・藝文志》云：「《易經》十二篇，施、孟、梁丘三家。」顏師古注云：「上下經及十翼，故十二篇。」知三家經傳分列，惟費氏本與三家異。《漢書・儒林傳》謂費直無章句，徒以彖、象、繫辭解說上下經。據此，則費氏本似已將彖、象、繫辭混合於經文矣。惜費氏本已佚，莫能解說。《三國志・高貴鄉公紀》，載易博士淳于俊曰：「鄭玄合彖象於經者，欲使學者尋省易也。」王弼又以文言分附乾坤二卦之後，即今通行本之篇次，此可確知。及宋呂大防、晁說之等，試圖恢復古本，而以呂祖謙《古周易》所定之篇次，最與施、孟、梁丘三家本相合。朱子作《本義》，既用呂氏所定之篇第，惟明永樂中，取朱子卷次，割裂附之程傳之後，其後刊去程傳，而以程之次爲朱之次。〔註46〕故今通行之朱子《本義》，經傳混淆，與王弼本同。而既合彖、象、文言於經，則不得不加「彖曰」、「象曰」、「文言曰」以別之，於是經傳混合本較十二篇本，遂多一千零二十字矣。

(1) 彖　傳

彖傳所以釋卦辭，卦辭古稱「彖」，因之釋卦辭者即謂彖傳，申叔先生曰：「彖傳者，即『大哉乾元』以下之文是也；經皆稱『彖曰』以別之，所以引伸文王彖（按應作彖）詞之說也。」〔註47〕且示其例云：

如「大哉乾元，萬物資始。」即釋彖（按應作彖）經之「元」字；「雲

〔註46〕見顧炎武《日知錄》卷一，頁2～3。

〔註47〕《遺書》，冊四，頁2379，《經學教科書》。

行雨施，品物流行。」即釋「亨」字；「乾道變化。」即釋「利」字；「保合太和，乃利貞。」即釋「貞」字；餘可類推。

按：彖傳斷一卦之義，先釋名後釋辭。其釋名，則雜取諸卦體、卦象、卦德、卦反；有兼取者，有但取一二者，要皆以傳中首一句爲重。如〈屯〉則「剛柔始交而難生。」〈蒙〉則「山下有險。」皆第一義也。釋辭之體例尤爲不一：有直據卦名而論其理者；有雜取卦體、卦象、卦德、卦反者。蓋辭生於名，就卦辭觀之，則據卦名而論其理者正也。然名既根於卦，則辭亦不離乎卦；雜而取之：一則以爲二體六爻吉凶之斷例，而見辭義之無所不包也。惟乾坤坎離震艮巽兌八卦不釋名者，其德其象相傳已久，不待釋也。其釋辭則亦雜取卦象、卦德與其爻位。如釋乾辭以天，釋坤辭以地，釋坎辭以水，釋震辭以雷，則皆卦象也。釋坎以「剛中」，釋離以「柔」，釋艮曰「上下敵應，不相與也。」釋巽曰「剛巽……柔皆順……。」釋兌曰：「剛中而柔外。」則皆爻位也。大抵爻之爲卦主者，必見義於彖，而辭例亦不一：有發首則歎美卦者，〈乾彖傳〉云：「大哉乾元。」〈坤彖傳〉云：「至哉坤元。」以乾坤德大，故先歎美之。乃後詳說其義。或有先疊文解義後歎美者，〈豫彖傳〉之終曰：「豫之時義大矣哉！」之類是也。或有先釋卦名之義，而後以卦名結之者。〈同人彖傳〉曰：「柔得位得中而應乎乾，曰同人。」〈大有彖傳〉曰：「柔得尊位大中而上下應之，曰大有。」之例是也。就內容而言，彖傳或論一卦之義，或論一卦之德，皆以釋卦辭爲主。卦辭重在占卜吉凶，彖傳則重於論其吉凶之所以然，而其要旨以人事因果及道德修養爲主。卜筮之易，一變而爲研討哲理之書，於是見焉。〔註48〕

（2）象　傳

象傳亦曰象辭，象辭有二：一曰大象，二曰小象。大象總釋全卦之象；至於小象，則專釋每一爻之爻象。申叔先生曰：

> 大象者，即「天行健」以下之文是也。乃孔子釋古象經之文，大抵先言每卦所從之象（原註：即所從上下卦之象。），而使人法易象之作事也。

又曰：

> 小象者，即「潛龍勿用，陽在下也。」以下之文，是乃孔子分釋六爻之辭（原作詞，今正。），經于大象、小象皆各稱「象曰」以別之。

---

〔註48〕見孔穎達《周易正義》卷一，頁6～7。

〔註 49〕
按：大象係指今本《周易》每卦彖傳後「象曰」下之文字而言。大象與彖傳同爲解釋全卦，彖傳重理趣，大象言卦象，二者相互發明。六十四卦大象，均採同一形式：上言象，中言人，下言事。其言象部分，除乾、坤二卦以「天行健」、「地勢坤」之卦德爲象外，餘六十二卦均以內外卦象言。其言人部分，稱上者一：剝；稱大人者一：離；稱后者二：泰、姤；稱先王者七：比、豫、觀、噬嗑、復、无妄、渙；餘五十三卦均稱君子。其言事部分，全爲進德修業，待人處世，治國理家之要道。〔註 50〕又小象係指今本《周易》每卦之爻辭後「象曰」下之文字而言。〔註 51〕其文字簡明，其結構嚴整，均爲上句引爻辭原文，下句作理由說明；且每卦六爻之小象，總在力求其合韻，是乃古本經傳分離之遺跡也。

（3）繫辭傳

〈繫辭傳〉又稱大傳，在下經之後，用以總論易之體用，明聖人作易之旨，而解說易理、易數、易象與易例者也。以其簡編重大，是以申叔先生曰：「〈繫辭〉亦分上下，『天尊地卑』以下爲上繫，『八卦成列』以下爲下繫。」〔註 52〕以其通論全易大義，多精深微妙之言，故申叔先生謂：

> 〈繫辭〉之用有三：一曰溯易義之起源，二曰推易學之作用，三曰雜釋卦辭之義，以補彖傳之缺，蓋孔門哲學之講義也。〔註 53〕

按：就〈繫辭〉之體例言，乃雜記孔子之言，而結構整嚴之文章。其總論易義者，如上傳首章「天尊地卑」以下及「乾以易知」以下一段，第七章「天地設位……」一段，又第十章「參伍以變……」一段，下傳首章「吉凶者貞勝者也」以下及「夫乾確然示人易矣」以下一段，又第八章「易之爲書也不可遠……」一段。其推易學之作用者，如上傳第三章「列貴賤者存乎位」以下一段，又第四章「易與天地準……」一段，第十章「易有聖人之道四焉……」一段，及第十一章「夫易開物成務……」一段，下傳第十章「易之爲書也，

〔註 49〕《遺書》，冊四，頁 2379～2380，《經學教科書》。
〔註 50〕見孔穎達《周易正義》卷一，頁 8～9。
〔註 51〕就《易經》之體例言，乾卦首列卦辭，次列爻辭，次列彖辭，次列象辭。象辭中，大象之後即繼以小象。坤卦以下，則卦辭之後，次以彖辭，又次以大象，又次以爻辭，小象分記於各爻爻辭之後，其次序不同。
〔註 52〕《遺書》，冊四，頁 2380，《經學教科書》。
〔註 53〕同註 52。

廣大悉備」以下一段。其釋乾坤二卦者，如上傳首章「乾道成男」以下一段，下傳第六章「乾坤其易之門邪」以下一段，又第十一章「夫乾天下之至健也……」一段；其雜釋乾坤以外諸卦者，如上傳第八章「鳴鶴在陰」以下一段，下傳第五章「易曰：困於石」以下一段，又第七章「是故履，德之基也……」一段。尤以下傳第二章「古者包犧氏……」全章，敘述古代事物之發明乃取象於離、益等十三卦，雖是有人斥其爲「繁衍叢脞，……自相乖戾。」〔註 54〕然孔子論易理之言，卻藉以存留，爲研究《易經》極寶貴之材料。是以往昔學者，內之以洗心藏密，外之以辨物居方，其用則經國明倫，其極則窮神知化，探賾索隱，鉤深致遠，天人合一之情，理實同體之盛，皆於〈繫辭傳〉見之。曲成萬物，廣大悉備，極深研幾，舍是其何求哉？

中國傳統哲學之特性，與泰西希臘以還之哲學思想不同者，凡有二事：一曰天道與人事相應，是曰天人合一；二曰理論實踐同體。天人合一，則道德玄同；理實同體，則知行並進。前者極於窮神知化，後者極於內聖外王，皆於易見其宗廟之美，百官之富，而〈繫辭傳〉爲之揚摧大義，通其條貫，謂其爲易學之提綱，玄學之壼奧，夫豈過譽哉？

（4）文言傳

文言者，所以發揮乾坤二卦之微言之義，其旨義精微深遠，其言辭文雅美妙，是以申叔先生據孔穎達《正義》所引莊氏之言：「文謂文飾。」〔註 55〕謂曰：

> 文言者，文飾之言，所以釋每卦之用，每卦之德也，僅乾、坤有之。

又據阮元〈文言說〉以釋之曰：

> 乾坤文言多用偶句，其說甚精。蓋文言者，乃寡其詞、協其音以文飾其言之謂也。〔註 56〕

按：孔氏《正義》已駁莊氏之言曰：「夫子但贊明易道，申說義理，非是文飾華彩，當謂釋二卦之經文，故稱文言。」〔註 57〕蓋乾坤爲易之門戶，六十二卦之父母，地位與意義，至爲緊要。就體例言，〈乾・文言〉前半篇釋乾卦卦辭：「元亨利貞。」次就各爻爻辭，逐一解說，而以問答體出之；次又以簡括之語反覆申明此六爻爻辭。後半篇又總括全卦，先贊卦辭，並及六爻爻辭。

---

〔註 54〕見《歐陽文忠公集》卷七八，《易童子問》卷第三，頁 3。
〔註 55〕《周易正義》卷一，頁 10。
〔註 56〕同註 52。
〔註 57〕同註 55。

大體言之，前半以釋卦爻辭之意義爲主，後半則引申卦爻辭之意義於人事。〈坤・文言〉雖較〈乾・文言〉爲簡，但旨在以人事闡發卦爻辭之義則同。是乾坤文言之說，乃取天道而施之人事，抗辭幽說，信而有徵，觀其命名，覈其內蘊，似應爲釋經文之言。又杭辛齋氏所謂：「陰陽雜，謂之文。孔子之繫傳曰：『爻有等，故曰物；物相雜，故曰文。』乃此『文』字之確詁也。蓋六十二卦之爻，無不陰陽相雜；惟乾坤爲純體之卦，爻不相雜。爻不相雜，則人將疑爲無文也。故特著文言傳以發明之……此文言之所以獨見於乾坤二卦也。」〔註 58〕亦能言之成理，足以相互發明。是故「文飾」之說，疑非文言命名之本義也。

**（5）說卦傳**

〈說卦〉在〈繫辭下〉之後，「昔者聖人之作易」以下之文是也。旨在述明聖人作易在窮理盡性，參贊三才，以至順於道德性命之理，並說明八卦之卦象、德業，乃其變化、法象之理。申叔先生曰：

> 〈說卦傳〉多用《易經》古象辭，乃偏于言象者，若〈繫辭〉則偏于言理。〔註 59〕

按：〈說卦傳〉之內容可分爲三部分，第一部分：自「昔者聖人之作易也」起至「故易六位而成章」，乃據筮術以言易道，發揮天人貫通之義，其爲文之理路，與〈繫辭傳〉一致。第二部分：自「天地定位」至「既成萬物也」，載有二種八卦之不同排列方式。尤以第三部分：自「乾，健也」至「爲妾爲羊」，所記由八卦之卦性及象動物、象人體、象父母子女，以至無條理類別之眾象，亦甚備矣，要不可謂非古象經之佚義也。〔註 60〕

**（6）序卦傳**

〈序卦〉在〈說卦〉之後，分上下二篇，即「有天地然後萬物生」以下之辭也。申叔先生曰：

> 〈序卦〉言六十四卦相承相生之序。〔註 61〕

按：〈序卦〉說明六十四卦，以先後相互承受之意義爲次，或以兩卦發展之趨勢爲序，或以反對之原理排列無不怡然理順，沁人心目。蓋其主要思想，

---

〔註 58〕見《學易筆談》二集，卷一，頁 11～13，〈文言釋義〉。

〔註 59〕同註 52。

〔註 60〕參見劉百閔氏《周易事理通義》，頁 945，及高懷民氏《先秦易學史》，頁 261～269。

〔註 61〕同註 52。

乃在於表現「生生」之義、「天人」之應，以及易道「往復」「盈虛」之現象者也。〔註62〕

（7）雜卦傳

〈雜卦〉在〈序卦〉之後，爲《易經》最後一篇，即「乾剛坤柔」以下之文是也。申叔先生謂：

〈雜卦〉於反卦及正對之卦，對舉而言。〔註63〕

按：〈雜卦〉係爲反對而作也。蓋反對之義，雜見於卦變之中，而互卦因之，兼是三者故名。〔註64〕其取兩卦對待之道理以作說明者，如首二句：「乾剛坤柔，比樂師憂。」乾坤兩卦相對爲一組，比師兩卦相對爲一組；乾爲剛健之義，坤爲柔順之義，比而勝於人故樂，出師作戰存亡攸關故憂。雖每卦僅繫以一字，而仰觀俯察，無一不與羲聖畫卦之精神相契合，而理象氣數，無一不包孕其中，順逆相推，更寓數往知來之微指。〔註65〕實有賴於尋味思索，未可忽略也。

## 五、論易之傳授及歷朝易學

《易》之爲學也，至孔子而大成，其傳也亦以孔子而發軔。自孔子授《易》商瞿以迄西漢之末，其傳授系統具見於《漢書・儒林傳》。前期則《史記・仲尼弟子列傳》及〈儒林列傳〉，亦載之，而微有異同。〔註66〕申叔先生即採班

〔註62〕參見高懷民氏《先秦易學史》，頁274～276。

〔註63〕同註52。

〔註64〕見杭辛齋《學易筆談》二集卷一，頁17，〈雜卦舉例〉。

〔註65〕同註64。

〔註66〕按馬、班二家之說，皆以漢《易》爲孔子一脈之嫡傳，其授受之際，孔子傳《易》於商瞿，此二家所同也。至於商瞿所傳授者，《史記》則作馯臂子弘，《漢書》則作橋庇子庸，此其微異也。要以《漢書》爲正。陸德明《經典釋文・序錄》、孔穎達《周易正義・序》，皆從《漢書》之說。蓋子長之書，成於倉卒之際，傳抄轉寫，或有謬誤，故裴駰《史記集解・序》稱其「或有疏略抵捂。」至於孟堅之書，則受詔而作，既博覽向歆父子之業，又親見漢《易》傳承之盛迹，生乎子長之後，故得飽沃羣言，淹貫載籍，本傳稱：「當世甚重其書，學者莫不諷誦焉。」（《後漢書》卷七十上）是較爲可信者也。故吾人考漢《易》之淵源及傳承，當以《漢書》爲本。是商瞿所傳授者當爲橋庇子庸。至於其他傳承，所以略有異同者，蓋《史記》多用假借字，本於傳聞，故因其音以著其姓字，因而略有微異也。要之，亦宜以《漢書》爲本（五洲出版社徐芹庭《兩漢十六家易注闡微》，頁45。）。惟史公言《易》承父談之學，而上溯楊何之傳，故《史記》釋《易》之文多古誼，申叔先生即謂其「以《易》文互相訓釋，略與費氏家法符。」而疑之爲楊何說《易》之例；又謂其「說《易》不譏卜筮之誣，亦不拘墟于卜筮，與術數家言迥別。」

氏之說，約而言之曰：「《易經》由孔子授商瞿，再傳而爲子弓，復三傳而爲田何。」〔註 67〕並指出：「唐代以來有僞子夏傳，後儒遂疑子夏傳易，不知此實商瞿之誤，因子夏名商，故誤商瞿之商爲子夏也。」究其所推，頗孚於理，足備一說也。〔註 68〕又申叔先生於《經學教科書》中，融合羣書、史志與列傳，論兩漢易學之傳授以及歷朝易學，極其淹貫精詳，茲分述如後：

## （一）論兩漢易學之傳授

申叔先生參覈《漢書・儒林傳》、《漢書・藝文志》，《後漢書・儒林傳》及諸列傳，並《經典釋文》及江藩《漢學師承記》，以論兩漢之《易》學曰：

> 秦政焚經，以易爲卜筮之書，傳者不絕。漢興以來，田何傳商瞿之易以授王同、丁寬、周王孫，而楊何諸人受業王同，復由楊何授司馬談、京房（與字君明者有別）。丁寬治田氏易，復從周王孫問古義以授碭人田王孫，復由田王孫授孟喜、施讎，由是《易經》有施、孟之學。

又曰：

> 梁丘賀本從京房受易，後更事田王孫，參合丁寬、王同之說，由是《易經》有梁丘之學。〔註 69〕

按：以上所述施、孟、梁丘三家之學，大抵惟施氏得其正傳，孟與梁丘二氏皆不免雜以術數。蓋孟氏好自稱譽，得易家候陰陽災變書，詐言其師田王孫臨終時枕其膝，獨傳是書於喜。而同門梁丘發其僞，謂其師死時惟施讎在側，喜已歸東海。又觀梁丘強遣其子臨及門人張禹等從施氏學，則可知矣。三家之外，《易》又有所謂京氏之學，申叔先生曰：

> 京房（字君明）受《易》焦延壽，延壽之學亦出孟喜，說《易》長于災異，由是《易經》有京氏之學。〔註 70〕

按：當西漢時，施、孟、梁丘及京氏四家《易》咸立學官，申叔先生謂此四家「皆《易》學之今文也，咸爲齊學之別派。」〔註 71〕而民間所私傳者，復有費氏易及高氏易。因之，申叔先生曰：

---

而確指其本父談之學，爲史遷諳明《周易》之徵（《遺書》，冊三，頁 1434，《左盦集・司馬遷述周易考》）。是史公之《易》說亦不可忽也。

〔註 67〕《遺書》，冊四，頁 2356，《經學教科書》。

〔註 68〕高懷民氏《兩漢易學史》，頁 26～27，對此嘗作深入之探討，可供參閱。

〔註 69〕《遺書》，冊四，頁 2357～2358，《經學教科書》。

〔註 70〕同註 69。

〔註 71〕同註 69。又據《漢書・藝文志》：施孟梁丘氏各有章句二篇。

費氏易出于費直，爲章句四卷，以彖、象、繫辭、文言說上下經，字皆古文。

又曰：

及劉向校書，以諸家皆祖田何，惟京氏爲異，惟費氏經與古文同。〔註 72〕

按：《漢書・儒林傳・費直傳》載，費氏易學長於卦筮，亡章句；徒以十翼解經耳。復考諸《漢志》，知劉向於成帝年間校書，嘗以中古文《易經》校施、孟、梁丘三家之易，三家經，或脫「无咎」、「悔」、「亡」等字，而費氏經本較完善，與古文《易經》文義相合。是故費氏易在西漢雖未立於學官，僅流行民間，然至東漢以後，卻愈演愈盛。〔註 73〕試觀下列所引申叔先生之言，亦可知矣。

當東漢時，陳元、馬融、荀爽並傳費氏易，鄭玄亦由京易習費易，咸作《易注》，此殆易學之古文。與高氏易出于高相，與費直同時，源淵出于丁寬，蓋亦齊學之別派也。〔註 74〕

尤有進者，當東漢時，緣費氏之易學盛行，而高氏遂微。〔註 75〕洎乎末葉，有虞氏一門，五世傳孟氏之易，惟就今日李鼎祚《集解》中所見，其易學非止傳孟氏一家，實爲象數易以來各家學說之總滙。〔註 76〕是故申叔先生亦一併敘及：

又東漢之時，虞光世傳孟氏易，五傳而至虞翻，由是《易經》有虞

〔註 72〕同註 69。

〔註 73〕見高懷民氏《兩漢易學史》，頁 168。

〔註 74〕同註 69。

〔註 75〕按據《漢書・儒林傳》，高相治《易》與費公同時，其學亦亡章句，專說陰陽災異，自言出於丁將軍；然據《隋書・經籍志》，高氏易爲費氏弟子王璜所授，則與《漢書》所載不同。若高氏出於丁寬，則當隸今文易，顧西漢今文學盛行之時，又何以不列於學官？若高氏出於費氏，則當隸於古文易，然《漢書》何以不明言，而必有待於後出之《隋書》？據《隋書》云，高氏亡於西晉，其學已不可考。是以在極端派之今文學家，或斥高氏易之名稱乃古文學家所僞，不過爲費氏易張目耳。

〔註 76〕據虞氏十二月卦、六日七分法，固可謂爲承自孟氏易，其他若各家之八宮、納甲、互體、爻辰、爻體、升降等，亦無一不收，更引入道士魏伯陽之納甲說，加上自創之卦變、反對、旁通、互體、半象及八卦逸象之增衍等有新創義者，後世易家視其爲兩漢象數易發展之最高峯，洵非過言。

氏之注，亦爲西漢易學之交流。〔註 77〕

凡上所述，蓋乃兩漢易學傳承之大略也。茲并孔子所授者，謹列表如次，藉清眉目焉。

**先秦兩漢易學傳授系統**（虛線所引爲東漢易學家）

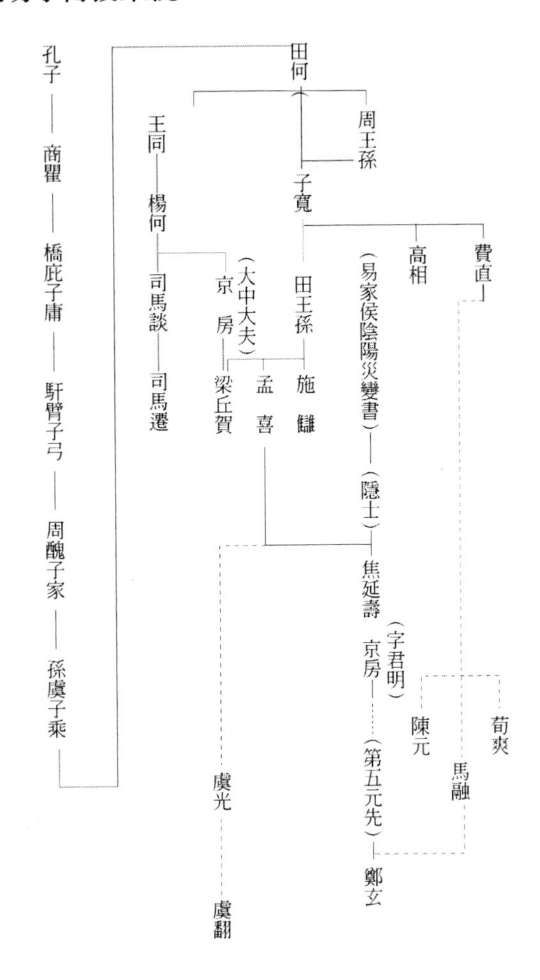


## （二）論三國南北朝隋唐之易學

申叔先生於《經學教科書》中，又採《三國志注》、《晉書》、《南史》、《北史》各列傳，《北齊書》、《隋書・經籍志》、《經典釋文》、王鳴盛《蛾術編》及《四庫提要》諸書，以論三國迄隋唐之易學曰：

東漢之末，説易者咸宗鄭注。自魏王弼作《易注》，舍象數而言義

〔註 77〕同註 69。

> 理；復作《易略例》、《周易繫辭》（原作「詞」），韓康伯補其缺，間雜老莊之旨，與鄭易殊。而王朗所撰《易傳》，亦立學官。蜀人李譔亦作《古文易》以攻鄭注。至晉永嘉之亂，而施、孟、梁丘之易亡。〔註78〕

按：世傳王肅《易注》，《釋文》及隋唐三《志》皆以爲肅作，實爲其父王朗所作。蓋《三國志・王肅傳》但謂其撰定父朗所作《易傳》耳，不云肅自作《易傳》也。唯既經肅所董理，故視其書爲父子合著可也。夷考王肅之《易》學，一承宋忠，一承於其父，〔註79〕其書多本象數以闡《易》理，上繼漢儒之明象，下開王弼之明理。故張惠言嘗謂王弼注《易》，祖述肅說，即從王弼《易》學亦淵源於宋忠一脈而言之也。〔註80〕自王弼《易》行，諸家皆廢，惟鄭玄一派，南北分途之時，相與對峙垂數百年，故王《易》行於南，鄭學盛於北。試觀申叔先生之言，概可知矣。

> 當南北朝時，鄭《易》盛行于河北。徐遵明以《周易》教授，以傳盧景裕、崔瑾，景裕傳權會，權會傳郭茂，自是言《易》者，皆出郭茂之門；而李鉉亦作《周易義例》。惟河南青、徐之間，間行王弼之注。

又曰：

> 若江左所行，則以王注爲主，主于學官。及南齊，從陸澄之言，始鄭、王並置，後復黜鄭崇王（梁、陳二朝間，亦王、鄭並崇）。說《易》之儒，有伏曼容、梁武帝、朱異、孔子祛、何允、張譏，以褚仲都、周弘正《義疏》集其大成，大抵以王注爲宗；惟嚴植之治《周易》，力崇鄭注。〔註81〕

按：鄭玄注《易》雖以古學爲宗，然亦兼採今學，附益其義。迨王弼起於魏，黜今而從古，取費氏《易》作注，又將古易彖象傳及文言合併一處，以其清雋新穎，頗便於學。由是南北朝治《易》學者，北方皆宗鄭玄，南方皆宗王

---

〔註78〕《遺書》，冊四，頁2360，《經學教科書》。

〔註79〕見高懷民氏《兩漢易學史》，頁236。

〔註80〕同註79。蓋王弼祖父王凱，爲劉表壻，與其父王業居荊州有年，深受宋忠易學之影響（重義理兼採象數），是王弼與王肅之學有同源之誼。而宋忠易學與劉表同，表之學，乃受於弼之先祖王暢，是弼之學，實淵源於其先祖者也。

〔註81〕同註78。

弼，遂成南北學派之對峙。至唐孔穎達作《周易正義》，復以王注爲依歸，而太學遂獨有王弼之《易》義矣。申叔先生曰：

> 至于隋代，王注盛行，唐孔穎達亦崇王氏《易》，故所作《義疏》，用王遺鄭，而漢《易》遂亡。惟李鼎祚《周易集解》，采漢儒注《易》之說，得三十五家；崇鄭黜王，發明漢學。史徵《周易口訣義》，亦與鼎祚之書相同。而僧人一行，亦主孟喜卦氣之說，乃漢《易》之別派也。若邢璹《注易略例》，郭京《周易舉正》，皆引伸王弼之言，蓋斯時玄學盛昌，故說《易》多采道家之旨。〔註82〕

按：王弼治《易》，研尋經旨，一掃漢學之舊，唐孔穎達宗之，漢《易》遂漸式微。賴有李鼎祚《集解》，掇拾殘闕，滙合眾說，後世始得窺兩漢《易》學之堂奧。迄清代惠棟、張惠言、焦循等出，即據此董理鄭氏、虞氏之《易》，而施讐、梁丘之學，終不獲見於世也。惜哉！

### （三）論宋元明之易學

申叔先生復從《四庫提要》、《經義考》、及焦循《易廣記》之說，以論宋、元、明三代《易》學，曰：

> 宋儒治《易經》者，始于劉牧。牧學出于陳摶，摶作〈先天〉、〈後天圖〉，牧作《易數鉤隱圖》；邵雍亦傳陳摶《易》學，其子邵伯溫及弟子陳瓘，咸以數推理。倪天隱受業胡瑗，治《易》主明義理；司馬光、張載《易》說，亦以空言說《易》，蘇軾《易傳》，程頤《易傳》亦黜數言理。〔註83〕

按：希夷陳氏開宋世象數之學，而此象數之學又可析分爲：邵雍尚象一派，及劉牧尚數一派；要之，實皆以圖書爲主。至於胡瑗義理一派，則多徵引經史，著明人事，尤爲《易》學之主流。其後言《易》者：或宗義理，或宗象數，然亦有理數兼崇者，申叔先生曰：

> 自是以後，說《易》之書，如張根、耿南仲、李光、郭雍、張栻，皆以說理爲宗，或引人事證經義。張浚、朱震、程大昌、程迥，皆以推數爲宗。然間有理數兼崇者，自呂大防、晁說之、呂祖謙主復古本，朱子本之作《周易本義》，亦理數兼崇，復作《易學啓蒙》。

---

〔註82〕同註78。

〔註83〕《遺書》，冊四，頁2363，《經學教科書》。

惟林栗說《易》與朱子殊。〔註84〕

按：程子《易》學得自胡瑗，又博采諸家之說以集其大成，而下啓朱子；唯二家所不同者，程子專主於理，朱子則追原於數；程子《易傳》用費、鄭、王變亂本，經傳相附，朱子《周易本義》則採呂祖謙更定本，經傳分卷。及董楷《周易傳義附錄》出，合《程傳》及《本義》爲一書，意在理數兼通，斠合程、朱。自是以後之易學，皆不外程、朱二家，申叔先生曰：

> 宋元以來，言易者或宗程子，或宗朱子，或參合程、朱之說。自是以外，有以心學釋《易》者，有據圖象說《易》；而馮椅、李過、吳澄復改纂經文。至明代輯大全，而漢《易》盡亡；惟王夫之《周易稗傳》，尚爲徵實。〔註85〕

按：元代治《易》者，皆承宋儒理學，要以程、朱之說爲主，未見獨造極詣。明代治《易》者頗多，永樂中，胡廣等纂《周易大全》，純采朱熹、董楷等之說，無甚精微之處；唯王夫之直尋經旨，掃去漢儒讖緯五行與宋儒河圖卦氣之雜說，而發爲乾坤並建爲《周易》之綱宗，占易、學易二道並行，爲聖人之用易也。此外，若來知德之治《易》也，雖其錯綜之說，頗貽人口實；然取象說理，淺顯明白，若有可取者，故一併敘及。

### （四）論清代之易學

有清一代，經學遠過宋明，治《易》之風尤盛。方開國初，其治《易》者，已能辨析河圖與易之來歷：圖是圖，易是易，本自無涉。洎乎中葉，元和惠棟、江都焦循、武進張惠言，則專研漢易，甚有條理，申叔先生曰：

> 明末之時，言易學者，咸知闢陳邵之圖，黃宗羲作《易學象數論》，其弟宗炎復作《周易象辭圖書辨惑》。然不宗漢學，家法未明。惟胡渭《易圖明辨》，李塨《周易傳註》，舍數言理，無穿鑿之失。毛奇齡述仲兄錫齡之言，作《仲氏易》，又作《推易始末》、《春秋占筮》、《書易小帖》三書，謂《易》占五義，牽合附會，務求詞勝。惟東吳惠氏，世傳《易》學，自周惕作《易傳》，其子士奇作《易說》，雜釋卦爻，以象爲主，專明漢例，但採掇未純。士奇子棟作《周易述》，以虞注、鄭注爲主，兼採兩漢易家之說，旁通曲證；然全書未竟，門人江藩繼之作《周易述補》。棟又作《易漢學》、《易例》、《周

〔註84〕同註83。

〔註85〕同註83。

易本義辨證》，咸宗漢學。

又曰：

江都焦循作《易章句》，其體例略仿虞注，又作《周易通釋》，掇剌卦爻之文，以字類相屬，通以六書、九數之義；復作《易圖略》、《易話》、《易廣記》，發明大義，成一家言。

又曰：

武進張惠言，治《易》亦宗虞、鄭，作《周易虞氏義》、《鄭氏義》，並作《周易易禮虞氏消息》。〔註86〕

按：惠氏治《易》，務明漢學，虞學端倪，實由是啓；〔註87〕焦氏於易卦爻辭依據說卦逐字訓釋以通爻變之法，極爲精到；張氏專宏虞氏《易》學，遂令千五百載以來，消息之恉，孟氏之義，復明於世，沾溉後學，厥功匪淺，自是遂爲後此治《易》學者之所宗焉，試觀申叔先生之言：

姚佩中、劉逢祿、方申宗其義，佩中作《周易姚氏學》，逢祿作《易虞氏五述》，申作《易學五書》。咸以象數爲主，或雜援讖緯；然家法不背漢儒。若錢澄之、李光地、蘇宿、查愼行之書，則崇宋黜漢，率多臆測之談，遠出惠、焦之下。〔註88〕

按：姚氏於《易》，探本抉奧，會眾說而獨抒心得，可稱傑出；其餘諸家，亦有可取者。要之，清代《易》學，或宗漢，或崇宋，或折中於漢宋以取調和理數，然皆不免有所偏敧；其能貫通象數、義理，而冶漢、宋於一爐者，蓋尟矣。

## 六、論易象

《易・繫辭傳》曰：「易者象也，象也者像也。」；〔註89〕又曰：「八卦以象告」；又曰：「聖人設卦觀象，繫辭焉而明吉凶」；又曰：「君子居則觀其象而玩其辭」；是象與易並存也。舍象則易不可見矣。

《左氏》昭二年傳：「韓宣子來聘，……觀書于太史氏，見《易象》與

---

〔註86〕見《遺書》，冊四，頁2365，《經學教科書》。

〔註87〕按錢基博《經學志》，頁32，稱許惠棟曰：「漢學之絕者千有伍百餘年，至是而燦然復章。」

〔註88〕同註86。

〔註89〕按此從孔穎達《周易正義》、朱熹《周易本義》作「象也者像也」，惟李鼎祚《周易集解》本，則作「象也者象也」。

《魯春秋》。」是《易》亦稱《易象》。因之，惠棟《易例》謂：「八卦由納甲而生，故〈繫辭〉曰：『在天成象，易者象也，象也者象也。』古只名象，〈皐陶謨〉：『帝曰：予欲觀古人之象』是也。至周始有三易之名。然《春秋傳》曰：『見易象』，則象之名猶未亡也。」〔註90〕惠氏以象爲書名，且謂古易只名爲象，申叔先生稱其說甚精，故於《經學教科書》申之曰：

> 象也者，以萬物之體，皆有自然之象，古人舉眾物不齊之象，悉分括于各卦之中。『象也者像也』，『像此者也』。擬形容以象物宜，故古人立象以盡意，後人觀象以明吉凶，《易》之有卦象，猶《詩》之有比興也。〔註91〕

蓋象者擬諸形容，像其物宜，以盡無窮之意者也。是故子曰：「書不盡言，言不盡意。」故聖人立象以盡意，豈不以言難兩歧，而象可通變耶？故立象以盡意，而意斯無遺蘊矣。申叔先生又曰：

> 易象所綜，預籠羣有，有之未生，塊然而已。然則未備之象，具於妙有之先，緣化之迹，同資所待，得其所待，隨感而應，若理以漸萌，則蘊而弗出，是則象餘於意，非意溢於象也。其在《易》曰：「聖人立象以盡意，繫辭焉以盡其言。」此言象立而意盡，繫立而辭盡也。意盡於象，故無象外之意，辭盡於繫，故無繫表之辭。〔註92〕

《易》之取象，太卜之官，必當別有所記；惜今之所傳者唯〈說卦傳〉及《左傳》、《國語》所傳佚象一類耳。申叔先生曰：

> 《周易》本有《象經》，今象傳存而《象經》亡，故《易》有佚象。凡見于〈說卦傳〉及《左傳》、《國語》諸書者，〔註93〕皆《象經》之佚義也。〔註94〕

其所謂《周易》別有《象經》，《象經》佚而象傳存，乃不可得而知之矣。今《易》之所以稱經者，彖（卦辭）與象（爻辭）也。彖有彖傳，象有象傳。今之象傳，顯係傳今《周易》之象經，不傳劉氏所謂《周易》別有之《象經》，無容置疑。

〔註90〕《皇清經解續編》卷一三七，頁2～3，惠棟《易例上・易》。
〔註91〕《遺書》，冊四，頁2379，《經學教科書》。
〔註92〕《遺書》，冊三，頁1541，《左盦外集・象盡意論》。
〔註93〕原文作：「〈序卦傳〉及《國語》、《左傳》」，觀其所引「帝出乎震」，係出於〈說卦傳〉；又《左》、《國》二書之引文，亦《左傳》先於《國語》，故特更正之。
〔註94〕同註91。

〔註95〕至其所言《易》之佚象——

見於〈說卦傳〉者，如「帝出乎震，齊乎巽，相見乎離，致役乎坤，說言乎兑，戰乎乾，勞乎坎，成言乎艮」等一節以下皆是也。

見於《左傳》者，如莊二十二年傳：「坤、土也，巽、風也」；昭五年傳：「純離爲牛」之類是也。

見於《國語》者，如〈晉語〉四：「震、東也」；「坎、勞也，水也，衆也」；「坤、母也，震、長男也」之類是也。

蓋〈說卦傳〉所記，仰觀、俯察、近身、遠物之象，亦甚備矣。而《左傳》、《國語》所載當時用《易》爲占之事，其說解筮詞者，每據卦爻之辭，多以兩卦變爻之辭爲主，大半以象爲說，或引申易象之義。凡此，要不可謂非古《象經》之佚義也。申叔先生又曰：

漢儒說經多引〈易象〉佚文，蓋亦古經義之僅存者也。〔註96〕

按：清儒張惠言《周易鄭氏義》舉鄭氏易象；毛奇齡《仲氏易》亦略引諸家易象二十七則；而方申於《虞氏易象》外，復輯《諸家易象別錄》，〔註97〕共得佚象一千四百七十一則。申叔先生以爲古象經之文，具備於此；足見易之取象，蓋其來有自也。

又古人設卦觀象，象者象物之形狀也。因象以立卦，故卦有取象於天者，有取象於地者，有取象於人者，有取象於物者。申叔先生論易取象之範疇曰：

蓋象分四類，即天、地、人、物是，或一卦而取數象，或數卦而同一象。

又舉例曰：

一、取象於天：如乾爲天，雲爲雷是。

二、取象於地：如坤爲地，艮爲山，震爲大塗是。

三、取象於人：如乾爲父是。（又有取象人身者，如巽爲廣顙；有取象人情者，如震爲決躁；有取象人病者，如坎爲心病。）

四、取象於物：析爲動物（如〈說卦傳〉：「乾爲馬」一節），植物（如「乾爲木果」），珍寶（如「乾爲玉」），器物（如「乾爲布」），

〔註95〕見劉百閔氏《周易事理通義》下冊，頁629所述。

〔註96〕同註91。

〔註97〕按此書刊入《方氏易學五書》中。

物形（如「乾爲圜」），物色（如「震爲玄黃」）共六類。〔註98〕

凡立象設卦之道，盡於此矣。故〈繫辭傳〉曰：「八卦成列，象在其中矣。」審乎是，則惠氏以象爲書名，謂古《易》只名爲象，申叔先生謂《周易》本有《象經》，其立說蓋有由也。

由於申叔先生所謂：「易以設卦與觀（原誤作設，今正。）象並言，則卦非象；又言『爻象動乎內』，則象非爻。」「後儒不知象之有經，或以卦畫爲象，或以爻辭爲象，均失之矣。」〔註99〕則似有未妥。

按：《易》乃依象而作者也。故兩儀（陰陽）爲象，四象（太陽、少陽、太陰、少陰）爲象，八卦爲象，六十四卦爲象，三百八十四爻亦皆象也。故《易》云：「兩儀生四象」；「易有四象，所以示也」；「八卦成列，象在其中矣」；「聖人設卦觀象」；蓋謂此也。而六十四卦，每卦分上下或內外兩卦，謂之大象；三百八十四爻，每卦六爻，爻下分體，謂之小象。嗣後，六十四卦冠以卦名，此卦名即爲象。所謂：「卦者，掛也」；係謂將事象掛而示之者也。又後，六十四卦與三百八十四爻，各繫以卦辭、爻辭，則卦辭爲象，爻辭亦爲象。卦辭亦稱彖辭，爻辭亦稱象辭。《易》云：「彖者言乎象者也」，「象也者像也」，「君子觀其象而玩其辭」，所謂辭亦即爲象。辭有象有占，象是象，占亦即象。〔註 100〕是故言《周易》有《象經》，或可；言《周易》有佚象亦可；若謂卦、爻非象，則未可也。

夫忘象之說起於王弼。其大旨謂：「言者所以明象，得象而忘言；象者所以存意，得意而忘象。……故立象以盡意，而象可忘也；重畫以盡情，而畫可忘也」。〔註101〕後儒本之，掃象之說遂起。〔註102〕殊不知王氏雖極力抨擊象數，而其《周易注》亦間以象數說之，此或風氣使然，王氏習焉不察耳。〔註103〕申叔先生曰：

〔註98〕同註91。

〔註99〕同註91。

〔註100〕見劉百閔氏《易事理學序論》，頁22所述。

〔註101〕見王弼《周易略例》，頁9～10，〈明象篇〉。

〔註102〕按《遺書》，冊三，頁1541，《左盦外集》卷一〈象盡意論〉曰：「昔之論者，不達圜化，標虛勝者則以象非意表；驚華辯者又以名象可忘。」乃斥掃象者也。

〔註103〕按王炎《讀易筆記》自序云：「木上有水爲井，以木巽火爲鼎，上止下動爲頤，頤中有物爲噬嗑。此四卦雖弼不能削去其象也。夫六十四卦等耳，豈有四卦當論其象，六十卦可略而不議乎？」夫《易》者，象也；失象則無易。弼之《易》學，源於劉表，而實根本於其先祖王暢；蓋實有窺於象數藩籬也。

> 至王弼創得意忘象之論，而漢儒以象說《易》者，其說漸亡。宋人作《易》注者，亦舍實象而言虛理。夫易象之說，固近穿鑿，謂之不易明則可，若舉而廢之，夫豈可哉！〔註 104〕

蓋象之與《易》，猶形之有影，響之應聲；影去形則無容，聲捨響則無應。然則，《易》如離象，豈有《易》哉！故學《易》者必通乎象，而後可以言《易》。〔註 105〕是故申叔先生以爲王氏得意而忘象，既涉玄虛；宋儒舍象而言理，非《易》之本，皆有未得，乃非聖人設卦觀象之旨。良有以也。

## 七、論易數

《易經》揭發宇宙間生存原理之奧祕，歸納爲陰、陽、時、位四大要素而釋之以象、理、數，以其所包範圍：從自然法則至人文法則，蓋如此其廣大，自祇能以數字符號代表之。〔註 106〕故《管子・輕重戊篇》曰：「慮戲作，造六峜以迎陰陽，作九九之數以合天道，而天下化之。」魏劉徽《九章算經》序曰：「包犧氏始畫八卦，……作九九之術，以合六爻之變。」晉夏侯陽《算經》自序亦曰：「算數起自伏羲。」足證數之起源尚矣。蓋一畫開天，奇偶以生，而數即肇端於是。申叔先生曰：

> 《易經》爲數學所從生，上古之時，數學未明，即以卦爻代數學之用。如卦有陽爻、陰爻，陽卦爲奇，陰卦爲偶，易爻之分陰陽，猶代數之分正數、負數也。〔註 107〕

按：《易》數不出奇偶，乾以易知，故奇以著其體；坤以簡能，故偶以成其用。奇偶之相待，數由此生矣。又奇偶亦曰陰陽，奇數爲陽，偶數爲陰，《易》即以陰陽二畫而成卦。申叔先生釋之曰：

> 《易經》各卦之爻，非陽多於陰，即陰多於陽，或一陽五陰，或四陽二陰，即〈繫辭〉所謂：「陽卦多陰，陰卦多陽」也，是猶正數、負數，兩不相等也。故減一陽則增一陰，增一陰即減一陽，斯爲定例。又陰爻可進爲陽，陽爻亦可降爲陰，是猶正數之變爲負數，負數之變爲正數也。若夫一卦之中，陰爻、陽爻相等（均三陽三陰之

---

〔註 104〕同註 91。
〔註 105〕參見徐芹庭氏《易經研究》，頁 29。
〔註 106〕見陳師立夫《易學應用之研究》第一輯序文所言。
〔註 107〕《遺書》，冊四，頁 2388，《經學教科書》。

卦)，則其象必銷，如泰、否、未濟、既濟是，是猶正等於負則銷也。此理至精。〔註 108〕

《易》有天地之數、大衍之數、九六之數三種，皆「所以成變化而行鬼神」，〔註 109〕有精微之道理存焉。〈繫辭傳〉曰：「天一、地二，天三、地四，天五、地六，天七、地八，天九、地十。天數五，地數五，五位相得而各有合。天數二十有五，地數三十，凡天地之數五十有五。」此顯係十進法中求自然級數之和之簡易算法，是以申叔先生謂其爲加法中之最淺者。其又謂《易經》中所言減法者如：

大衍之數，五居中央，一六居北，五加一爲六，六減一爲五，是六與一同根也。二七居南、五加二爲七，七減五爲二，是七與二同根也。三八四九，其理亦然。〔註 110〕

至於乘除諸法，則〈說卦〉有言「參天兩地而倚數。」試觀江永《羣經補義》所釋：「凡數不外於乘除，天數以三行，地數以二行，爲乘除之原。」〔註 111〕是故申叔先生謂：「凡數學以一乘一，以一除一，皆不可變，故必起於參兩，參兩者，乘除各法之所生也。」〔註 112〕除此之外，申叔先生又指出大衍之數爲句股開方徑七之法所從生。其言曰：

《周髀算經》云：「包廣三，股修四，弦直立。」案句三，其積九；股四，其積十六；弦五，其積二十五，合之則爲五十，故大衍函句股三面積開方之法，以七數計之，七七四十九，即大衍四十有九之數。

又曰：

徑七之法，圓者徑一而圍三，以徑一圍三而計徑七之圓數，則圓周二十一；方者，徑一而圍四，以徑一圍四而計徑七之方數，則方周

〔註 108〕《遺書》，冊四，頁 2389，《經學教科書》。

〔註 109〕〈繫辭上〉第九章。

〔註 110〕同註 108。

〔註 111〕江永《羣經補義》云：「大傳以五奇數爲天，五偶數爲地，觀河圖第二層一與三即是參天，三者，三其一也。二與四即是兩地；四者，兩其二也。外層成數右旋，九與七是參天；三九，二十七。八與六是兩地；二八，一十六也。洛書一、三、九、七爲參天，二、四、八、六爲兩地。凡數不外於乘除，天數以三行，地數以二行，爲乘除之原；故曰『參天兩地而倚數』也。」

〔註 112〕同註 108。

二十八。合二十一與二十八，共為四十九，此亦大衍之數。〔註 113〕

按：蓍策之數，必以「七」為用者。蓋方圓之形，惟徑七為率，則能得周圍之總數。句股之形，亦惟以三、四為率，則能得斜弦之總數。徑七，固七也；句三股四之合，亦七也。所以論方圓周圍之合數，則五十；論句股弦之合積亦五十。此大衍之體也。因而開方，則不盡一數，而止於四十九，此大衍之用也。開方而不盡一數，則蓍策之虛一者是已。方面之中，函八句股，而又不盡一數，則蓍策之掛一者是已。〔註 114〕

「數」原為孔門六藝之一，極受重視，惟自科舉考試盛行，不以此取士，乃漸趨式微耳，而《易》學之以數為基礎，藉之配合說明象與理者，遂不易為學者所盡明。惜哉！

夫《易》而後有數，《易》者數之本也。故〈繫辭傳〉曰：「《易》有太極，是生兩儀，兩儀生四象，四象生八卦。」又曰：「太極以下之數，莫非由《易》而有也。」聖人知易為數本，故因數而作《易》，就《易》而演數，數明而《易》之道著，《易》之道著而人生之義得焉，宇宙之用備焉。〔註 115〕唯吾人試深究之，則知：「數」之為用，蓋乃倚筮術而興。雖在伏羲畫卦之初，太極、兩儀、四象、八卦之中已寓有數之意在焉，第乃自然隨象而來，並未發揮其功用。數在《易》學中取得其地位，起於筮術之創建。觀申叔先生所言：

> 人心不能無所疑，凡作一事，欲先預料其吉凶成敗，而後筮法以興，筮法者，以蓍艸揲成卦形，復於揲成之卦，察其變動者為何爻？取原爻之文以釋之，以驗作事之吉凶成敗。〔註 116〕

蓋占筮之目的，在於斷決吉凶成敗，然命筮行術，必經演蓍求卦之過程，須按蓍策分合數目之多寡以進行，是故「數」即為求得卦象之關鍵；換言之，數乃斷決吉凶成敗之決定因素，至於術則為求數之方法也。〔註 117〕而申叔先生又曰：

> 蓋古人以《易》爻之文，占吉凶成敗，由今人之用古人詩語為數本也。然古人作《易》非為卜筮而設，故《易》有聖人之道四，卜筮僅居其一，〈繫辭〉言：「君子居則觀其象而玩其辭；動則觀其變而玩其占。」即所謂「以言者尚其辭，以動者尚其變」也；故不必假

---

〔註 113〕同註 108。
〔註 114〕見陳泮藻氏〈周易科學思想〉，《學粹》第八卷第 6 期，頁 23。
〔註 115〕見李證剛氏《易義概論》第五編，頁 1。
〔註 116〕《遺書》，冊四，頁 2380，《經學教科書》。
〔註 117〕參閱高懷民氏《先秦易學史》，頁 16。

諸卜筮。〈繫辭〉又言：「人謀、鬼謀、百姓與能。」蓋百姓即下民，未能以道喻，所欲者吉與利，所忌者凶與災；欲與忌交錮於中，不能無疑，古人即以所作之《易》用爲卜筮，即「神道設教」之義，使之以趨吉避凶之心，化爲遷善改過之心，故於尚辭、尚變之外，仰且尚占，非果有所謂「神而化之」之道也。〔註118〕

按：宋儒朱文公以《易》爲卜筮作，非義理之作。其說有誤。蓋伏羲畫卦，雖有占而無文，然亦寓有義理在焉，唯當時僅賴口授，久遂不傳；文王、周公、孔子以辭明之，即明先聖之心法者也。〔註119〕故申叔先生於此引繫辭之文，以證《易》非專爲卜筮而作，特仿神道設教之義，藉卜筮之法，使民因趨吉避凶之心，得以遷善改過耳。

由上知《易》可謂爲寡過之書，非徒卜筮者也。試觀左氏昭十二年傳所言：「易不可以占險。」申叔先生以爲《易經》之戒惡，戒之於未爲之先。且易乃以前民用，非以爲人前知。是故謂：「後世術士家言，多託之《周易》，非《周易》之旨也。亦可謂之虛妄矣。」〔註120〕其理至爲通達，是乃深有得於易者也。

## 八、論易理

《易・繫辭傳》曰：「天下之理得，而成位乎其中矣。」《說卦傳》曰：「窮理盡性，以至於命。」足見《易》爲言哲理之書，申叔先生之論易理也，有所謂太極無極之辯，有所謂本體一元論，茲分述如下：

### （一）太極無極之辯

關於宇宙起源問題，《易》主「太極論」，老莊主「無極論」，宋儒引爲持久之爭論。申叔先生推溯此二學說之來源，並採新學以闡明其旨趣曰：有極與無極並言，始于《佚周書・命訓解》，其言曰：「正人莫若（按應作如）有極，道天莫如無極。道天有極則不威，……正人無極則不信。」有極者有盡之詞也，無極者無盡之詞而示人以不可測也。無極二字與無邊際之說同。《老子》曰：「……知白守黑，復歸於無極。」……《管子》云：「慌慌乎！若游于無極。」《莊子》云：「入無窮之門而游無極之野。」〔註121〕

〔註118〕同註116。
〔註119〕見皮錫瑞《經學通論》第一冊〈易經〉，頁41～42。
〔註120〕《遺書》，冊四，頁2381，《經學教科書》。
〔註121〕見《遺書》，冊二，頁1743，《中國哲學起源考》。

此外，其又指出無極見於《列子》。申叔先生曰：

> 無極之論發於《列子》者也。《列子》之言曰：「無極之外，更無無極；無盡之外，更無無盡。」夫太極之外皆爲無極，……故天竺哲人以「無量」二字概之。〔註 122〕

如是，則無極乃含無限、無邊、無盡、無量之義，立於太極之上，有無極然後有太極。申叔先生釋「一」、「元」含有「隱、微、潛、幾、深、遠」六義，〔註 123〕而歸之於「動」，合於西哲「一元論」。若此，則無極即「抽象一元論」，太極即「具體一元論」，亦乃「本體一元論」矣。

由無極、太極之說，論及宋儒言無極、太極，有朱、陸之辨。申叔先生謂：

> 即太極陰陽之說，亦爲漢儒所已言，宋儒以太極標道學之幟耳。又周子《太極圖說》謂陽變陰合而生五行，此亦許、鄭之舊說也。特陰陽五行，古學分爲二派。漢儒宋儒均失之耳。若夫先天後天之言，漢唐以前，初無是說。乃陳（摶）、邵（雍）臆創之談。而天根月窟之說，尤屬無稽。〔註 124〕

宋儒遠取漢儒今文學說，近取六朝道教之言。而混二者爲一談。申叔先生云：「故太極無極之論，非始於濂溪，實基於梁武。」〔註 125〕則宋儒有此論爭，殊非無因。而吾人觀下引申叔先生之言，亦知所抉擇矣。

> 《易》言「必有餘慶」、「必有餘殃」、「富有之謂大業」，則《易經》言有不言無。《北史》，梁武帝問李業興云：「《易》有太極，極是有無？」對曰：「所傳太極是有。」此其確證。彼以虛無之旨釋《易》者，非《易》旨矣。〔註 126〕

### （二）本體一元論

夫太古之初，萬物同出於一源，由一本而萬殊，是爲哲學一元論。《易經》首言「元」字，「元」訓爲「始」，故《周易》以「元」爲道本，兼以「元」爲統攝眾物之詞，爲一切對待名詞之代表。申叔先生曰：

---

〔註 122〕見《遺書》，冊一，頁 614，〈哲理學史序〉。
〔註 123〕見《遺書》，冊四，頁 2393，《經學教科書》。
〔註 124〕《遺書》，冊一，頁 651，《漢宋象數學異同論》。
〔註 125〕《遺書》，冊一，頁 589，《國學發微》。
〔註 126〕《遺書》，冊四，頁 2394，《經學教科書》。

> 「元」爲陰陽有無各名詞所從出，故《易經》用爲對待名詞之代詞，凡《易經》所謂「一」，所謂「初」，所謂「本」者，皆指「元」字而言。

又曰：

> 《易經》所言之哲理，皆從一元論而生，此即中國玄學濫觴也。一元者，即《易經》所謂太極，緯書所謂太易、太初、太始也。〔註 127〕

《易經》之本體哲學，據申叔先生云：係首持一元論，復由一元論之說易爲二元論。故其釋《左氏》禧十五年傳韓簡所謂：「物生而後有象，象而後有滋，滋而後有數。」即曰：

> 物生有象，此象物未區分之形也。而萬物之所以區分，由於由一而二。由一爲二，是之謂茲，茲從兩玄，即二元並見之形也。玄象一物初生之形，茲象二物並生之形。然古人哲學，其界說有二：一曰萬物非開則不生，一曰萬物非交則不生。即生則一元可剖爲二元，故《易》言「太極生兩儀」也。以太極代表一元，即以陰陽代表兩元，由兩元而充之，推而至於十百千萬，謂之眾物，即《左傳》所謂「滋而後有數」也。〔註 128〕

由「《易》言太極生兩儀也，以太極代表一元。」知《易經》乃一元之本體論。而二元論、多元論均可包括其下，「即以陰陽代表兩元，由兩元而充之，推而至於十百千萬，謂之眾物。即《左傳》所謂滋而後有數也。」足證二元論、多元論係滋而後乃有者也。二元論而外，尚可包括惟神論、惟理論及惟心論。蓋《易經》之本體論係由一本而萬殊，萬物一本所生，以一御萬，萬物自屬一體。故觀申叔先生所謂：「《易經》言一、言本、言要，均執簡御繁。」〔註 129〕善哉！此「執簡御繁」四字，洵乃《易》理之精蘊也。

惟《易》之言哲理也，據申叔先生言：其最精之義蘊，猶有三端：一曰不生不滅說、二曰效實儲能說、三曰進化說，此均至高至尚之哲理也。其所謂：「《易》言精氣爲物，游魂爲變。……上語言由滅而生，下語言由生而滅。」〔註 130〕蓋乃不生不滅之說也。其所謂：「吾觀《周易‧繫辭》之言曰：『夫《易》

---

〔註 127〕《遺書》，冊四，頁 2393，《經學教科書》。

〔註 128〕同註 127。

〔註 129〕同註 126。

〔註 130〕《遺書》，冊四，頁 2211。又並見，頁 2394。

無思也，無爲也，寂然不動，感而遂通天下之故。』寂而不動，即儲能之義……感而遂通，即效實之義……又如推顯闡幽，推顯即效實，闡幽即儲能。何思何慮，即儲能；一致百慮，即效實。」〔註131〕蓋乃效實儲能之說也。其所謂：「焦循《易話》曰：『《易》言一陰一陽之謂道。道以治言，不以亂言，失道乃亂。聖人治天下，欲其長治而不亂，故設卦係辭以垂萬世……故否泰皆視乎人，不得委之氣化之必然也。』據焦氏之說觀之，則《易經》一書言進化而不言退化，彰彰明矣。」〔註132〕蓋乃進化之說也。凡此皆《易經》言哲理之最精者，彙而觀之，而《周易》之大義可得矣。

## 九、論易旨

《周易》之宗旨，所以發揮有周一代之政教典章也，《易經》之書，夏商二代均有之，而《周易》一書，則興於殷末周初，〈繫辭傳〉有言：「易之興也，其當殷之末世，周之盛德邪？」此其確證。是則《周易》者，乃文王周公自述其宗旨之書也，故申叔先生謂其旨約有三端：

### （一）言陰陽而不言五行

《易經》一書，始於伏羲，成於文王、孔子。伏羲之時，未有五行之說，文王、孔子不奉五行，故《易經》一書無一語涉及五行，申叔先生曰：

> 伏義畫卦以天地爲首，又以天秉陽而地秉陰，由陰陽而生四時，故《易經》者即伏義所創之宗教也。若五行之說，以金木水火土爲體，始于黃帝，物有其官。及夏禹以五行爲宗教，舉聲味容色皆必于五行，而一切天文（如五紀是）、卜筮（如稽疑是）、雜占（如庶徵是），悉該入五行之中，並以五行該人事，演爲九疇，而伏義陰陽教頓衰。然大禹復攻克曹魏屈鷔有扈之邦，以推行其教（《呂覽》），有扈氏威侮五行，則夏啓克其國，蓋有扈信陰陽而斥五行也。殷人亦信五行，故以五紀官，而〈洪範〉之書傳于箕子，惟周處西方，即有扈故墟，故文王治《易》崇陰陽而黜五行，復取法兩儀四時以立六官，此陰陽教戰勝五行教之始也。故《易經》不言五行，孔子師文王之意，亦不言五行，漢孟喜言陰陽氣無箕子，箕子爲信五行之人，〔註133〕

〔註131〕同註126。
〔註132〕同註131。
〔註133〕按〈洪範〉言五行，係出箕子之傳，漢儒本之言五行，固合〈洪範〉之家法，

即言《易經》中無五行之説也。〔註 134〕

按：五行之說，《易》無明文。據〈說卦〉所言：坎爲水，離爲火，巽爲木，而坤爲地，地亦土也；艮爲山，山亦土也；兌爲澤，澤亦水也（澤鍾金而含水）；惟乾爲金，而在爲玉之下，乃尊重之義，似八卦已略具五行之象矣。然此〈說卦傳〉係出於戰國末期〔註 135〕之人所作，已非先聖本意。是以申叔先生斥漢儒之以五行說《易》者，曰：

> 西漢焦、京之流，以《易經》説災異，雜糅五行之説，已與經文相違。而鄭君之注《周易》也，則以金、木、水、火釋四象，馬融作注，復以四時生五行説〈繫辭〉。宋儒作《先天後天圖》，至謂河圖洛書皆以五行爲主，可謂歧中之歧矣。近世巨儒不察其非，如孔巽軒、錢溉亭之儔，莫不以五行之説緣飾《易》義。而孫堂《漢魏二十一家易注》序云：「經曰：天數五、地數五，五位相得而各有合。」所謂五位者，非即五行之謂乎？背棄家法，莫此爲甚，故雜五行以説《易》，皆非本經之家法也。〔註 136〕

按：申叔先生之說《易》也，由印度佛法「地、水、火、風」四大說，希臘哲學「地、氣、水、火」四行說，以推《易經》八卦說出於「四行」。即八卦之中，以「乾坤離坎」四卦爲「正位」之卦，而「震巽兌艮」四卦爲「孳生」之卦。以「山傳於地，澤附於水，雷生於火，若天之與風，又皆空氣所積者也。」故曰：「四象殆即四行。」〔註 137〕並推證黃帝用「五行」，後世雜於儒。四時之說即賴《周易》以保存。漢儒以五行附會於陰陽乃大謬誤。〔註 138〕惟五行雖非四聖所言，而《易》徒具陰陽不配五行，則《易》之體無以備，其用亦無以弘。夫五行之氣周流不息，運化無窮，其陽變陰合，剛柔迭生，固三才之道所賴以確立，其輔相裁成而措諸事業者，抑亦形上、形下之學所由以貫通。我國古代所有天文、曆數、算法、醫藥、音律、樂舞等之制作概本乎此。是亦不容忽視者也。

---

不得以《周易》例之也。

〔註 134〕《遺書》，冊四，頁 2375，《經學教科書》。

〔註 135〕見第四節〈論易之內容〉。

〔註 136〕《遺書》，冊四，頁 2210，《讀書隨筆・易不言五行》。

〔註 137〕《遺書》，冊一，頁 764。《攘書・周易篇》。又冊四，頁 2389，《經學教科書》。

〔註 138〕同註 134。

### （二）言人事而兼言天事

《四庫提要・易類一》云：「《易》之爲書，推天道以明人事者也。」《易》本爲占吉凶卜懸疑而作，故始作之初雖不可考，但與人事之關係極爲密切，殆可斷言。《易》雖言天道，但並不離人事。如〈乾卦・大象〉云：「天行健，君子以自強不息。」又〈咸卦・彖傳〉：「咸，感也。二氣感應以相與。天地感而萬物化生，聖人感人心而天下和平。觀其所感，而天地萬物之情可見矣。」〈恆・彖傳〉：「恆、久也。天地之道，恆久而不已也。」又曰：「日月得天而能久照，四時變化而能久成。聖人久於其道而天下化成。觀其所恆，而天地萬物之情可見矣。」聖人感人心而天下和平，聖人久於其道而天下化成，皆言天道，而歸本於人事也。申叔先生曰：

> 周代以神道設教，故《易經》以天爲萬物之主宰，〈觀卦〉曰：「聖人以神道設教而天下服」，是其證也。又以人事與天事相表裏，故卜筮之學亦出于《易》，王弼及程、朱諸儒均以人事說《易》，漢儒專以天事說《易》，均失之于一偏。《周易》者，以人事爲主，而以天道統人事者也（其所以然者，則因所處之時，爲神權時代。）。〔註 139〕

蓋《易》以道陰陽，陰陽者，天道也。又《易》以天道明人事，以人事證天道，此天人之學也。後之解《易》者，謂《易》專爲人事作，不言天道，則失卻《易》以道陰陽之義矣。

### （三）言周禮而不言古禮

《周易》爲周禮之一，《左氏》昭二年傳：「韓宣子觀書於魯，見易象，曰：『周禮盡在魯矣。』」故鄭氏、虞氏均本《禮》以說《易》，而《易經》一書具備五禮，申叔先生即用張惠言《虞氏易禮》之例，彙舉有關《周禮》所列郊祀、封禪、宗廟、時祭、田狩、賓王、時會、酬庸、朝覲、王臣出會及婚、喪、聘之禮，皆見諸《易經》。且謂：

> 《易經》大義不外元亨利貞，孔子之釋亨字也，謂嘉會足以合禮，又〈繫辭上〉曰：「聖人有以見天下之動，而觀其會通，以行其典禮。」亦《易經》言禮之明徵。昔〈禮運〉載孔子之言曰：「吾欲觀殷道，是故之宋，而不足徵也，吾得坤乾焉。」夫坤乾爲殷代之易，孔子言欲觀殷道，即中庸所謂吾學殷禮，是孔子之于殷禮，徵之殷《易》

---

〔註 139〕同註 134。

之書，孔子因殷《易》而觀殷禮，此韓宣子所由因《周易》而見周禮也。近儒以《易》爲言禮之書，豈不然哉！〔註 140〕

按：《易經》與《周禮》有關，《易》言禮制，如：

1. 吉禮：郊祀之禮見於〈益〉（〈六二〉：王用享於帝，吉）。封禪之禮見於〈隨〉（〈上六〉：王用亨于西山）。宗廟之禮見於〈觀〉（〈卦辭〉：盥而不薦，有孚顒若）。時祭之禮見於〈萃〉（〈六二〉：孚乃利用禴）。饋食之禮見於〈損〉（〈卦辭〉：二簋可用享）。省方之禮見於〈觀〉（〈大象〉：先王以省方觀民設教）。
2. 凶禮：以喪禮爲主。如〈益・六三〉：「益之用凶事，无咎。」〈萃上六〉：「齎咨涕洟。」〈渙卦辭〉：「王假有廟。」〈小過・六二〉：「過其祖，遇其妣。」而〈繫辭下〉謂：「古之葬者，厚衣之以薪，葬之中野，不封不樹，喪期无數，後世聖人易之以棺椁，蓋取諸大過。」
3. 軍禮：如〈大畜・九三〉：「日閑輿衛。」是軍禮之事也。如田狩之禮，〈比・九五〉：「王用三驅，失前禽。」〈解・九二〉：「田獲三狐。」是也。
4. 賓禮：如〈觀・六四〉：「觀國之光，利用賓于王。」此賓王之禮也。〈坎・六四〉：「尊酒簋貳，用缶，內約自牖。」則王臣出會之禮也。
5. 嘉禮：〈泰・六五〉：「帝乙歸妹。」〈歸妹・九四〉：「歸妹愆期，遲歸有時。」〈咸卦辭〉：「取女吉。」〈漸卦辭〉：「女歸吉，利貞。」皆婚姻之禮也。〔註 141〕

由上知《易》中言禮者殊多也。蓋《易》即天道以明人事，天常人紀，本自相因。人紀莫大於禮，禮者，天地之法象，人事之秩序也。是易禮制作、應用之源委悉同也。故申叔先生曰：「《周禮》者，時王之制也。《周易》爲周書，故所言均時王之制，此韓宣子所由以《周易》爲周禮也。」〔註 142〕

## 十、論易例

昔惠棟著《易例》二卷，欲以闡漢《易》之正則，惜美志不遂，而中道西徂。故其書僅類聚資料，編列名目而已，於漢《易》之條例，猶多缺漏。

〔註 140〕《遺書》，冊一，頁 443，《周易周禮相通考》。
〔註 141〕《遺書》，冊一，頁 442～443，《周易周禮相通考》。又遺書第四冊，頁 2395～2396，《經學教科書》。
〔註 142〕《遺書》，冊四，頁 2376，《經學教科書》。

李銳著《虞氏略例》，張惠言著《周易虞氏消息》，徐昂著《周易虞氏學》，又僅止於虞氏一家而已。逮申叔先生《經學教科書》出，始於漢易之條例，多所闡發。觀乎《易・繫辭》所云：「《易》有聖人之道四焉：以言者尚其辭，以動者尚其變，以制器者尚其象，以卜筮者尚其占。」由於《易》卦之變，為「辭、變、象、占」四道之中心，故能明變達用。申叔先生精於《易》理，推衍四道，以變易為最精，故其於《經學教科書》論「爻例」、論「互體」、論「卦變」、論「比例」，析之至詳。

### （一）爻　例

申叔先生論《易》例曰：「《周易》各爻，凡其象相同者，則所用之辭亦多相同。大抵內卦為主，外卦為朋；陽爻為剛、為君子、為吉、為存，陰爻為柔、為小人、為凶、為亡。此《易》例之大略也。」〔註 143〕然《易》卦各爻所稱，均有一定之例，研《易》者未可或忽也；故申叔先生又援引成蓉鏡《周易釋爻例》之說，〔註 144〕揭示如下：

> 凡二五爻稱中，亦稱中正，亦稱正中，亦稱正，亦稱中直，亦稱直，亦稱中道，亦稱中行，亦稱黃。〔註 145〕

按：凡二五爻之稱中者，據屈翼鵬先生釋之云：「蓋二居下體之中，五居上體之中。反對後則二為五，五為二，仍不失為中也。」〔註 146〕如〈坤・六五象傳〉：「文在中也。」〈師・九二〉：「在師中吉。」皆稱中之例也。其稱中正者，蓋乃陽居五，陰居二之謂也；如〈需・九五象傳〉：「以中正也。」〈晉・六二象傳〉：「以中正也。」皆此例也。其稱正中者，如〈比・九五象傳〉：「位正中也。」惟與稱中正者，微有別焉：蓋稱中正者，二事也，二五為中，陰陽當位為正；稱正中者一事也，但取其正得中位，非以當位言也。其稱正者，蓋乃陽爻居陽位，陰爻居陰位，而位與爻相當者之謂也；如〈履・九五象傳〉：「位正當也。」〈否・九五象傳〉：「位正當也。」皆此例也。其稱中直者，如〈同人・九五象傳〉：「以中直也。」〈因・九五象傳〉：「以中直也。」皆此例也。其稱直者，如〈坤・六二象傳〉：「直以方也。」是；又〈坤・文言〉曰：「直其正也。」則直亦正也。其稱中道者，如〈蠱・九二象傳〉：「得中道也。」

〔註 143〕《遺書》，冊四，頁 2378，《經學教科書》。
〔註 144〕成書見《皇清經解續編》卷一四〇五。
〔註 145〕同註 143。
〔註 146〕見屈翼鵬先生《先秦漢魏易例述評》，頁 12。

〈夬・九二象傳〉:「得中道也。」皆此例也。其稱中行者，如〈師・六五象傳〉:「以中行也。」〈泰・九二象傳〉:「得尚于中行。」皆此例也。其稱黃者，如〈坤・六二象傳〉:「黃裳元吉。」〈離・六五象傳〉:「黃離元吉。」皆是。《左氏》昭十二年傳:「惠伯曰:黃，中之色也。」〈坤・文言傳〉曰:「君子黃中通理。」則黃亦中也。大抵稱中道、中行及黃，猶稱中也；正中、正、中直、直；猶中正也。其吉以中正爲上，中次之。無偏無頗，無過不及，蓋乃深合孔子中庸之道也。

又:

> 凡三四爻稱內，亦稱際，亦稱或，亦稱疑，亦稱商，亦稱進退，亦稱來往，亦稱次且。〔註147〕

按:凡三四爻稱內者，如〈中孚・彖傳〉:「柔在內而剛得中。」內謂六三、六四，此稱內之例也。其稱際者，如泰九三象傳:「无往不復，天地際也。」〈坎・六四象傳〉:「剛柔際也。」皆此例也。其稱或者，如〈乾・九四〉:「或躍在淵。」〈坤・六三〉:「或從王事。」皆此例也。其稱疑者，如〈豫・九四〉:「勿疑。」〈損・六三象傳〉:「三則疑也。」是；又〈乾・文言〉曰:「或之者，疑之也。」則或、疑同義也。其稱商者，如〈兌・九四〉:「商兌未寧。」即是例也。其稱進退者，如〈乾・文言・九四〉:「進退无恆。」〈觀・六三〉:「進退。」皆此例也。其稱來往者，如〈蹇・九三〉:「往蹇，來反。」〈又・六四〉:「往蹇，來連。」即此例也。其稱次且者，如〈夬・九四〉:「其行次且。」〈垢・九三〉:「其行次且。」即此例也。大抵三四爻義每相通，以反對後則三爲四，四即三也。其辭雖變而靡常，然究其義，胥疑或之引申而已。〔註148〕

又:

> 凡初爻稱始，亦稱下，亦稱卑，亦稱足，亦稱趾，亦稱履，亦稱屨，亦稱藉，亦稱尾，亦稱窮，亦稱隱，亦稱潛。〔註149〕

按:凡初爻稱始者，如〈坤・初六象傳〉:「陰始凝也。」〈恆・初六象傳〉:「始求深也。」蓋卦爻自下上數，初爲卦之始，故曰始也。其稱下者，如〈乾・初九象傳〉:「陽在下也。」屯初九象傳:「以貴下賤。」蓋以初爻居卦之最下，故其義爲下。其稱卑者，如謙初六象傳:「卑以自牧也。」蓋卑亦下，故又曰

〔註147〕同註143。
〔註148〕見《先秦漢魏易例述評》，頁19～20。
〔註149〕同註143。

卑。其稱足、稱趾、稱履、稱屨、稱藉者，如〈剝・初六〉：「剝牀以足。」〈賁・初九〉：「賁其趾。」〈坤・初六〉：「履霜。」〈噬嗑・初九〉：「屨校滅趾。」〈大過・初六〉：「藉用白茅。」皆以在下之物事爲義。其稱尾者，如〈遯・初六〉：「遯尾厲。」〈既濟・初九〉、〈未濟・初六〉並曰：「濡其尾。」尾在身之末，猶足在身之下也。其稱窮者，如〈豫・初六象傳〉：「志窮凶也。」〈大壯・初九象傳〉：「其孚窮也。」窮者極也，以居下體之極，故稱焉。其稱隱、稱潛者，如〈乾・初九〉：「潛龍，勿用。」〈文言〉曰：「龍德而隱者也。」潛有隱義，以迫於勢而處下故也。大抵始以時言，下、卑以位言，足、趾、履、屨、藉、尾以體言，窮以道言；至於隱、潛，則以勢言也。

又：

> 凡上爻稱終，亦稱上，亦稱尚，亦稱高，亦稱亢，亦稱窮，亦稱天，亦稱首，亦稱頂，亦稱角，亦稱何。〔註 150〕

按：凡上爻稱終者，如〈需・上六〉：「敬之終吉。」〈否・上九・象傳〉：「否終則傾。」皆上例，蓋以時言也。其稱上者，如〈履・上九・象傳〉：「元吉在上。」〈大有・上九・象傳〉：「大有上吉。」皆此例，以居上爻故也。其稱尚、稱高、稱亢者，如〈小畜・上九〉：「尚德載。」〈蠱・上九〉：「高尚其事。」〈乾・上九〉：「亢龍有悔。」蓋古上尚通，高亦尚，亢即高；自上至高，皆以位言也。其稱窮者，如〈坤・上六・象傳〉：「其道窮也。」〈隨・上六・象傳〉：「上窮也。」，窮者極也，以居上體之極，故稱焉。其稱天者，如〈大有・上九〉：「自天祐之。」〈大畜・上九〉：「何天之衢。」以天在上，是亦以位言也。其稱首、稱頂、稱角、稱何者，〈比・上六〉：「比之无首。」〈大過・上六〉：「過涉滅頂。」〈晉・上九〉：「晉其角。」〈噬嗑・上九〉：「何校滅耳。」以首、頂、角皆居最上體，何、荷音同義通，蓋取其負荷上物之義也。

綜上，知《易》卦各爻之旨，大抵上戒其不終，初教以防漸，謹小慎微，而貴於中以行正，無過不及，蓋作易之微義也。此外，申叔先生又據鄒叔績《讀書偶識》及惠棟《易例》，揭示三例，茲分述之：

1. 有指其方位而言者，即〈繫辭〉所謂旁行而不流也。其例如左：

> 凡外卦有西南，內卦爲東北，五爲南，四爲西，三爲北，二爲東，上爲南方之外卦，二四爲左，三五爲右，初爲前，上爲後。

2. 有指其地而言者，即〈繫辭〉所謂各指其所之也。其例如左：

〔註 150〕同註 143。

凡初爲國門，二爲野，三爲都鄙之邑，四爲侯國，五爲疆埸。

3. 有指其位而言者，即〈繫辭〉所謂列貴賤者存乎位也。其例如左：

凡初爲元士，二爲大夫、爲家，三爲君子、爲三公，四爲諸侯，五爲天王、爲大君、爲大人、爲聖人，上爲首、爲宗廟。〔註151〕

按：以爻位配官爵，實始見於《京氏易傳》及《易緯乾鑿度》；其義乃爲占說災異而設。屈翼鵬先生《先秦漢魏易例述評》謂：「其說惟五爲天子，與經文間若有合；三爲三公，可影附〈益卦・六三〉『告公用圭』之語。自餘於經於傳，悉無可徵。」〔註152〕非惟此也，他如以卦爻配方位，以爻位配地者，究諸經傳，亦皆無徵，或亦爲占說災異而設者耶？

除上述數例外，易爻之例尚多，均見於焦循《易通釋》及惠棟《易例》中，申叔先生嘗舉其要者以說《易》，茲亦引之如下：

凡爻之在上者，于下爲乘；爻之在下者，于上爲承。陰承陽則順，陽乘陰則逆〔註153〕。

按：乘承順逆例起自王弼，其《易略例》謂：「辯順逆者，存乎承乘。」邢璹注云：「陽乘於陰，逆也；師之六三：『師或輿尸，凶。』陰承於陽，順也；〈噬嗑・六三〉：『小吝，无咎。』承於九四，雖失其正，小吝，无咎也。」又云：「陰承陽則順，陽承陰則逆。故〈小過〉六五乘剛，逆也；六二承陽，順也。」

又：

凡初爻之義，從二爻而定；三爻、四爻之義，從五爻定者，謂之往。凡二、五兩爻更端而起，義先於初四、三上四爻者，謂之來。凡以陽爻乘陰爻者爲據，非所據而據者，名必辱。〔註154〕

按：所謂往來者，焦氏言之綦詳，其《易通釋》云：「凡言往，謂初四、三上從二五而往也，其不從而往者匪矣。凡言來，謂二五先初四、三上來也，其不先而來者慢矣，豈自上而下、自下而上之謂乎？」〔註155〕至所謂據者，則爲在上之陽爻，占據在下之陰爻是也。

又：

凡由此卦二爻通彼卦二爻者，謂之至，謂之括，謂之假，謂之懷。

〔註151〕同註143。
〔註152〕見《先秦漢魏易例述評》，頁108。
〔註153〕同註143。
〔註154〕同註143。
〔註155〕《皇清經解》卷一〇九一，《易通釋》，頁19。

〔註156〕

按：焦氏《易通釋》云：「易之稱至，皆指二之五。凡稱括、假、懷、祭，義與至同，皆指二之五，可推而通也。以此至後，必上有所承，故爲坤元。惟二五先行得眾，則至爲元；二五不先行，雖同是至而有凶。故失道而至者，有由當位而至者，有至而當者，亦有至而凶者，必知至而後至；知至者，知其所當至也。」〔註157〕

凡上所述，要皆《易經》卦爻之例也，學者倘能引而申之，觸類以長，則《易》學不難明矣。

### （二）互　體

申叔先生論互體曰：「卜筮之法，用互卦以與正卦相參，謂之互體。」〔註158〕是所謂互體也者，亦稱互卦，或稱體。申叔先生又釋之曰：「此即古太卜所用占法，而說卦傳所謂『分陰分陽，迭用柔剛』者也。〈繫辭傳〉云：『若夫雜物撰德，辨是與非，則非其中爻不備。』又云：『二與四同功而異位。』此言二至四、三至五，兩體交互成一卦也。是爲互體之正例。」〔註159〕至於變例有四爻、五爻、二爻、一爻之互。合正變以計之，則《易經》之互體凡有九例矣。茲分述如下：

1. 二至四爻互卦之法：申叔先生云：「即〈繫辭〉所謂：『二與四同功異位』也。」〔註160〕如鄭注蒙卦䷃云：「互體震。」而其釋之曰：「蒙䷃（下坎上艮），二三四互震☳。」

按：此蓋以二至四互一三畫之卦也。

2. 三至五爻互卦之法：申叔先生謂：「即〈繫辭〉所謂：『三與五同功而異位』也。」如鄭注大畜卦䷙六四云：「互體震。」而釋之曰：「大畜䷙（下乾上艮），三四五互震☳。」

按：此蓋以三至五互一三畫之卦也。

3. 中四爻互卦之法：申叔先生謂：「即以此卦中四爻，易爲他卦上半、下半四爻，中增二爻，另成一卦」者也。如虞注睽䷥初九云：「四動得

〔註156〕同註143。

〔註157〕《皇清經解》卷一〇九一，《易通釋》，頁23。

〔註158〕《遺書》，冊四，頁2381，《經學教科書》。

〔註159〕同註158。

〔註160〕自此迄第九條，所引先生之言，均見《遺書》第四冊，頁2381～2383，《經學教科書》。

位，二至五體復。」而其釋之曰：「睽䷥（下兑上離），中四畫互既濟䷾，若九四變，則爲損䷨，故中四畫互復䷗。」

按：睽䷥，二至四互離，三至五互坎，離下坎上爲既濟䷾。若九四變，則爲損䷨，二至四互震、三至五互坤，震下坤上爲復䷗。此蓋以二至五互一六畫之卦也。

4. 下四爻互卦之法：申叔先生謂：「即以此卦下四爻易爲他卦上半、下半四爻，中增二爻，另成一卦」者也。如虞注蠱䷑六四云：「四陰體大過，本末弱。」而其釋之曰：「蠱䷑（下巽上艮），下四畫互大過䷛。」

按：蠱䷑，初至三爲巽、二至四互兑，兑上巽下爲大過䷛；故云體大過。蓋以初至四互一六畫之卦也。

5. 上四爻互卦之法：申叔先生謂：「即以此卦上四爻易爲他卦上半、下半四爻，中增二爻，另成一卦」者也。如虞注大畜䷙六五云：「三至上體頤象。」而其釋之曰：「大畜䷙（下乾上艮），上四畫互頤䷚。」

按：大畜䷙，三至五互震、四至上爲艮，震下艮上爲頤䷚；故云體頤象。蓋以三至上互一六畫之卦也。

6. 下五畫互卦之法：即以初至五五爻，另加一爻於初位以成一卦者也。如虞注豫䷏彖云：「初至五體比象。」而申叔先生釋之曰：「豫䷏（下坤上震），比䷇（下坤上坎），若去豫上爻⚋，則成[五畫卦象]之象，與比之上二畫相同。」

按：豫䷏，初至三爲坤、三至五爲互坎，坤下坎上爲比䷇，故云體比象。蓋以初至五互一六畫之卦也。

7. 上五畫互卦之法：即以二至上五爻，另加一爻於三位，而互成他卦者也。如虞注蒙䷃彖云：「二至上有頤養象。」而申叔先生釋之曰：「蒙䷃（下坎上艮），頤䷚（下震上艮），若去蒙初爻，則成[五畫卦象]之象，與頤之下二畫相同。」

按：蒙䷃，二至四互震、四至上爲艮，震下艮上爲頤䷚；故云有頤養象。蓋以二至上互一六畫之卦也。

8. 兩畫互卦之法：兩畫互卦，漢儒（虞翻）稱之爲半象，所謂半象也者，係指卦中相比鄰兩爻所成象。蓋八卦每三爻始成卦象，六十四卦每六爻始成卦象，今以兩爻不成全卦象，故名半象。申叔先生謂半象即：「每卦初與二爲下半，五與上爲上半，其二與三、三與四、四與五，皆兼有上半、下半。」者也。唯此半象，雖是「未成形之象」，然亦寓有刻正發展而趨成象之勢用在焉。如虞注需䷄九二云：「大壯震爲言，兌爲口。四之五，震象半見；故小有言。」而其釋之曰：「需䷄（下乾上坎），初九，九二兌下半☱，九二、九三乾下半☰、巽上半☴，九三、九四震下半☳、坎上半☵，六四、九五巽下半☴、艮上半☶，九五、上六兌上半☱。」

按：需自大壯來，故虞氏以大壯爲說。蓋大壯䷡（下乾上震），四之五成需䷄（下乾上坎），上體震變爲坎。坎由震來，是坎之半（⚎）爲震象之變；〔註161〕故虞注云：「震象半見」。至於申叔先生所釋，乃說之最爲周詳者也。

9. 一畫互卦之法：一畫互卦，漢儒稱爲爻體，其說創自鄭玄。所謂爻體者，以一爻而體一三畫之卦也。〔註162〕如禮記疏卷八引鄭注賁六四云：「六四巽爻也。」而申叔先生釋之曰：「賁䷕（下離上艮），初九、九三、上九乾爻☰，六二、六四、六五坤爻☷。初九震爻☳，六二離爻☲，九三艮爻☶，六四巽爻☴，六五離爻☲，上九艮爻☶。」

按：觀屈翼鵬先生之言：「蓋陰在初四爻爲巽，在二五爲離，在三上爲兌。陽在初四爻爲震，在二五爲坎，在三上爲艮。」，〔註163〕則知申叔先生所釋備矣。

大抵易六十四卦中，除乾坤二卦無互體外，其餘六十二卦，皆有互體。溯自京房以二至四、三至五、各互一三畫之卦，迄虞氏而其道大備。〔註164〕有以四畫互兩三畫卦者，初至四、二至五、三至上是也；有以五畫互兩三畫卦者，初至五、二至上是也。凡此七法已見上述。惟申叔先生未審半象及爻體乃自成一系，而非互體之例，固不容混淆者，是以吾人於二畫及一畫互卦之法，不可不加以辨明也。

### （三）卦　變

卦變者，即二爻相易，而此卦變爲彼卦也。其法，申叔先生於《經學教科書》謂之有七，茲分述如下：

〔註161〕按即震變之遺，故爲震之半象。
〔註162〕見《先秦漢魏易例述評》，頁108。
〔註163〕見《先秦漢魏易例述評》，頁109。
〔註164〕按虞氏言體不言互；體者，卦象也。

1. 旁通法：其曰：「六爻變易者爲旁通。」〔註 165〕亦即兩卦相比，爻體互異；此陽則彼陰，此陰則彼陽，兩兩相通之謂也。〔註 166〕如「乾䷀（下乾上乾），下卦旁通坤☷，上卦旁通坤☷，重卦旁通坤䷁」是也。又曰：「凡此卦與彼卦旁通者，則此卦之義互見於彼卦。」如師䷆與同人䷌爲旁通，而〈同人〉言：「大師克相遇」是也。

按：此法亦稱相對法。蓋易之基本原理乃一陰一陽之謂道。陰陽相對，互相求引，又互相矛盾。故陽中有陰，陰中有陽；陽能生陰，陰亦生陽；陰可消陽，陽亦息陰。因相求引、相矛盾而成六十四卦。相對之卦，其意義皆相反而又相成。〔註 167〕

2. 相錯法：其曰：「有旁通之卦，即有相錯之卦。」故〈繫辭〉言：「八卦相盪」，〈說卦〉言：「八卦相錯」。如乾䷀與坤䷁旁通，而否䷋、泰䷊即爲乾坤相錯之卦是也。

按：此蓋相對之二卦，上下交錯而變成四卦也。

3. 變化法：其曰：「一爻變易者爲變化。」如乾䷀初九變姤䷫，九二變同人䷌，九三變履䷉，九四變小畜䷈，九五變大有䷍，上九變夬䷪。坤䷁初六變復䷗，六二變師䷆，六三變謙䷎，六四變豫䷏，六五變比䷇，上六變剝䷖。

按：所謂變化者，蓋即一陰一陽相盪，陽爻變陰，陰爻變陽之謂也。

4. 反復法：其曰：「六爻移易者爲反復。」又據〈雜卦傳〉謂：「凡反復之卦必相連，義必相反。」如臨䷒（下兌上坤），反復之則爲觀䷓（下坤上巽）；而觀反復亦爲臨是也。

按：反復者，謂一卦反之而別成他卦也。六十四卦除乾、坤、坎、離、頤、大過、中孚、小過八卦純正不反外，其餘五十六卦，皆一卦而兩體。周易上下經，皆依正反以排列，其爻義亦可正反而觀之。如上舉臨與觀爲正反同體，則臨之初爻爲觀之上爻，臨之二爻爲觀之五爻，臨之三爻爲觀之四爻，臨之四爻爲觀之三爻，臨之五爻爲觀之二爻，臨之上爻爲蒙之初爻。凡正反之卦，其意義亦相對而相合，如臨爲以身作則，觀爲

---

〔註 165〕自此迄第七條，凡所引先生之言，俱見先生遺書，四冊，頁 2383～2386，《經學教科書》。

〔註 166〕見《先秦漢魏易例述評》，頁 133。

〔註 167〕參見曹昇氏《周易新解》，頁 14。

取法於人是也。

5. 往來法：其曰：「一爻易者為往來。」如蠱䷑（下巽上艮），初六、九二易賁䷕，九二、九三易本卦，九三、六四易未濟䷿，六四、六五易本卦，六五、上九易井䷯，上九、初六易泰䷊是也。

按：凡相近之二爻，如初與二、二與三、三與四、四與五、五與上、或上與初易位，即往來之例。又：移易之兩爻，悉為陽爻或陰爻，則均易本卦；若一陽一陰，則改易他卦。此一定之例也。

6. 上下易法：其曰：「上下易者，六爻交易之謂也。」如履䷉（下兌上乾），使乾居下而兌居上，則為夬（下乾上兌）是也。

按：上下易法，亦稱相交法。凡內卦與外卦易位，謂之交卦。六十四卦除乾、坤、坎、離、震、巽、艮、兌，八純卦內外相同外，其餘五十六卦，皆有相交。又相交之兩卦，象雖不同，然義有關聯，如上舉夬履二卦相交，故〈履卦・上九〉云：「夬履貞厲。」是也。

7. 反降法：其曰：「升降者，一爻交易之謂也。」又曰：「升降者，二與五易，初與四易，三與上易。若本卦無可易，則以此卦之二爻交彼卦之五爻，以此卦之初爻交彼卦之四爻，以此卦之三爻交彼卦之上爻。即〈繫辭〉所謂『各指其所之』也。」如乾卦䷀（下乾上乾），初與坤四易為姤䷫，二與坤五易為同人䷌，三與坤上易為履䷉，四與坤初易為小畜䷈，五與坤二易為大有䷍，上與坤三易為夬䷪是也。又曰：「凡此卦某爻與彼卦某爻互交，而他卦某爻亦與彼卦某爻互交者，則兩卦之義象必同。」如睽卦䷥，二之五為无妄䷘；井䷯，二之噬嗑䷔五，亦為无妄䷘，故睽之噬膚即噬嗑之噬膚。又曰：「升降之法，先二五而後初四、三上者為當位，不俟二五而初四、三上先行者為失道；故升降一門，必兼言當位，不當位。」

綜上七法，皆不外陰陽變而不息者也。惟所謂卦變，實指一套有理則、有系統，而包括週全之卦象變化，如京房八宮卦變與虞翻卦變，或幾近之。京氏之八宮卦變，係以八純卦為本位卦，循一世、二世……以至五世、遊魂、歸魂之理則，納六十四卦於一大系統，而排列成整然一致之八宮卦圖。虞氏之卦變，則以乾坤二卦為根本，而分一陽五陰、一陰五陽、二陽四陰、二陰四陽及三陰三陽五卦類，以一爻動為法則，納六十四卦於一大系統；惟囿於注經，未能及身理出明確之卦變圖，逮及南宋俞琰，始依虞氏卦變理則與魏

伯陽六十四卦排列方式，而成〈先天六十四卦直圖〉。〔註 168〕

## （四）比　例

申叔先生曰：「《易經》之例，不外比例、引伸。比例、引伸者，即參伍錯綜之謂也。」〔註 169〕蓋伏羲之卦，參伍錯綜；文王、周公之〈繫辭〉，亦參伍錯綜，故小畜、蠱、明夷之辭，互見於小過、巽、渙之辭也。孔子韋編三絕而後贊《易》，且不一贊而至於十贊者，佐也、引也，佐文王、周公之辭，引而伸之也。故文王、周公之辭，以參伍錯綜繫之；而孔子十翼亦參伍錯綜贊之。是以申叔先生又曰：「辭之引伸，均由比例而後見，所謂『引而伸之，觸類而長之』也。此即儒家一貫之道，故彼此互相例，即彼此互相通。」〔註 170〕易辭以引伸明比例，申叔先生謂其例有十，茲引述如下：

1. 立數字爲全易之綱目：如遇、交、求、與、艱、匪、笑、譽等詞是也。
2. 立數字以標卦位、爻位：如大小、內外、遠近、新舊是也。
3. 以卦名爲引伸：如困、夬、履、蒙、觀、頤、咸、臨是也。
4. 以卦象爲引伸：如冰即乾、龍即震，說卦傳所云者是也。
5. 以一辭兼明兩義：如乾爲母，母從手爲拇，則兼取艮象是也。
6. 以同辭爲引伸：如用拯馬壯明夷，與渙互明是也。
7. 以同辭稍異者爲引伸：如蠱言先後甲，巽言先後庚是也。
8. 以一字之同爲引伸：如頻復頻巽、甘節甘臨是也。
9. 以一字之訓詁爲引伸：如迷訓冥，又訓晦是也。
10. 以同聲之假借爲引伸：如礿爲豹、祥爲羊、巳爲祀是也。〔註 171〕

以上乃引伸之詞由比例而見之證也。故易之道，不外參互，〔註 172〕讀易「至此卦此爻，知其與彼卦彼爻相比例，遂檢彼以審之，由此及彼，又由彼及彼，千脈萬絡，一氣貫通，前後互推，端委悉見。」〔註 173〕此孔子讀《易》所由韋編三絕也。易辭者，舉一隅而欲人三隅反者也。

---

〔註 168〕見高懷民氏《兩漢易學史》，頁 203～204。
〔註 169〕《遺書》，冊四，頁 2386，《經學教科書》。
〔註 170〕同註 169。
〔註 171〕同註 169。
〔註 172〕《遺書》，冊四，頁 2396，《經學教科書》云：「《易經》之詞，不外參伍錯綜，故全書之文，或與他籍不同，其例有三：一曰參互見義例、一曰文具於前而略於後例、一曰文見於此義見於彼例。……此易辭所由奇妙也。」
〔註 173〕《皇清經解》卷一一一三，頁 15，焦循《易圖略》。

## 十一、論易之價值

《易經》爲中國學術思想之方法論，其價值乃在闡明思想法則，亦即取象於自然而求其存在運行變化之原理，以作人生行爲之準繩者也。

申叔先生於易極深研精，其論《易》之價值，除已見於前述，如論《易》禮等外，茲更分資訓詁、闡物理、裨考史、別夷夏、倡民本、知統類、明人倫七類述之如下：

### （一）資訓詁

《易經》一書，據申叔先生之推研，上古之時，蓋以之代字典之用。因舉三證如下：

1. 八卦爲象形文字之鼻祖：其曰：「《說文》序曰：『象形者，畫成其物，隨體詰屈。』蓋象形之字，即古圖畫，上古之時，未有字形，先有圖畫，故八卦爲文字之鼻祖。乾坤坎離之卦形，即天地水火之字形。」是也。
2. 卦名爲字母之鼻祖：其曰：「造字之初，先有右旁之聲，後有左旁之形；右旁之聲既同，則義象必同，……凡字之義象，悉寄乎右旁之聲，故右旁爲聲之字，一字有數多之義。」如離卦卦名，經文作「离」，蓋上古只有「离」字，凡從「离」之字，皆用「离」字以代之，與字母之用相同，故知卦名即字母之鼻祖也。
3. 卦義爲訓詁學之鼻祖：其曰：「字義寓於卦名，即以卦名代字義。」如說卦：「乾，健也。」健字之義，即寓於乾，而乾字即代健字之用，故知卦義即後世訓詁學之鼻祖。〔註 174〕

由此三者觀之，足證未有文字之前，蓋以《易》卦爲文字之符號，雖未有卦名，然卦義寓焉。及夫造字之後，則以卦名代卦義，是後世訓詁之法所由昉也。故申叔先生所謂：上古之時以易代字典之用者，蓋以其可資訓詁、曉字義也。

### （二）闡物理

《易經》一書，於物理之闡明，據申叔先生所述，其大旨有二：一曰有裨於化學，二曰有裨於博物。茲分述如下：

1. 有裨於化學者：蓋以地氣水火爲四行，即化學所謂原素。

〔註 174〕《遺書》，冊四，頁 2387，《經學教科書》。

2. 有裨於博物者：蓋於眾物之繁，悉該以陰陽二大類，以立其綱。「凡陽爻所言之物，皆陽物也，本乎天者也；陰爻所言之物，皆陰物也，本乎地者也。」〔註175〕

要而論之，《周易》之言科學，非僅裨研究學術之用也。蓋即以科學爲實業之基，因以備物利用，故〈繫辭傳〉言：「以制器者尚其象」，又言：「立成器以爲天下利」，此皆研究科學之功也。則《周易》一書非僅蹈空之學矣。

### （三）裨考史

章學誠《文史通義》以《易》爲先王之政典，〔註176〕而申叔先生則以《周易》一書實有裨於考史，且謂其用有四：

1. 考周代之制度：周代之政，多記於《易經》，如：封建之制見於〈屯〉（屯云：「利建侯。」）；大夫食采之制見於〈訟〉（九二云：「其邑人三百户。」此即《周禮》以室數制都鄙之制；亦即大夫得世祿之制。）；出師之制見於〈師〉（師曰：「師出以律。」）；刑制見於〈離〉（九四：「突如其來如，焚如死如棄如。」此蓋言周法：凡不孝之世子，當處以焚殺之刑，及流宥之刑也。）。
2. 補古史之缺遺：上古之史事，多存於《易經》，如：高宗伐鬼方，三年乃克，其事見於〈既濟〉（九三云：「高宗伐鬼方，三年克之。」）；箕子爲紂所囚，利艱貞，以晦以明，其事見於〈明夷〉（六五云：「箕子之明夷、利貞。」彖曰：「利艱貞、晦其明也；內難而能正其志，箕子以之。」）；成湯名帝乙，其名見於〈歸妹〉（六五云：「帝乙歸妹。」）；文王離殷獨立，其事亦見於〈既濟〉（九五云：「東鄰殺牛，不如西鄰之禴祭。」若東鄰指紂，西鄰指文王，即文王受命獨立之證。）。
3. 考宗法社會之狀態：古代之禮俗，多見於《易經》，如周制：妾子爲君，不得尊其母，此制見於〈鼎卦〉（九二：「鼎有實，我仇有疾，不我能即。」）；周制：不娶同姓，雖百世而婚姻不通，其制見於〈同人〉（六二曰：「同人於宗吝。」）；周制：以長子主祭，遂以長子嗣位，其制見於〈震卦〉（序卦曰：「主器者，莫若長子。」）；周制：長子雖卒，不立適孫，猶立妾子，不立長子之弟，其制見於〈鼎卦〉（鼎初六曰：「得妾以其子无咎。」張惠言以爲不立適孫，立妾子之制。）周制：王后

〔註175〕《遺書》，冊四，頁2389，《經學教科書》。
〔註176〕《文史通義》，頁1，內篇〈易教上〉曰：「六經皆先王之政典也。」

無出道，其制見於〈同人〉（同人六二鄭注云：「天子諸侯，后夫人無子，不出。」）。

4. 考古代社會之變遷：古代社會進化之秩序，事物發明之次第，多見於《易經》。如〈繫辭下〉第二章：「伏羲氏王天下」以下數節，言事物發明之次第，於農工商業禮教文字之起源，言之最晰。

又〈序卦傳〉上篇：「有天地然後萬物生」一節，言社會進化之秩序，於野蠻進於文明之狀態，言之最精。〔註 177〕

按：清儒章學誠嘗謂：「六經，皆史也。」〔註 178〕雖不免拘於門戶之見，然觀乎《易》中所載之史料，則知經書確有其歷史價值，是《易》者亦有裨於史學也。

### （四）別夷夏

《易經》好言陰陽變化，陰陽者，宇宙間二大象也。《易》數以陽統陰，《易》象以陽變陰，《易》義扶陽抑陰。故陽大陰小，陽貴陰賤；凡對待之辭，幾無不以此爲例。申叔先生曰：

> 考《周易》一書，爻分陰陽，陽爻象中國，陰爻必象四夷。凡以陽爻加陰爻，皆指中國征夷狄言，如〈謙卦〉言：「利用行師」，〈離卦〉言：「王用出征」是。鄭玄注《易》，亦以陰陽區夷夏，故以一君二民爲中國，二君一民爲夷狄也。又「類族辨物」見於〈同人〉，孔疏以聚類釋之，此即類聚羣分之義。故〈繫辭〉又言：「方以類聚，物以羣分」也。則區別種族，以《易經》一書爲最詳。〔註 179〕

按：自孔子言：「裔不謀夏，夷不亂華。」而華夷之防，百世垂爲定則。〔註 180〕申叔先生値清季，倡言排滿，故就《易經》卦爻之陰陽，以明聖人別夷夏之旨，亦可謂卓然有識者矣。

### （五）倡民本

觀《易經‧益卦》言：「損上益下，民說无疆；自上下下，其道大光。」又〈革卦〉言：「天地革而四時成，湯武革命，順乎天而應乎人，革之時大矣哉！」人君以益下爲德者，蓋重民也；君若背民，則人民操有革命之權。是

---

〔註 177〕《遺書》，冊四，頁 2390，《經學教科書》。

〔註 178〕《文史通義》，頁 1，〈易教上〉首句。

〔註 179〕《遺書》，冊四，頁 2390～2391，《經學教科書》。

〔註 180〕《遺書》，冊一，頁 753，《攘書‧夷裔篇》。

民主氣象，首見於《易經》矣。申叔先生曰：

> 案《易經》之旨，不外君民一體；乃民約既成後之情，非民約未立前之情也。故人民之對政府，有處常時之利權，有處變時之政策。所謂處常時之利權者，則通上下之情是也。民約論謂君主之意見，即取決於眾人之意見；吾觀《周易》之書，〈咸卦〉言：「君子以虛受人。」〈謙卦〉言：「天道下濟而光明，地道卑而上行。」〈泰卦〉言：「上下交而其志同。」孰非取決於眾人之意乎！通上下之情者此也。所謂處變時之政策者，即操革命之權是也。民約論謂君主背民約之旨，則君民之義已絕。又謂人君之阻力，人民當合羣以去之。而〈革卦〉之言「湯武革命」也，必係以「應天順人」，則所謂革命者，非湯武一人之私謀，乃全國人民之合意，又可知矣。所謂操革命之權者此也。〔註181〕

又《易・繫辭》曰：「列貴賤者存乎位。」然《易經》之言位也，至為無定。是以申叔先生復云：

> 要而論之，《周易》一編，以位為主，而所謂位者，又非一成而不易者也。如五為君位，二三四為臣位；而乾之九四，首云：「或躍在淵。」則以臣位而有君象矣。君位豈有定哉！又乾之上九復言：「貴而无位。」此非指隱淪不仕者言也。乃指功成不居者言耳！且君而曰位，則君之去臣，猶臣之去民，豈有無上之尊乎！無識陋儒，據「列貴賤者存乎位」之文，以為君尊臣卑，定於自然之理，而辨上下，定民志之說，遂深中民心，則是大《易》一書，為聖人助君權專制之書矣。豈聖人作《易》之旨哉！〔註182〕

由上吾人知《易經》言位無定，蓋乃倡民本之書也。此聖人作《易》之微旨，固毋待言也。

### （六）知統類

《易・繫辭》曰：「神以知來，知以藏往。」「探賾索隱，鉤深致遠。」又曰：「夫《易》彰往而察來，而微顯闡幽。」以是申叔先生謂《易》有藏往察來與探賾索隱之作用，並且申之曰：

> 藏往基於探賾，以事為主；察來基於索隱，以心為主。

〔註181〕《遺書》，冊一，頁677，《中國民約精義》。

〔註182〕同註181。

又曰：

> 藏往之用，在於聚類羣分，援始要終，擬形容以象物宜，以推記古今之遷變，是爲探賾之學；知來之用，在於無思無爲，洗心藏密，證消息盈虛之理，以逆數而知來，是爲索隱之學。〔註 183〕

按：《荀子》曰：「言之千舉萬變，其統類一也，是聖人之知也。」〔註 184〕由於《易》有藏往知來、探賾索隱之作用，故其統類可分爲分析及歸納二法。故申叔先生又曰：

> 藏往以事爲主，執一理以推萬事，近於分析派，陰陽家之旨本之；察來以理爲主，執定數以逆未然，近於歸納派，道家之言本之。〔註 185〕

按：《史記・孟荀列傳》所謂騶衍「深觀陰陽消息。」其持論「必先驗小物，推而大之，至於無垠。」即屬於分析派；《漢書・藝文志・諸子略》所謂道家「歷記成敗、存亡、禍福、古今之道，然後知秉要執本。」即屬於歸納派。由是以知《易經》示人以統類條理之道，乃治學治事者所當極深而研幾也。

### （七）明人倫

儒家人倫之教，諸如尊卑有分，男女有別，長幼有序等等，悉以《周易・序卦》爲之張本，〈序卦〉曰：「有天地然後有萬物，有萬物然後有男女，有男女然後有夫婦，有夫婦然後有父子，有父子然後有君臣，有君臣然後有上下，有上下然後禮義有所錯。」此明人倫相生之次序，亦即伏羲所以定人道之功也。申叔先生曰：

> 《易》言：「有夫婦然後有父子，有父子然後有君臣。」中土人倫肇端於此。蓋倫也者，必合兩人而後見者也。無人則倫不見，祇一人則倫亦不見。〔註 186〕

又〈說卦〉謂乾爲父，坤爲母，震坎艮爲三男，巽離兌爲三女，此以八卦定家之次序也。申叔先生曰：

> （易）以乾坤示夫婦之像，即以坎、離、震、巽、兑、艮爲六子，以示父子兄弟之倫。〔註 187〕

---

〔註 183〕《遺書》，冊四，頁 2391～2392，《經學教科書》。

〔註 184〕《荀子》卷第十七〈性惡篇〉第二三。

〔註 185〕《遺書》，冊四，頁 2392，《經學教科書》。

〔註 186〕《遺書》，冊一，頁 763，《攘書・罪綱編》。

〔註 187〕《遺書》，冊四，頁 2374，《經學教科書》。

由於我國數千年來之倫常綱紀，夫婦父子兄弟君臣朋友之教，悉備於《易經》，故《周易》又可謂爲古代倫理之書，其言倫理也，申叔先生謂之有二：一曰寡過，二曰恆德。如《論語》，子曰：「假我數年，五十以學《易》，可以無大過矣。」〔註188〕又引《易》曰：「不恆其德，或承之羞。」〔註189〕蓋〈易辭〉教人修德遠禍，吾人處若何之時，居若何之位，即行若何之倫理，皆須知其變通，申叔先生曰：

> 如《易》言：「時止則止，時行則行。」此《易》之言時也。故以變通爲趣時。「處上位而不驕，在下位而不變」，此《易》之言位。故曾子言：「君子思不出其位。」蓋時者所以定出處，用舍位者，所以別貴賤榮辱。〔註190〕

又《易・象傳》所言之「君子以」，即言君子當法《易》道以作事耳。申叔先生分析六十四卦象辭所言之倫理：有對於個人者，有對於家族者，有對於社會者，有對於國家者，因謂：

> 立身處世之道，均見於《周易》，君子之所謂「觀象玩辭」者，其在斯乎！故古人之言《易》，均視爲倫理之書。〔註191〕

按：《易》爲古君子修身應世之書，觀〈象辭〉、〈繫辭〉、〈說卦〉、〈序卦〉、〈雜卦〉諸傳，其意極爲明顯。

〔註188〕同註26。見《論語・述而篇》。

〔註189〕見《論語・子路篇》。所引爲恆九三之爻辭。

〔註190〕《遺書》，冊四，頁2392，《經學教科書》。

〔註191〕同註190。

# 第肆章　劉申叔先生之尚書學

## 一、引　言

《尚書》古但曰《書》，〔註1〕先秦典籍中，無稱之曰「尚書」者。雖《墨子・明鬼篇》云：「故尚書夏書，其次商周之書。」然此「尚」字與「其次」相對而言，乃謂上古之書；係泛語，而非專稱。至於今名之《尚書》，乃始於伏生。自伏生弟子輯錄師說而著成《尚書大傳》後，董仲舒之《春秋繁露》，太史公之《史記》，多見「尚書」之名。是則名《書》曰《尚書》者，實始自伏生。〔註2〕

《尚書》得名之義，舊時亦有異說，要以《春秋說題辭》所云：「《尚書》者……尚者，上也；上世帝王之遺書也。」〔註3〕爲最當。諸如馬融所云：「上古有虞氏之書，故曰《尚書》。」〔註4〕僞孔安國〈尚書序〉：「以其上古之書，謂之《尚書》。」〔註5〕以及孔穎達〈尚書序題疏〉：「尚者，上也；言此上古以來之書，故曰《尚書》。」〔註6〕蓋皆仿自《春秋說題辭》而立言者也。所謂「上世帝王之遺書」，則「上世」、「上古」及「在上者」（指帝王）等義旨皆兼有之，

〔註1〕如《論語・述而篇》：「子所雅言，詩、書、執禮，皆雅言也。」《左氏》僖二十七年傳：「詩、書，義之府也。」《莊子・天下篇》：「詩以道志，書以道事。」《荀子・勸學篇》：「故書者政事之紀也。」等，皆祇稱曰「書」。

〔註2〕《書疏》，卷一，頁12，孔穎達云：「書是本名，尚是伏生所加。」

〔註3〕《黃氏逸書考》，函十四，《春秋說題辭》，頁1。

〔註4〕《書疏》，卷一，頁12，〈尚書序〉疏引。

〔註5〕《書疏》，卷一，頁10。

〔註6〕《書疏》，卷一，頁11。

而「遺書」指載其「言」、「爲」所遺之書，亦最通洽。吾人固不可以《春秋說題辭》爲緯書而輕棄之，緯書亦有極具價值之言，此類是也。況緯書出自秦、漢，距初稱「尚書」之名時不遠，亦古說也，自屬可採。〔註7〕

舊謂《尚書》爲孔子所編定。《史記・孔子世家》云：「孔子序《書》，上紀唐、虞之際，下至秦繆，編次其事。」〔註8〕又《漢書・藝文志》云：「《書》之所起遠矣，至孔子纂焉。上斷于堯，下訖于秦，凡百篇，而爲之序，言其作意。」〔註9〕按《尚書》內容，皆典、謨、訓、誥、誓、命之文，古蓋藏諸王官，猶後世所謂之檔案，初未必編集成書，流布民間，自亦無固定之篇數。自孔子設科授徒，始以《詩》《書》爲教本。夫以所謂之檔案爲教材，則取捨編次，亦屬自然之事。是馬、班所謂孔子纂《書》之說，雖未可盡信，而其中部分曾經孔子編次，殆無可疑。

清段玉裁《古文尚書撰異序》云：「經惟《尚書》最尊，《尚書》之離戹最甚。秦之火，一也；漢博士之抑古文，二也；馬、鄭不注古文逸篇，三也；魏晉之有僞古文，四也；唐《正義》不用馬、鄭，用僞孔，五也；天寶之改字，六也；宋開寶之改釋文，七也。七者備，而古文幾亡矣。」〔註10〕是以今傳《尚書》，篇有亡佚，文多改異，已非先秦之舊矣。

夷考書序所錄百篇之目，據東漢鄭玄書序注，則漢時尚書有亡有逸，亡者計〈槀飫〉等四十二篇，其文已亡，但存其篇目而已。逸者計〈舜典〉等二十四篇（其中「九共」九篇，合之則十六篇。），其文西漢猶存，劉歆造《三統曆》，班固因作〈律曆志〉，鄭玄注〈尚書序〉，皆得引之，特以當日未立於學官，故賈逵、馬融等雖傳孔安國古文《尚書》，而於此所逸之二十四篇，述而不注，絕無師說；以是之故，當建武之際，即亡〈武成〉一篇，〔註11〕至永嘉之亂，其餘各篇亦皆亡失。於此亡篇逸篇之外，若〈堯典〉、〈皐陶謨〉、〈禹貢〉、〈甘誓〉、〈湯誓〉、〈盤庚〉（三篇）、〈高宗肜日〉、〈西伯戡黎〉、〈微子〉、〈牧誓〉、〈洪範〉、〈金縢〉、〈大誥〉、〈康誥〉、〈酒誥〉、〈梓材〉、〈召誥〉、〈洛誥〉、〈多士〉、〈無逸〉、〈君奭〉、〈多方〉、〈立政〉、〈顧命〉、〈康王之誥〉、〈粊誓〉、〈呂刑〉、〈文侯之命〉、〈秦誓〉等二十九篇，乃伏生所傳，世稱之

〔註7〕參見高師仲華《尚書研究》講稿。
〔註8〕《史記》，卷四七。
〔註9〕《漢書》，卷三十。
〔註10〕《皇清經解》，卷五六七，序，頁1。
〔註11〕《書疏》，卷十一，頁20，孔穎達引鄭玄說。

曰今文《尚書》。別有〈泰誓〉三篇，則漢武帝時，河內女子得自老屋壁中，因併〈顧命〉、〈康王之誥〉爲一，益以後得〈泰誓〉，仍其二十九篇之數。迄於東晉，僞孔傳五十八篇出，五十八篇者，蓋析今文《尚書》二十九篇爲三十二篇（自〈堯典〉析出〈舜典〉，自〈皐陶謨〉析出〈益稷〉，〈盤庚〉分爲三篇。），而多出二十五篇，凡鄭玄所注亡篇逸篇者，往往在焉。此增多二十五篇之書，自宋吳棫、朱熹、蔡沈，及元吳澄，明梅鷟等皆已疑之，至清閻若璩《尚書古文疏證》，及惠棟《古文尚書考》兩書出，其爲僞作，已成定讞。此則歷代治尚書學成就之最著者也。

唐文治氏《尚書大義》云：「《尚書》今古文源流，最爲複雜；有眞僞之分，有篇次多寡之分，有篇次離合之分，有篇次先後之分，幾于棼如亂絲。」〔註12〕蓋今傳《尚書》，篇有亡佚，字多易改，文分今古，是以學者聚訟紛紜，迄無定論。而申叔先生由於篤好古文之學，故對今文學說，極力駁斥，所撰〈兩漢尚書學之傳授〉、〈中古文考〉、《尚書源流考》、〈今文尚書無序說〉、〈駁泰誓答問〉、〈史記用古文尚書考略〉等，陳義並皆精審，斐然可觀。茲綜覽其說，分爲「論書之傳授及歷朝尚書學」、「論中古文即孔安國所獻古文尚書」、「論尚書孔傳實有二僞本」、「論今文尚書無序」、「論今古文皆有泰誓」五目，述之如下：

## 二、論書之傳授及歷朝尚書學

《書》在孔子以前，蓋記載歷史政事之官書，與《春秋》同掌於太史、外史。洎孔子之世，經其纂訂編次，始用以傳授弟子，《史記・孔子世家》云：「孔子以詩書禮樂教，弟子蓋三千焉。身通六藝者七十有二人。」〔註13〕足見七十二弟子於《書》皆得孔子之傳授，至其授受源流，則申叔先生曰：

> 《書經》之學，雖由孔子授漆雕開，然師説無傳；惟孔氏世傳其書，九傳而至孔鮒。〔註14〕

按：孔門弟子傳經，若韓非所謂八儒，〔註15〕大都各專一經。陶潛《聖賢羣

〔註12〕《尚書大義》，頁14。
〔註13〕同註8。
〔註14〕《遺書》，冊四，頁2356下，《經學教科書》。
〔註15〕《韓非子・顯學篇》：「自孔子之死也，有子張之儒，有子思之儒，有顏氏之儒，有孟氏之儒，有漆雕氏之儒，有仲良氏之儒，有公孫氏之儒，有樂正氏之儒。」

輔錄》云：「孟氏傳《書》爲道，爲疏通致遠之儒；漆雕氏傳《禮》爲道，爲共儉莊敬之儒。」〔註16〕觀此，則漆雕氏乃傳《禮》，而非《書》也。惟申叔先生所謂之傳《書》，蓋同於朱彝尊《經義考》：「孔門自子夏兼通六藝而外，若子木之受《易》，子開之習《書》……。」〔註17〕皆本諸《家語》：「漆雕開……習《尚書》，不樂仕」〔註18〕以立說者。夫如是，則孟軻與漆雕開并傳《尚書》矣。惜其師說後世無聞。故依申叔先生所述，《尚書》一經，在先秦時，端賴孔氏家傳，即由孔子傳孔鯉，鯉傳孔伋，伋傳孔白，白傳孔求，求傳孔箕，箕傳孔穿，穿傳孔順，順傳孔鮒。

## （一）論兩漢尚書學之傳授

申叔先生參覈《漢書・儒林傳》、〈藝文志〉，《後漢書・儒林傳》及諸列傳，並《經典釋文》、閻若璩《古文尚書疏證》、王鳴盛《尚書後案》、江聲《尚書古今文集注音疏》及江藩《漢學師承記》，以論兩漢之尚書學曰：

> 秦政焚經，唯濟南伏生傳《尚書》。伏生授鼂錯、張生，張生授千乘歐陽生，歐陽生授兒寬，寬授歐陽生之子，世傳其業，至于曾孫歐陽高，是謂《尚書》歐陽氏之學。又有夏侯都尉受業於張生，以授族子始昌，始昌傳族子勝，是爲《尚書》大夏侯之學；勝授從子建，又別爲小夏侯之學。西漢之世，三家咸立于學官，然所傳之書，僅二十八篇，是爲今文《尚書》，乃《尚書》中之齊學也。

又曰：

> 東漢之世，歐陽氏世爲帝師，故歐陽氏之學，于東京爲最盛。〔註19〕

按：伏生名勝，字子賤，舊爲秦博士。秦火而後，伏生出其壁藏之書，求得二十九篇，即以教濟南張生及歐陽生。孝文帝時欲召之，伏生老不能行，乃命鼂錯往受業。以當時通行文字隸書寫成，是爲今文《尚書》。又上所引申叔先生之言：「張生授千乘歐陽生。」係先生依據《隋書・經籍志》而言者，惟據馬、班二家〈儒林傳〉所載，俱謂：「伏生教濟南張生及歐陽生。」並未言及歐陽生受學於張生。至於三家所傳皆二十八篇者，蓋以合〈顧命〉及〈康

---

〔註16〕《龍威祕書》，集一，《羣輔錄》，頁24。

〔註17〕《經義考》，卷二八一，頁13。

〔註18〕《孔子家語》，卷九，〈七十二弟子解〉第三十八。按《史記・仲尼弟子列傳》：「漆雕開，字子開」句，《索隱》、《正義》俱引述《家語》以作解。

〔註19〕《遺書》，冊四，頁2358上，《經學教科書》。

王之誥〉爲一篇，則二十八篇；分之，則二十九篇耳。要之，歐陽大小夏侯俱爲伏生今文學正傳，故西漢今文立三家爲博士。東漢之世，三家仍並立於學官，而以歐陽氏世爲帝師，故門徒眾多，其學最盛。至於所謂古文學者，申叔先生有曰：

> 孔安國本從伏生授《書》，復得孔壁所藏古文十六篇，以授膠東庸生，五傳而至桑欽。而劉歆亦崇信其書。及東漢時，賈逵、孔僖世傳古文之學，尹咸、周防、周磐、楊倫、張楷、孫期亦習古文，是《古文尚書》乃《尚書》中之魯學也。特古文十六篇，絕無師說，故傳其學者，咸無注釋，非晉梅頤（按亦作賾）所稱之孔氏古文也。〔註20〕

按：古文《尚書》者，孔鮒所藏壁中書也。〔註21〕漢景帝時，〔註22〕魯恭王壞孔子宅，得古文《尚書》及《禮記》、《論語》、《孝經》，凡數十篇，〔註23〕皆古字也。孔子十一世孫孔安國，悉得其書。以校伏生之二十九篇，得多十六篇。安國家獻之武帝，〔註24〕以遭巫蠱事，未列於學官。安國傳授都尉朝，而司馬遷亦從安國問故，故遷書載〈堯典〉、〈禹貢〉、〈洪範〉、〈微子〉、〈金縢〉諸篇，多古文說。朝授膠東庸譚，譚授清河胡常，常授徐敖，敖授王璜、塗惲、惲授桑欽及賈徽，徽子賈逵，能傳父業，盛於東漢。許慎從逵學古文，故《說文》有引古文處。又有孔僖世傳《古文尚書》。古之師傳，可考者祗此。特逸十六篇者，據《書疏》引馬融〈書序〉云：「絕無師說。」馬融、鄭玄亦未爲之注。永嘉之亂，並皆亡逸。至東晉，又有所謂《古文尚書孔傳》出現，則係梅頤〔註25〕之所造者，非孔氏眞本也。申叔先生謂：

> 又有扶風杜林得西州漆書古文，亦非僞書，以授衛弘（按應作宏）、

〔註20〕同註19。

〔註21〕按《隋志》作孔惠，《家語》作孔騰，茲從《漢紀・尹敏傳》作孔鮒。

〔註22〕按屈翼鵬先生《尚書釋義》據《論衡・正説篇》，以爲得書之時，當景帝之世，而非爲武帝之末。

〔註23〕《論衡・正説篇》謂：「得百篇《尚書》於墻壁中。」

〔註24〕按閻若璩《尚書古文疏證》據荀悦《漢紀・成帝紀》，又屈翼鵬先生《尚書釋義》據宋本《文選》劉歆〈移書讓太常博士〉，證知「安國」下當有「家」子。是以古文《尚書》之獻，乃由安國之後人，非安國自身也。

〔註25〕按梅賾之「賾」，《世説新語・方正篇》記賾拜陶侃事作「頤」，惠棟《古文尚書考》因之。《説文通訓定聲》臣部頤字下云：古人名頤者字眞，晉枚頤字仲眞，作梅賾者誤。又「梅」，《釋文》亦作「枚」。

> 徐巡，而馬融亦傳其學。鄭玄受書張恭祖，傳古文《尚書》。既又游馬融之門，兼通杜林漆書。馬傳、鄭注，皆以漆書解今文廿八篇。〔註26〕

按：王鳴盛《尚書後案》云：「林嘗客隴西隗囂所，故云西州。漆書即科斗。古無紙筆，以漆書竹簡，故頭麤尾細，狀腹團圓，似水蟲之科斗。〈束晳傳〉：『汲郡人不準發魏襄王墓，所得漆書皆科斗字。』是也。《尚書》惟安國壁中本用科斗，則林之所得，即壁中本明矣。」〔註27〕王國維〈漢時古文諸經有轉寫本說〉云：「杜林於西州得漆書古文《尚書》一卷，……疑亦孔壁之傳寫本。」〔註28〕觀堂作疑似之詞，不若禮堂之肯定，然其意中認定杜林所得漆書古文《尚書》，自文字觀之，與孔壁殆同出一源，則相似也。禮堂《尚書後案》又云：「逵之書本於塗惲，自惲溯而上之，以至安國，一脈相承，歷歷可指也。逵之書即安國之書明矣。〈儒林傳〉又言逵與馬、鄭所注乃杜林本，林之書即安國之書又明矣。」〔註29〕又云：「鄭雖受古文於張恭祖，以山東無足問，西入關師馬融。融所注古文，即衛宏、賈逵所傳杜林本，而鄭亦注此本。或疑杜林漆書得自西州，似不出于安國，然書贊稱安國爲先師，其淵源於安國明矣。」〔註30〕此自衛宏、賈逵、馬融、鄭玄之傳授系統觀之，杜林所得，蓋乃淵源於孔壁也。茲列《尚書》傳授系統表如下：

1. 今文尚書傳授系統

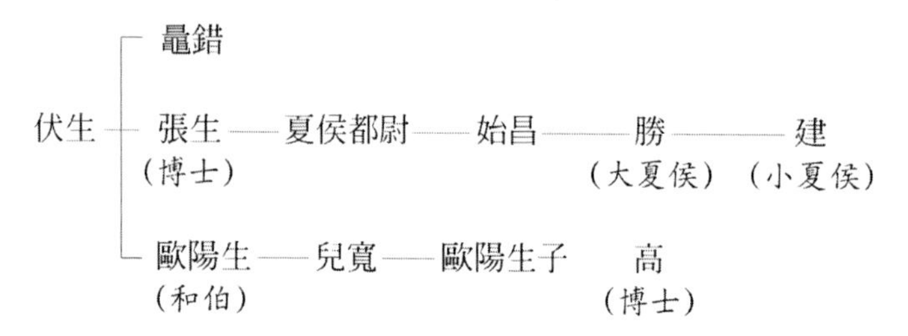


〔註26〕《遺書》，冊四，頁2358，《經學教科書》。
〔註27〕《皇清經解》，卷四三四上，頁34。
〔註28〕《王觀堂先生全集》冊一，頁310～311，《觀堂集林》。
〔註29〕同註27。
〔註30〕《皇清經解》，卷四三四上，頁18。

2. 古文尚書傳授系統

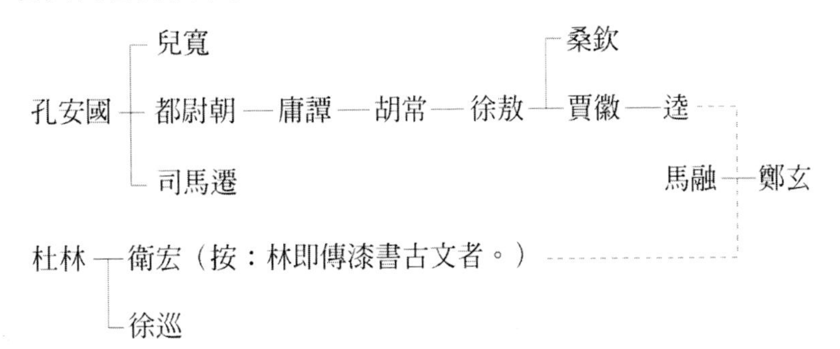


## （二）論三國南北朝隋唐之尚書學

申叔先生於〈經學教科書〉中，又採《三國志》、《南史》、《北史》各列傳、《經典釋文》、閻氏《古文尚書疏證》、惠氏《古文尚書考》、王氏《尚書後案》及《蛾術編》，以論三國迄隋唐之尚書學曰：

> 東漢之末，說《書》者咸宗鄭注。自魏王肅作《尚書解》，又作《聖證論》，以攻鄭注，而蜀儒李譔作《尚書傳》（亦攻鄭注），虞翻在吳亦攻鄭注之失。時孔氏古文《尚書》已亡，王肅、皇甫謐之徒，乃僞造古文《尚書》廿五篇，復僞作孔安國書傳，然不為當世所崇。至晉永嘉之亂，而歐陽、大小夏侯之義亡。〔註31〕

按：王肅幼承家學，父朗師楊賜，賜世傳歐陽《尚書》，〔註32〕爲今文，故畢沅《傳經表》序云：「今文《尚書》，伏勝十七傳至王肅。」〔註33〕惟據《三國志・王朗傳》云：「（子）肅，善賈、馬之學。」〔註34〕是肅嘗習今文，而又治賈、馬古文學矣。至於肅所傳孔安國《尚書》，傳僞經不僞，且其書已不存，今所云僞孔傳者，爲東晉梅頤所僞造（詳見下文：「論尚書孔傳實有二僞本」一節。）。又肅雖作《尚書解》以攻鄭注之失；然鄭注尚行於北朝。申叔先生曰：

> 當南北朝時，鄭氏《書》注行于河北，徐遵明以學授李周仁，自是言《尚書》者咸宗鄭學。惟劉芳作《尚書音》，則用王肅之注（以上北學。）。江左之間，當晉元帝時，梅頤奏僞古文《尚書》，自謂得

〔註31〕《遺書》，冊四，頁2360，《經學教科書》。
〔註32〕見《後漢書》卷八四。
〔註33〕《式訓堂叢書》，函一，《傳經表》序。
〔註34〕《三國志》卷十三。

鄭冲、蘇愉之傳（自言鄭冲授蘇愉，愉授梁柳，柳授臧曹，曹授梅賾。）。晉代君臣信僞爲眞，由是治《尚書》者，咸以僞孔傳爲主，立于學官。惟梁、陳二朝，鄭、孔並立，說《書》之儒，有孔子袪（《尚書義》、《尚書集注》）、梁武帝（《尚書答問》）、張譏（《尚書義》），惟范寧篤信今文，而費甝復爲古文《尚書》作疏，姚方興並僞造〈舜典〉孔傳一篇（自云得之大航頭。），于經文妄有增益（以上南學。）。〔註35〕

按：東晉梅頤奏上僞孔傳時，稱亡佚〈舜典〉一篇，購不能得。至蕭齊時，又有姚方興奏上〈舜典孔傳〉一篇。據《經典釋文‧舜典》第二云：「王氏注，相承云：梅頤上孔氏傳古文《尚書》，亡〈舜典〉一篇，時以王肅注頗類孔氏，故取王注從『愼徽五典』以下爲〈舜典〉，以續孔傳。」又「曰若稽古帝舜，曰重華協於帝。」下云：「此十二字是姚方興所上，孔氏傳本無。阮孝緒《七錄》亦云然。方興本或此下更有『濬哲文明，溫恭允塞。玄德升聞，乃命以位。』凡二十八字異，聊出之，於王注無施也。」〔註36〕陸氏明言方興所多者十二字，與《七錄》同，則此下十六字，蓋爲梁以後人所增。唐人所見，則增出二十八字矣。又自僞古文《尚書》流傳後，馬融、鄭玄、王肅等人所作《尚書》傳注，皆漸趨式微。南北朝時，南朝之經學異於北朝，南朝宗孔氏古文，北朝宗鄭氏《尚書》。隋一天下，南北之經學亦歸於一。然政治統一南歸於北，而經學統一北歸於南。其於《尚書》之學，申叔先生曰：

> 隋劉炫得南朝費甝疏，並崇信姚方興之書，復增益〈舜典〉十六字，而北方之士，始治古文黜今文。唐孔穎達本崇鄭注，及爲《尚書》作義疏，則一以孔傳爲宗，排斥鄭注，而鄭義遂亡。惟劉子玄稍疑孔傳。玄宗之時，復用衛包之義，改《尚書》古本之文，使之悉從今字，而《尚書》古本復亡。〔註37〕

按：隋時鄭注與僞孔傳並行，而鄭學甚微；至唐太宗時，孔穎達等據僞孔傳撰《尚書正義》，於是僞孔傳之書，定於一尊，而馬、鄭、王三家之書，尋已亡佚。

### （三）論宋元明之尚書學

古文《尚書》僞孔傳，自孔氏《正義》以後，定於一尊。至宋則諸家均

---

〔註35〕《遺書》，冊四，頁2360～2361，《經學教科書》。
〔註36〕《經典釋文》，卷三，頁4。
〔註37〕《遺書》，冊四，頁2361，《經學教科書》。

不守舊說，而另闢新義，申叔先生曰：

> 宋儒治《尚書》者，始于蘇軾《書傳》，廢棄古注，惟長于論議。林之奇作《尚書全解》，鄭作熊作《書說》，皆以史事說《尚書》。呂祖謙受業之奇，亦作《書說》，大旨與《全解》同。而史浩（作《尚書講義》）、黃度（作《尚書說》），亦治《尚書》，皆隨文演釋，近于講章。惟夏僎（《尚書辭解》）、黃倫（《尚書精義》）、魏了翁（《尚書要義》）、胡士行（《尚書詳說》）之書，間存古訓，然糅雜漢宋，悉憑臆見爲從違。〔註38〕

按：宋神宗初，王安石以《尚書》入侍，遂與政；而子雱實嗣講事，有旨爲之說，成《新經尚書義》以進，蓋述其父之學；王氏《三經新義》，此其一也。自是朝廷用王氏之說，進退多士。迨徽、欽之際，說經者宗焉。獨眉山蘇軾撰《東坡書傳》，多駁異其說，於治亂興亡，披抉明暢，是以朱子頗稱之。另有林之奇《尚書全解》，力排王氏新經，與蘇軾同指。蓋宋儒之說書者，實推此二家最爲條暢。至於朱、陸之門人，亦頗有治《尚書》者，要以蔡沈爲大家。申叔先生曰：

> 朱陸門人亦治《尚書》，楊簡（作《五誥解》）、袁燮（《絜齋家塾書鈔》）、陳經（《尚書詳解》）、陳大猷（《集注或問》），咸沿陸氏學派，間以心學釋書；而蔡沈述朱子之義，作《書集注》（按注應作傳）。元代之儒，若金履祥（《尚書表注》）、陳櫟（《尚書集傳纂疏》）、董鼎（《尚書輯錄纂注》）、陳師凱（《蔡傳旁通》）、朱祖義（《尚書句解》），說書咸宗蔡傳，亦間有出入，然不復考求古義。明代輯《書傳大全》（胡廣等選），亦以蔡傳爲主，頒爲功令。惟馬明衡（《尚書疑義》）、王樵（《尚書日記》）、袁仁（《尚書砭蔡編》），稍糾蔡傳之訛，以王夫之《書經稗疏》爲最精（夫之作《尚書義》，亦多精語。）。〔註39〕

按：蔡沈爲朱子門人，朱子晚欲作《書》傳，未及爲；遂以屬門人蔡沈。沈受其師之託，沈潛反覆者十年；然後成《書集傳》。大體蔡傳多祖述師說，而朱子自宋以後，大受尊重，故元、明二代幾全宗其學。而元代又頒爲取士經義定本。雖明人間亦有疑惑、補正、糾謬者，惟仍衹是作蔡傳之研究，而非攻擊蔡傳。直至明末王夫之《書經稗疏》，駁蘇傳及蔡傳之失，議論考訂多可

〔註38〕《遺書》，冊四，頁2363，《經學教科書》。
〔註39〕同註38。

取。蔡傳至此已呈衰微。又宋、元、明諸儒，除《尚書》多宗蔡傳外，同時亦有疑古文孔傳者，申叔先生曾一併敘及：

> 又朱子、吳澄（作《書纂言》）、梅鷟（明人，作《尚書考異》），漸疑古文之僞；而張鉽則並疑今文。宋人王柏復作《書疑》，妄疑〈大誥〉、〈浩（煌按：應作洛。）誥〉不足信，移易本經，牽合附會。而明人陳第（作《尚書疏衍》）則又篤信僞古文，咸師心自用。若夫毛晃（《禹貢指南》）程大昌（《禹貢論》）之說〈禹貢〉，胡瑗（《洪範口義》）、黃道周（《洪範明義》）之說〈洪範〉，雖疏于考古，亦足爲參考之資。〔註40〕

### （四）論清代之尚書學

清代於《尚書》之學，最大成就厥爲考訂僞古文《尚書》之確屬僞造。此一考訂溯源自宋之吳棫，而成於閻若璩。申叔先生曰：

> 自吳澄、梅鷟，攻僞古文，太原閻若璩作《古文尚書疏證》，灼見古文孔傳之僞；惟體例未純，不足當疏證之目。弟子宋鑒廣其義，別作《尚書攷辨》。厥後惠棟作《古文尚書攷》，江聲從棟受業，作《尚書集注音疏》，江南學者皆遵之。王鳴盛作《尚書後案》，孫星衍作《尚書今古文注疏》，咸崇今文黜僞孔，以馬、鄭傳注爲宗。段玉裁作《古文尚書撰異》，亦詳于考覈。惟毛奇齡崇信僞古文，作《古文尚書冤詞》（朱鶴齡亦信僞古文。）。厥後莊存與諸人，亦言僞《尚書》不可廢；存與作《尚書既見》，以宣究微言；其甥劉逢祿亦作《書序述聞》，並作《尚書古今文集解》。〔註41〕

按：《尚書》一經，有閻氏之考訂辨僞，乃有毛氏之辨冤，但未能翻案。唯清代經學綦盛，《尚書》之學，除辨僞一大公案外，另作其他研究者亦眾。申叔先生曰：

> 及魏源作《書古微》，以馬、鄭之學出于杜林漆書，並疑杜林漆書爲僞作；乃排黜馬、鄭，上溯西漢今文家言；雖武斷穿鑿，亦間有善言。龔自珍治《尚書》，亦作《太誓答問》，以今文〈太誓〉爲僞書。常州學派多從之。若李光地《尚書解義》，張英《書經衷論》，據理臆測，至不足觀，若夫釋《尚書》天文者，有盛百二《尚書釋天》；

〔註40〕同註38。

〔註41〕《遺書》，冊四，頁2366上，《經學教科書》。

而胡渭《洪範正論》，並闢災異五行之說（雖不守漢儒家法，然辨惑之功甚大。）。釋《尚書》地理者，有蔣廷錫《尚書地理今釋》；而胡渭《禹貢錐指》辨證尤詳。後起諸儒，有朱鶴齡（《禹貢長箋》）、徐文靖（《禹貢會箋》）、焦循（《禹貢鄭注釋》）、程瑤田（《禹貢三江考》）、成蓉鏡（《禹貢班義述》），詮釋〈禹貢〉，咸有專書。〔註 42〕

## 三、論中古文即孔安國所獻古文尚書

清儒龔自珍嘗作〈說中古文〉，謂班志所言中古文《尚書》，亦張霸百兩之流亞，或並無此書，爲劉歆所僞；並歷引十二證，以證中古文之不足信。其言曰：

（1）秦燒天下儒書，漢因秦宮室，不應宮中獨藏《尚書》。一也。

（2）蕭何收秦圖籍，乃地圖之屬，不聞收《易》與《書》，二也。

（3）假使中祕有《尚書》，何必遣鼂錯往伏生所受廿九篇。三也。

（4）假使中祕有《尚書》，不應安國獻孔壁書，始知曾多十六篇。四也。

（5）假使中祕有《尚書》，以武宣之爲君，諸大儒之爲臣，百餘年間，無言之者，不應劉向始知校〈召誥〉、〈酒誥〉，始知與博士本異文七百。五也。

（6）此中祕《書》既是古文，外廷所獻古文，遭巫蠱不立，古文亦不亡；假使有之，則是燒《書》者，更始之火，赤眉之火，而非秦之火矣。六也。

（7）中祕既是古文，外廷自博士以迄民間，應奉爲定本，斠若畫一；不應聽其古文家、今文家，紛紛異家法。七也。

（8）中祕有《書》，應是孔門百篇全經，不但〈舜典〉、〈九共〉之文，終西漢世具在，而且孔安國之所無者，亦在其中，孔壁之文，又何足貴？今試考其情事，然邪？不邪？八也。

（9）秦火後，千古儒者，獨劉向、歆父子見全經，而平生不曾於廿九篇外，引用一句，表章一事。九也。

（10）亦不傳受一人，斯謂空前，斯謂絕後。此古文者，迹過如掃矣。異哉！異至於此。十也。

---

〔註 42〕同註 41。

（11）假使中祕《書》並無百篇，則向作《七略》，當載明是何等篇，其不存者亡於何時？其存者又何所受也？而皆無原委，千古但聞有中古文之名。十一也。

（12）中祕既有五經，獨《易》《書》著，其三經何以蔑聞？十二也。〔註43〕

觀龔氏所言，是不信安國獻孔壁書前，中祕已藏有《尙書》；殊不知中祕古文者，乃安國所獻古文《尙書》也。申叔先生不以龔說爲然，因作〈中古文考〉以辨之。茲分五點，引述如下：

（1）《漢書‧劉歆傳》，歆讓太常博士云：「及魯共王壞孔子宅，欲以爲宮，而得古文于壞壁之中，逸《禮》有三十九，《書》十六篇。天漢之後，孔安國獻之。遭巫蠱倉卒之難，未及施行。」〈藝文志〉云：「古文《尙書》出孔子壁中，孔安國悉得其書，以考二十九篇，得多十六篇。安國獻之，遭巫蠱事，未立于學官。」由是而言，古文《尙書》，安國所得。既獻漢廷，因藏祕府。中爲祕府之名，古與今文示別，此即〈藝文志〉所列「尙書古文經四十六卷」也。

（2）《漢書‧儒林傳》云：「孔氏有古文《尙書》，授都尉朝，而司馬遷亦從安國問故。故遷書多古文說。都尉朝授庸生，庸生授清河胡常，常授徐敖，敖授王璜、塗惲，惲授河南桑欽。」《後漢書‧儒林傳》云：「孔僖，魯國人，自安國以下，世傳古文《尙書》。」班、范所記二事不同，是蓋安國得《書》，獻其故簡，別爲訓傳，錄貳以藏用。是師瀻所傳，迄于塗惲；家法所溉，曁于孔僖。以准中書，其源實一。

（3）〈藝文志〉言：「劉向以中古文校歐陽大小夏侯三家經文。」此以古文校今文也。〈儒林傳〉言：「向以中書校百兩篇。」此以眞古文證僞古文也。

（4）龔氏顧曰：「秦燒天下圖書，漢因秦宮室，不應宮中獨藏《尙書》。假使宮中有《尙書》，不應安國獻孔壁書，始知曾多十六篇。」知弗然者，漢收圖籍，非謂詩書。若實有書，安國无緣再獻。史文云「獻」，則是未有其書。是知中祕古文，藏自武帝。既爲孔壁之書，即匪嬴秦之籍。

（5）觀劉歆言安國獻古文。又言藏于祕府，伏而未發；成帝乃陳發祕藏，校理祕文。所云「祕藏」，即謂中文之屬。所云「校理」，蓋即劉向所

〔註43〕《定盦文集補編》，卷一，頁16～17。《四部叢刊》本。

司。是則劉向所觀，安國所獻，既無殊本，應即一書。龔氏所疑，不析自解矣。〔註 44〕

觀此，是所謂「中古文」者，即孔安國所獻孔壁藏書。以遭巫蠱事未立學官，因藏秘府，故謂之「中」；示與今文有別，故謂之「古文」。至成帝時，發祕校理，而後有「中古文」之名也。茲證之許慎《說文解字》敘：「古文，孔子壁中書也。……壁中書者，魯恭王壞孔子宅，而得《禮記》、《尚書》、《春秋》、《論語》、《孝經》。」王國維〈史記所謂古文說〉：「自武、昭以後，先秦古書傳世益少，其存者往往歸於祕府，於是古文之名漸爲壁中書所專有。」又〈漢書所謂古文說〉：「後漢之初，所謂古文者，專指孔子壁中書；蓋自前漢末亦然。」〔註 45〕則知申叔先生之言，確爲可信。若更證以近人吳敬軒先生《尚書大綱》所論：「成帝時中祕果存百篇之書，則向、歆領校祕書，豈得不見，而何以〈藝文志〉原本《七略》，廑述秦燔書禁學，漢興亡佚，伏生求得二十九篇，孔安國得多十六篇云云，而不一及百篇復存中祕之事乎？則爾時無所謂百篇之書見存中祕也明矣。然則其爲古文五十八篇乎？曰：五十八篇見在，固不待言；不然，如廑今文二十九篇，則霸書但分析合二十九篇以爲數十已耳，此數十篇內容固與中書同也，則安得云校之非是乎？如謂指其所增加諸篇之不同，則中書二十九篇外，既無所存矣，又安能知其所增諸篇之有異文哉？如謂廑指言其篇數之不同，則傳文當明敘其辭，不得渾言校之非是。況爾時五十八篇如不見存中祕，則向、歆校書必無所見，將《七略》《別錄》廑存今學，而無古學矣，此事理之至明者也。故爾時中祕見存五十八篇之數，可斷言無疑。」〔註 46〕知中祕所存並非百篇，實乃五十八篇之古文，則申叔先生之以「中古文」爲安國所獻古文《尚書》，良有以也。

## 四、論尚書孔傳實有二僞本

《尚書》在諸經中，爲糾紛最多之一經；因其他各經，惟有字體之異同與經說之爭辯耳！至於《尚書》，則經典本身即有或眞、或僞之別。

夷考《尚書》之所謂僞者，蓋有二焉。一爲西漢張霸所僞撰《尚書》百兩篇；一爲東晉梅賾所獻僞孔安國《尚書》五十八篇。張霸之百兩《尚書》，

〔註 44〕《遺書》，冊三，頁 1546，《左盦外集》。
〔註 45〕《王觀堂先生全集》，冊一，頁 293 及 294，《觀堂集林》。
〔註 46〕《尚書大綱》，頁 28。

據《漢書・儒林傳》云：「世所傳百兩篇者，出東萊張霸，分析合二十九篇，以為數十。又采左氏傳、書敘為作首尾，凡百二篇。篇或數簡，文意淺陋。成帝時，求其古文者，霸以能為百兩徵。以中書校之，非是。」〔註 47〕《論衡・正說篇》亦載其事云：「至孝成皇帝時，徵為古文尚書學，東海張霸案百篇之序，空造百兩之篇，獻之成帝。帝出祕百篇以校之，皆不相應，於是下霸於吏。吏白霸罪當至死，成帝高其才而不誅，亦惜其文而不滅；故百兩之篇傳在世間者，傳見之人，則謂《尚書》本有百兩篇矣。」〔註 48〕可知張霸所獻百兩《尚書》，在當時已明其僞。惟據《論衡》，則東漢時其書尚存。如《論衡・感類篇》引百兩《尚書》云：「伊尹死，大霧三日。」即其佚文之僅存者。然卒以其僞，故其書不傳。

至梅頤所獻，乃在晉室東渡之後。經典釋文敘錄云：「案今馬、鄭所注，並伏生所誦，非古文也。孔氏之本絕，是以馬、鄭、杜預之徒皆謂之逸書。……江左中興，元帝時，豫章內史枚頤奏上孔傳古文《尚書》，亡〈舜典〉一篇，購不得能，乃取王肅注〈堯典〉，從『眘徽五典』以下，分為〈舜典篇〉以續之。學徒遂盛。後范甯變為今文集注，俗間或取〈舜典篇〉以續孔氏。」〔註 49〕《隋書・經籍志》亦云：「至東晉，豫章內史梅頤始得安國之傳奏之，時又闕〈舜典〉一篇。」〔註 50〕按梅頤所獻五十八篇，除將伏生所傳今文《尚書》二十九篇析為三十三篇外（於〈堯典〉析出〈舜典〉，又於析出之〈舜典〉前，增加二十八字，自〈皐陶謨〉析出〈益稷〉，又分〈盤庚〉為上、中、下三篇。），又僞造〈大禹謨〉、〈五子之歌〉、〈胤征〉、〈仲虺之誥〉、〈湯誥〉、〈伊訓〉〉、〈太甲上〉、〈太甲中〉、〈太甲下〉、〈咸有一德〉、〈說命上〉、〈說命中〉、〈說命下〉、〈泰誓上〉、〈泰誓中〉、〈泰誓下〉、〈武成〉、〈旅獒〉、〈微子之命〉、〈蔡仲之命〉、〈周官〉、〈君陳〉、〈畢命〉、〈君牙〉、〈冏命〉等二十五篇。此二十五篇，自宋吳棫始有異議，朱子亦稍疑之。元吳澄諸人，本朱子之說，相繼抉摘，其僞益彰；然亦未能條分縷析，以抉其罅漏。明梅鷟始參考諸書，證其剽劉，而見聞較狹，蒐采未周。至清閻若璩《古文尚書疏證》，乃引經據古，一一陳其矛盾之故，古文之僞乃大明。毛奇齡雖著《古文尚書冤詞》，以攻閻氏之說；然閻氏之一百二

〔註 47〕《漢書》，卷八八，〈儒林傳〉第五十八，頁 15。
〔註 48〕《論衡》卷二八，頁 2。
〔註 49〕《經典釋文》卷一，頁 16。
〔註 50〕《隋書》志卷二七，頁 12。

十八證，〔註 51〕鐵案如山，絕非毛氏所可動搖也。其後，惠棟又著《古文尚書考》，辨梅頤增多古文之謬十九條，詳言其非，至此而梅頤之僞，遂成定讞。至此二十五篇之作僞者，雖經惠棟、王鳴盛等人之推測；然不免意有兩歧，皆疑而未定。逮丁晏作《尚書餘論》，始直指爲王肅。其於「古文《尚書》孔傳，見王肅〈家語後序〉，爲一手僞書」條下曰：「《家語》本肅所僞撰，則此古文書傳亦肅所私造，而託名安國者也。且〈後序〉一篇所言，無一可信，……劉子政經學大儒，如有聖裔著書，豈得不記？《家語》爲王肅私定，巧爲彌縫，其僞可立見也。《漢藝文志》言古文《尚書》與《論語》出孔子壁中，孔安國悉得其書獻之，竝不言作傳；《志》載《尚書經》二十九卷，《傳》四十一篇，此伏生今文書大傳也，與孔傳篇目不符。《志》又載《論語》二十一篇，《孝經古孔氏》一篇，皆不言作傳，西京孔安國祇傳授古文，未嘗著書也。《班志》原本《七略》，確然可據。……徧考兩漢之書，無有言安國作傳者，獨〈家語後序〉言之，此肅之肊造也。」〔註 52〕又「古文《尚書》傳與王肅注多同，唐孔穎達實親見之，備載於疏，足徵書傳爲肅私造。」「古文《尚書》皆綴集而成，非王肅不能作，肅注自《釋文》、《正義》外，見於他書所引者，多與孔傳同，明爲一手綴輯。」〔註 53〕諸條，於王肅作僞之迹，雖指陳詳實，然不免有文致周內，故入人罪之非。〔註 54〕蓋王肅一承家學（今文），一習古文師說（善賈、馬之學）；後人因見其注與東晉梅頤本經傳相類，遂疑其私見古文《尚書》而祕之。如《經典釋文》敘錄云：「王肅亦注今文，而解大與古文相類，或肅私見古文而祕之乎？」〔註 55〕又左氏哀公六年傳孔疏云：「王肅注《尚書》，其言多是孔傳，疑肅見古文，匿之而不言也。」〔註 56〕劉知幾《史通》亦云：「至於後漢，孔氏之本遂絕，其有見於經典者，諸儒皆謂之逸書，王肅亦注今文《尚書》，而大與古文孔傳相類，或肅私見其本而獨祕之乎？」〔註 57〕清人據此而衍之，遂定孔傳爲僞書；

---

〔註 51〕按：現闕失二十九條，實存九十九條。

〔註 52〕《皇清經解續編》，卷八四四，頁 1～2。

〔註 53〕《皇清經解續編》，卷八四四，頁 20 及 25。

〔註 54〕按江瀚云：「王氏注本，蓋與馬、鄭大同，而義多同馬，且亦有同鄭；孔傳義多從王，而亦有舍王用鄭者。晏乃於王、孔異義，諱而不言，偏執一邊，據爲肅僞作之證。況王義多本賈、馬，孔傳之同於王者，安知非即上同賈、馬，而獨責之肅。以此決獄。詎非文致周内，故入人罪乎！」《續修四庫全書提要》，頁 244。

〔註 55〕同註 49。

〔註 56〕《左傳注疏》，卷五八，頁 12。

〔註 57〕見《史通》，卷十二，外編，〈古今正史第二〉。

且有指其爲王肅所僞者。惟陳澧《東塾讀書記》則指僞孔傳亦有同於鄭說，而與王肅異者，故陳氏疑其非王肅所作。〔註 58〕即此以觀，則持王肅說者，亦非定論也。

申叔先生《尚書源流考》，即據王肅〈家語後序〉所言，孔安國嘗撰《論語古文訓》二十一篇、《孝經傳》二篇、《尚書傳》五十八篇，與《孔子家語》相應，皆係僞書。故謂孔安國古文《尚書》傳有兩僞本。一爲曹魏中葉儒者僞作，一即東晉梅頤所獻。申叔先生曰：「東晉梅頤所獻孔傳，非即〈家語後序〉所稱之孔傳也。近儒治《尚書》，或以僞孔經傳始於東晉，或以梅賾即魏人作僞之本，二說均非。」〔註 59〕其證據有四：

（1）《史記・五帝本紀》：「教穉子。」裴氏《集解》云：「案《尚書》作『胄子』，孔安國曰：『穉、胄聲相近』。」今姚本（按申叔先生云：「今〈舜典〉經傳別出姚方興所獻。」）孔傳作「胄，長也；子謂元子以下，至卿大夫子弟。」

（2）《續漢書・祭祀志》六宗條，劉注引孔安國云：「精意以享謂之禋。宗，尊也。所尊祭，其祀有六：埋少牢於大昭，祭時也；相近於坎壇，祭寒暑也；王宮，祭日也；夜明，祭月也；幽禜，祭星也；雩禜，祭水旱也。禋于六宗，此之謂也。」今姚本孔傳作「四時也、寒暑也、日也、月也、星也、水旱也；祭亦以攝告。」與此意同詞別。

（3）〈祭祀志〉劉注既引孔說，又引晉武帝初司馬紹統表駁之云：「安國案祭法爲宗，而除其天地於上，遺其四方於下，取其中以爲六宗。四時寒暑日月星辰並水旱，所宗者八，非但六也。」是劉氏所見孔傳，與紹統所駁相同。紹統當晉武帝時即引孔說，知魏晉之際確有書傳一書。

（4）《晉書・禮樂志》引泰始十年，杜預議云：「至周公旦，乃稱『殷之高宗諒陰，三年不言。』其傳云『諒，信也；陰，默也。』」《左傳》隱元年疏亦云：「杜議引尚書傳云『亮，信也；陰，默也。』爲聽于冢宰，信默而不言。鄭玄以諒闇爲凶廬，杜所不用。」據《論語・憲問篇》，子張問高宗諒闇三年，《集解》引孔安國說曰：「諒，信也；陰猶默也。」與杜所引書傳合。即杜之所引，似即魏代《尚書》孔傳。〔註 60〕

〔註 58〕見《東塾讀書記》，卷五，頁 9。
〔註 59〕《遺書》，冊一，頁 43，《尚書源流考》。
〔註 60〕《遺書》，冊一，頁 43 下～44 上，《尚書源流考》。

由上，知申叔先生以爲魏晉之際，孔安國書傳確已行世；而此書傳與梅頤所獻者不同，其所持論，亦有四證：

（1）王肅〈家語序〉，既以《論語》訓、《尚書》傳並言，則兩書之說，必相符應。今梅本孔書，以《論語》「敢用玄牡」及「朕躬有罪」諸語竄入〈湯誥篇〉，以「所重民食喪祭」竄入〈武成篇〉，以「雖有周親」諸語竄入〈太誓篇〉。考之《論語・堯曰篇集解》，於以上諸條，均引孔安國說，不云「語見尚書」，而所釋亦殊書傳。且「敢用玄牡」以下《集解》引孔說，明云「此伐桀告天之文」，又謂「《墨子》引〈湯誓〉，其辭若此。」援此以推，則魏代孔書〈湯誥篇〉必無此語。其「雖有周親」以下，亦必不載〈太誓〉、〈武成〉。又梅本孔傳與《論語》孔注，必非成于一手，其證一也。

（2）杜預生魏晉之際，即所引諒闇傳證之，似魏代孔本經傳，杜非不見。然使所見即爲梅本，則梅本〈商書・說命〉已有諒闇三祀之文，下引《周書・無逸》？又所引書傳與梅本孔傳，亦復同旨異文。凡此數端，均滋眾惑。更即杜預《左傳注》考之，彼傳注文凡傳引《書》文見于梅本所增二十五篇者，均云「逸書」。於梅本竊取傳語入經者，不云「語見尚書」；於傳引〈泰誓〉文見梅本者，直云「今無此文」。由是而言，杜氏所見書傳，直與梅本經傳不同。其梅本〈說命〉、〈太誓〉諸篇，直爲杜氏所未見。其證二也。

（3）梅氏〈禹貢〉「伊、洛、瀍、澗。」傳云：「瀍出河南北山。」閻氏《古文尚書疏證》云：「〈前漢志〉，河南郡、穀城縣注曰：『〈禹貢〉瀍水出朁亭北。』〈後漢志〉，河南尹、穀城縣『瀍水出。』注引《博物記》『出潛亭山。』至晉省穀城入河南縣，故瀍水爲河南所有；作孔傳者亦云：『瀍出河南北山。』」其說甚確。如彼說，則梅本孔傳，非惟不出漢人，亦非魏初所僞。其證三也。

（4）梅本〈盤庚序〉：「盤庚五遷，將治亳殷。」孔傳曰：「自湯至盤庚，凡五遷，治亳殷。」孔疏云：「汲冢古文云：『盤庚自奄遷于殷，殷在鄴南三十里。』束晳云：『《尚書》序，盤庚五遷，將治亳殷。舊說以爲居亳，亳殷在河南。』孔子壁中《尚書》云：『將始宅殷。』是與古文不同也。」據疏所引束說，蓋即校《竹書》之詞，所引〈書序〉即（按似「及」字之誤）舊說，蓋即鄭氏諸本。所云孔壁《尚書》，以王肅〈家語後序〉證之，似即魏代孔傳本也。如其說，則是孔傳舊本，實非（按當爲「作」字）將始宅殷，與梅本之文迥別。其證四也。〔註61〕

隨後申叔先生乃下結論曰：「據此四證，則知梅本經傳，實出東晉之初，非即魏代所行孔傳。」又先生以爲魏代孔傳，傳雖爲僞，而經實乃眞古文也。其言曰：

> 魏代所行孔傳，據〈家語後序〉，雖亦五十八篇，然考〈周書太誓序〉孔疏云：「李顒《集解尚書》，於僞〈泰誓〉篇，每引『孔安國曰』。計安國必不爲彼僞書作傳，不知顒何由爲此言。」夫孔疏所謂僞〈泰誓〉者，即漢代〈泰誓〉，亦即馬、鄭、王所注之本。所謂李顒《集解尚書》者，據《隋書・經籍志》云：「《集解尚書》十一卷，李顒注。」《釋文・敍錄》亦云：「李顒注十卷。」蓋李氏所注，即馬、鄭本。故所注〈太誓〉，亦與馬、鄭〈太誓〉同。顧兼引安國注說，是必魏孔傳五十八篇，本無梅本〈太誓〉三篇，所據仍爲漢〈太誓〉。東晉雖亡其本，其傳說散見他籍，故李氏克引其文。援是以推，則〈家語序〉所稱孔傳，其五十八篇之經，亦非梅本五十八篇之經，蓋仍《漢書・藝文志》《古文經》五十八篇之本也。

又曰：

> 眞古文《尚書》，東晉以前，其文具在，即魏人所託孔傳，所據亦係眞經。

又曰：

> 《隋志》謂西晉祕府古《尚書》，今無有傳。明其書散亡，別無傳本。蓋祕府所存古經，肅序所稱孔傳，迄于永嘉，其書並亡。故東晉之初，梅賾別獻僞本。是猶魏《孝經》孔傳亡于梁代，而隋人別造僞傳也。〔註62〕

按：申叔先生以爲曹魏中葉已有五十八篇本孔傳，是故對李顒之集解漢〈泰誓〉，釋爲：「魏代所行孔傳……東晉雖亡其本，其傳說散見他籍，故李氏克引其文。」所釋甚迂曲；此或其未審於西晉孔傳，蓋仍沿用兩漢相承二十九篇之舊本故也。惟其斷定「李氏所注即馬、鄭本」，此由李顒本之卷數，可得證明，《隋志》作「十一卷」，蓋乃李顒本之原貌；《釋文》作「十卷」，則以〈書序〉一卷散置各

〔註61〕《遺書》，冊一，頁44下～45上，《尚書源流考》。
〔註62〕《遺書》，冊一，頁45下～46上，《尚書源流考》。

篇之首故也。此外，申叔先生又謂梅本經傳，非王肅所造。「凡梅本孔傳與王同說者，均梅襲王，非王同孔。其與王注互異，則係轉襲他書。近儒所疑，說均未當。」〔註 63〕此可推翻丁晏之說。又皇甫謐亦不見梅本，自亦非其所造；梅鷟等說自亦不能成立。由是吾人可歸納申叔先生之說如下：

（1）《尚書》孔傳凡有二本，一出於曹魏中葉，另一即東晉梅頤所獻。

（2）魏代《尚書》孔傳，經眞傳僞；東晉《尚書》孔傳，經傳俱僞（經指較今文多出之二十五篇）。

（3）東晉僞經傳，非王肅或皇甫謐所造。

申叔先生此說，言前人之所未言，考證詳明，大體可信；惟仍有可商榷者。戴靜山先生《閻毛古文尚書公案》已一一詳加辨正，以爲魏代《尚書》孔傳之經，不當爲原五十八篇眞古文，當亦係僞古文。又前一僞本，不當出自曹魏中葉，當是魏晉之間，王肅之徒所僞，以與鄭學爭勝者。至若後一僞本，梅頤獻書之說亦不可信，當依崔述〈古文尚書辨僞〉之說，乃晉宋之間人所僞造。〔註 64〕辨證詳確，似較申叔先生之說爲長。茲引述其所歸納之結論如下：

（1）僞孔經傳有兩本，一出魏晉之間，一出晉宋之間。

（2）兩本古文部分，經文俱僞，可能相襲而不全同。此由李顒集解《尚書》仍用漢〈泰誓〉可知。

（3）兩本孔傳俱僞，後當襲前而不全同。此由劉氏所舉四點證據可見。

（4）梅賾獻書不可信。〔註 65〕

戴靜山先生此一結論，自云「不是定論，只是假設，留待異日證明。」是以古文本究竟如何作僞，仍有待更切確之實證發見，始獲一定之結論。

## 五、論今文尚書無序

今傳〈書序〉有二：一則孔安國序，是謂「大序」；一則述百篇作意，馬、鄭總爲一卷，僞孔乃分以冠各篇之首，是謂「小序」。孔安國書大序，乃魏晉間人所僞作，前人辨之詳矣，〔註 66〕茲不贅述。至於小序之作，自來說者不

〔註 63〕《遺書》，冊一，頁 47 上，《尚書源流考》。

〔註 64〕見《閻毛古文尚書公案》，頁 154～158。

〔註 65〕《閻毛古文尚書公案》，頁 158。

〔註 66〕說詳朱熹晦庵先生《朱文公文集》卷七一頁 18：「今孔傳并序，皆不類西京文字氣象，未必眞安國所作，只與《孔叢子》同是一手僞書。」

一，或謂孔子所作，劉向父子創其說，馬融、鄭玄、王肅述其義；或謂《周官・外史》之舊文，林光朝、馬廷鸞〔註 67〕、朱彝尊〔註 68〕主其說；或謂起於周、秦之間，朱熹〔註 69〕、閻若璩〔註 70〕主其說；或謂〈書序〉出於孔壁，大抵不能早於戰國末葉，屈翼鵬先生〔註 71〕主其說；或謂秦、漢間解經者所作，陳夢家〔註 72〕主其說；或謂起於漢武、昭以後，孝成以前，終定於劉向、劉歆之手，吳敬軒先生〔註 73〕主其說；或謂劉歆所僞作，康有爲〔註 74〕、崔適〔註 75〕主其說。

以上所述諸家之說，許錟輝氏《先秦典籍引尚書考》〔註 76〕謂以吳敬軒先生之說，最爲允當。按吳氏所定，是或可信，然百篇〈書序〉之作，雖成於此時，而其始作也，自亦有所本。蓋書之有序，其源甚古，《周禮》外史掌達書名於四方，是先秦已有序之雛形，漢後傳《書》者，今文則未見有序，故清儒戴震《尚書今文古文考》謂：「〈序〉爲伏生〈書〉所無。」〔註 77〕又王鳴盛《尚書後案》亦謂：「百篇之序，亦從屋壁中得。」〔註 78〕壁中所得有序，是或可信，但其序決非百篇，則可知也。以壁中有序，太史公又從孔安國學，故能采《書序》以作史也。康氏爲護衛其所主〈書序〉爲劉歆所僞說，故不得不辨〈書序〉襲《史記》，非《史記》采〈書序〉。詳覈其言，蓋有不合於理者二：〈書序〉之言，與《史記》所述，多有不同者，若謂襲自《史記》，則又異於《史記》，是無可爲說也，此其可疑者一；又自《史記》引《書》有〈湯征〉、〈帝誥〉、〈女鳩〉、〈女房〉、〈夏社〉、〈中𤰞之誥〉、〈太甲訓〉、〈沃丁〉、〈咸艾〉、〈伊涉〉、〈仲丁〉、〈高宗之訓〉、〈分器〉、〈餽禾〉、〈嘉禾〉、〈周官〉、〈賄息愼之命〉、〈微子之命〉、〈畢命〉十九篇，秦火之後即已亡佚，其

〔註 67〕以上二家之說均見《書經傳說彙纂》卷首下〈綱領二〉引。
〔註 68〕《曝書亭集》，卷五十九，頁 2，〈書論二〉。
〔註 69〕《朱子語錄》卷七八、七九。
〔註 70〕《尚書古文疏證》，卷七，第一百五：「言百篇小序伏生所未見然實出周秦之間」條。
〔註 71〕《尚書釋義・敍論》。
〔註 72〕《尚書通論》第四章〈書序篇〉。
〔註 73〕《尚書大綱》，頁 42。
〔註 74〕《新學僞經考》，〈書序辨僞第十三〉。
〔註 75〕《史記探原》，卷一，頁 8。
〔註 76〕參見第一章第二節百篇小序之探討。
〔註 77〕《戴東原集》卷一，頁 5。
〔註 78〕《皇清經解》，卷四三三，頁 58。

辭俱不得見，而史公仍能言其作意，若其時未有〈書序〉，則史公何由能傳述其事？又如何能有十九篇如是之夥乎？此其可疑者二。據此，則知〈書序〉定爲史公所采以作史者，決非〈書序〉轉襲《史記》，特史公所見非今所存百篇之序耳。此序既爲史公所見，今文又未有傳序之事，則此〈書序〉乃得之屋壁，傳自先秦可知也。惟此先秦〈書序〉之作於何人？成於何時？雖俱已無考，然以〈毛詩序〉、〈周易序卦〉推之，或可知其時，故屈翼鵬先生謂其著成時代不能早於戰國末葉。以其時言，是也。是則〈書序〉之傳可知矣。先秦之間，外史之官，首有序之雛形，而有定於戰國末葉；後其序自孔壁出，史公以之作史，而後有漸彌足其數者，直至劉向、劉歆父子，則百篇之序定矣。〔註 79〕

按〈書序〉得自孔壁，爲今文所無，前已言之詳矣。惟清人陳壽祺、喬樅父子，顧云今文有序。壽祺於《左海經辨》中之〈今文尚書有序說〉，謂今文無〈泰誓〉，伏《書》二十九篇，序當其一，因立十七證，其略曰：

（1）歐陽經三十二卷，西漢經師，不爲序作訓故，歐陽章句仍止三十一卷。

（2）《史記》於〈書序〉臚舉十之八九，說義文字，往往與古文異，顯然兼取伏書。

（3）張霸案百篇序，造百兩篇，即出今文，非古文也。

（4）《書正義》曰：「伏生二十九卷，而序在外。」必見石經《尚書》有百篇之序。

（5）大傳云「遂踐奄」三字，明出於〈成王政〉之序。

（6）大傳言葬周公事，本於〈亳姑〉序。

（7）大傳曰：「武丁祭成湯，有雉飛升鼎耳而雊。」此出〈高宗肜日〉之序。

（8）大傳曰：「成王在豐，欲宅洛邑，使召公先相宅。」此述〈召誥〉之序。

（9）大傳曰：「夏刑三千條。」此本〈周甫刑〉之序也。〈甫刑序〉曰：「穆王訓夏贖刑，作呂刑。」若非見〈書序〉：「訓夏贖刑」之文，何以知三千條爲夏刑也。

（10）大傳篇目有九，其〈帝告〉、〈槀命序〉，又有〈嘉禾〉、〈揜誥〉在二

〔註 79〕黎建寰氏《尚書周書考釋》，冊一，頁 7～12。

十九篇外，非見書序，何以得此篇名？

（11）《白虎通・誅伐篇》稱《尚書》序曰：「武王伐紂」，此〈大誓序〉及〈武成序〉之文。

（12）《漢書・孫寶傳》曰：「周公大聖，召公大賢，尚猶有不相說，著于經典。」此引〈君奭〉之序。

（13）《後漢書・楊震傳》曰：「盤庚五遷，殷民胥怨。」此引〈盤庚〉之序。

（14）《法言・問神篇》曰：「書之不備過半矣，而習者不知，惜乎書序之不如易也。」書不備過半，唯今文爲然。

（15）《法言》又曰：「古之說《書》者，序以百，而〈酒誥〉之篇俄空焉，今亡矣夫！」〈酒誥〉惟今文有脫簡，故其言如此。

（16）《論衡・正說篇》曰：「按百篇之序，闕遺者七十一篇。」亦據今文爲說。若古文有逸書二十四篇，不得云闕遺者七十一篇。

（17）杜預〈春秋左傳後序〉曰：「《紀年》與〈尚書序〉說太甲事乖異，老叟之伏生，或致昏忘。」詳預此言，直以〈書序〉爲出自伏生。〔註 80〕

有關陳氏之說，申叔先生謂其所列十七證，以空辯競勝，堅外脆內，殊無實徵，爰乃按條辨詰，撰〈陳氏壽祺今文有序十七證駁義〉以闢之，其略曰：

（1）歐陽經三十一卷，明刊《漢書》作二，直譌文耳。且《尚書》廿九篇，《史記》、《漢書》同文，陳以屬伏生者有序，屬夏侯者有〈太誓〉，同詞異解，不啻治絲自棼也。

（2）史公述經，或以訓故字代本字，或增詞解釋，或詮引師說；故臚舉〈書序〉文字，師說間殊今本。竊以《史記》所舉，惟以作〈洪範〉後克殷二年，兼用伏傳，與序靡涉；餘則並宗序說，是乃古文所獨，非今古文各有序也。

（3）使〈書序〉亦爲廿九篇之一，則《漢書》所云廿九篇，亦當該序爲計；今其下復有采序之文，是廿九篇之中弗列序也。竊以佚書及序，雖同出孔壁之中；然《史記》所采，序文以外，解及佚篇。則知〈書

〔註 80〕以上係依皮錫瑞《經學通論》約言者。欲知陳氏原文，請見《皇清經解》卷一二五一，頁 12～17，又《劉申叔先生遺書》冊三，頁 1549 下～1551 下，亦引有全文。

序〉流傳，或較逸篇爲稍顯，張霸弗睹中秘書，僅睹〈書序〉，未足異也。使序爲今文所同，則說立學官，儒生共睹，奚爲與《左傳》並采乎！

（4）據孔疏說序在二十九篇外，昭然甚明。序在外，明無序也。陳氏強云非伏生元本，又謂孔據漢石經，均臆說。

（5）大傳以踐爲籍，明與〈書序〉遷奄君異說，此即未睹〈書序〉之徵。焉得以傳序數字偶同，遂謂傳本序說耶？

（6）伏生果見〈亳姑序〉，則葬畢之事，應屬彼篇師說，奚至用以說〈金縢〉？

（7）伏生雖未睹序，所聞師說，詎无偶同？

（8）此係序傳偶符，非傳襲序文。

（9）陳謂夏刑三千，舍〈書序〉外無旁證，非愚則誣。

（10）即使大傳所列，確有佚書篇目，然亦傳聞不同，弗必盡與今序合。使篇目悉本〈書序〉，胡〈揜誥〉不伺百篇，使傳說亦與序同；胡〈嘉禾〉之獻，弗云唐叔？

（11）《通義》所引，乃伏生〈太誓傳〉，爵篇以下，所引伏傳至多；或稱書傳，或僅稱書。此條原文，蓋亦僅稱《書》曰，《御覽》所引有「序」字，則宋人所臆增，弗足據。

（12）孫寶所稱書說，或今文師說偶與序符，或用古文說，若執爲今文有序之證，殊未足從。

（13）此或東漢之世，今文《尚書》亦兼雜采序說也。

（14）使今文有序，則習書之中，雖蠢知闕，今云習者不知，謂習者不知《書》缺，是即今文家以《書》爲備之說也，不知《書》缺，由無〈書序〉。

（15）以上條證之，知子雲惟以〈書序〉屬古文，陳說殊鑿。

（16）《論衡》此說，乃據古文序說難今文也。據彼說，知百篇之序弗列二十九篇內。〈正說篇〉又曰：「孝宣皇帝之時，河內女子發老屋，得逸《易》、《禮》、《尚書》各一篇奏之，宣帝下示博士，然後《易》、《禮》、《尚書》各益一篇，而《尚書》二十九篇始定。」彼以〈太誓〉之得在宣帝時，雖屬傳聞之異，然足證《尚書》二十九篇，確數〈太誓〉，既數〈太誓〉，則無〈書序〉甚明。使二十九篇有序，則《論衡》當云缺七十二篇，弗云七十一矣。

（17）征南斯序，肊說无據，弗足引援，亦弗足辨。〔註 81〕

按康有爲《新學僞經考》中之書序辨僞，〔註 82〕已先申叔先生就陳氏所舉之十七證，一一駁之矣。今增申叔先生此十七條駁義，則陳氏今文有序之說，自必動搖矣。申叔先生復撰〈今文尚書無序說〉以闢之曰：

> 序爲古文所特媾，非復今文所夙有。遷從孔安國問故，親睹孔壁古文。故書序之詞，十錄八九。所載古文師說，亦異今文。《漢書・儒林傳》云：「遷書載〈堯典〉、〈禹貢〉、〈洪範〉、〈微子〉、〈金縢〉，多古文說。」夫《尚書》故古，萌芽西漢，立異今文，其興以漸。故地名異釋，始自桑欽。詮制不同，肇耑劉賈。闡明殊讀，馬、鄭斯弘。若安國之時，所刱師說，蓋僅〈堯典〉五篇。其異今文，惟在隸事之後先而已。

又曰：

> 例如〈堯典〉命官，〈禹貢〉治水，今文師說，均云時值堯存。據《史記・五帝本紀》、〈夏本紀〉，則堯而後舜始命官；禹別九州，復在命官之後。又謂禹、皋陶、契、后稷、伯夷、夔、龍、垂、益、彭祖，堯時舉用，未有分職，此即〈堯典〉、〈禹貢〉古文說也。至〈微子〉、〈洪範〉、〈金縢〉三篇，則作書之年，《史記》並臚二說：〈殷本紀〉謂微子之去，在武王觀兵盟津後；微子既去，比干斯僇，而箕子爲奴，復在斯後。〈宋世家〉謂微子謀去，在西伯滅阢之後；是時比干已僇，而箕子爲奴，復在厥前。其異一也。〈周本紀〉謂：武王至商，命召公釋箕子之囚。克殷後二年，問箕子殷所以亡？箕子不忍言殷惡，以存亡國宜告。武王亦醜，故問以天道。〈宋世家〉謂：武王既克殷，訪問箕子，箕子以〈洪範〉對，乃封之朝鮮而不臣。其後朝周，乃過故殷墟而作詩。其異二也。〈魯世家〉謂：武王有疾。周公令史策告太王、王季、文王，欲代武王發，藏策金縢匱中。周公卒後，暴風雷雨，周國大恕。成王與大夫朝服，以開金縢書。又謂：成王少時，病，周公乃自揃蚤沈之河，以祝於神，亦藏其策於府。及成王用事，人或譖周公，周公奔楚。成王發府，見周禱書，乃泣，反周公。與〈蒙恬

〔註 81〕按此係隱括申叔先生之言者，全文請見《遺書》冊三，頁 1549 下～1552 上。

〔註 82〕見《新學僞經考》，頁 309～319，〈辨今文尚書無序〉。

傳〉約同。其異三也。以上三耑，大抵前誼屬今，後誼屬古。至於歧異之由，則以今文無序；古文之說，則均依傍序文知者。

又曰：

大傳以箕子既受周封，故于十三祀來朝；是〈書序〉以箕子歸之文，伏生未睹。伏以〈洪範〉之陳，後克殷二年。經云十有三祀，知克殷當在十一年，及〈書序〉既顯，知有十三祀，即係勝殷之年；因此〈洪範〉之陳，與勝殷同歲。使今文亦有序篇，何得自違其說。援是以推，知今文說微子，未睹〈泰誓〉度師序文，因以微子之去，在觀兵孟津後。古文據序，以師度孟津有明文，知微子作于觀兵前，遂與今文異說。今文〈說滕〉，未睹〈亳姑〉序文，故以風雷之異，繫之葬公。古文據序，知葬公之事別詳〈亳姑〉，因據蒙恬之言創異解。是知今文之說，恆與序歧。按跡序文，古文所獨，序出孔壁，厥驗至明。〔註83〕

此外，申叔先生於〈答方勇書論太誓答問〉復云：

西漢博士，以經爲備，果覩序文，何云書備？至張霸采序，班史所詳，序與《左傳》二者並詞，以《左氏傳》屬古文，知〈書序〉靡涉今學。〔註84〕

綜其所言，是〈書序〉爲古文家所特專，非今文所夙有。有序則事迹分明，無序則先後倒置，往往自違其說。陳壽祺父子，欲攘古文家之〈書序〉爲今文所共有，故先生特予抨擊而無隱也。

## 六、論今古文皆有泰誓

羣經中以《尚書》之問題爲最多，《尚書》中又以〈泰誓〉之問題最爲紛繁。《尚書・泰誓》有今文、古文、晚出〈泰誓〉，漢馬融已先疑之矣。而清龔自珍於所撰〈大誓答問〉中，言今文無〈泰誓〉，古文亦無〈泰誓〉，直以今古文〈泰誓〉皆僞。申叔先生不以其說爲然，遂取龔書按條致駁，綜其辯詰之旨，蓋有四焉：明今古文皆有〈泰誓〉，一也；明民間晚出之〈泰誓〉，與今古文同，二也；明《孟子》、《墨子》所引之〈泰誓〉，即漢今古文〈泰誓〉中、下篇，三也；駁唐人以此〈泰誓〉爲僞書，四也。

〔註83〕《遺書》，冊三，頁1548，《左盦外集》。

〔註84〕《遺書》，冊三，頁1991下。

夷考龔氏《大誓答問》，原列二十六目，故申叔先生所駁之目次，亦一如龔氏，惜第七目以下，皆已亡佚，故今所論者，惟今古文皆有〈泰誓〉說一耑耳。茲引述龔氏之說如下：

（1）論伏生原本二十九篇非二十八篇：問曰：「儒者百喙一詞，言：『伏生《尚書》二十八篇，武帝末，民間獻〈大誓〉，立諸博士，總之曰二十九篇，今文家始有二十九篇。』又云：『得〈大誓〉以并歸於伏生弟子，始有二十九篇。』其言何如？」答曰：「使《尚書》千載如亂絲，自此言始矣。《史記・儒林傳》：『秦時焚書，伏生壁藏之，其後兵大起，流亡。漢定，伏生求其書，亡失數十篇，獨得二十九篇。』《漢書・藝文志》語正同。遷、固此言，昭昭揭日月而行，諸儒萬無不見，亦萬無不信，而乃舍康莊而求荊棘，察其受病，厥有四耑：篇目之不考，一也；篤信民間晚出書，二也；誤以孔安國爲傳古文，因以史遷亦傳古文，因篤信〈周本紀〉，三也；不以今文、古文、晚出書三事截然分明，各還其數，而合并數之，自生瞀悶，歧之中有歧焉，四也。今先證以歐陽、夏侯卷數，使先知今文大師之不可厚誣，而後白黑可得而定，亂絲可得而理也。」

（2）論夏侯氏無增篇：諸儒言：「夏侯生有〈大誓〉。」按〈藝文志〉：「《大、小夏侯章句》各二十九卷。《大、小夏侯解故》二十九篇。」重規疊矩，夏侯之不徇俗師以羼本師可知。

（3）論歐陽氏無增篇：〈藝文志〉：「《歐陽章句》三十一卷。」則以分〈般庚〉而三之，孫氏星衍作篇目表是也。〈般庚〉當三，孔門之舊，故今文家皆仍之；至蔡邕石經尚然。古文家亦仍之，至馬、鄭、王尚然。〔註85〕

按龔氏主張伏生二十九篇本無〈泰誓〉，故從〈顧命〉析出〈康王之誥〉，以合二十九篇之目。又以歐陽、大小夏侯未羼入〈泰誓〉，因大、小夏侯原本二十九篇，無勞辭費；惟待解者，乃歐陽所增出之二卷耳。故就《歐陽章句》中，析《盤庚》而三之，用符三十一卷之數。由於申叔先生篤好古文之學，故對今文學說，肆力駁斥，爰撰〈駁泰誓答問〉以闢之曰：

（1）論伏生原本二十九篇，非二十八篇：按伏生所得之古文雖在二十八篇，其實有二十九篇之目。故〈儒林傳〉伏生獨得二十九篇也。伏生

〔註85〕《皇清經解續編》，卷九三〇，頁1～2。

之〈泰誓〉，亦即民間所獻之〈泰誓〉。但伏生有意無意，以意說之，如見於大傳者是也。龔氏此書之弊，亦有四端：以晚出之〈泰誓〉爲僞，一也；不信伏生之有〈泰誓〉篇目，不信夏侯、歐陽之增入〈泰誓〉一篇，二也；二知孔壁之〈泰誓〉，與今文書同，三也；不知《史記》爲〈泰誓〉眞古文，大傳爲〈泰誓〉眞今文，因以自生瞀悶，四也。

（2）駁論夏侯無增篇：惠棟曰：「二十九篇，夏侯也。依伏生篇數，增入〈泰誓〉一篇。」其說是也。按《漢・儒林傳》云：「張山拊……事小夏侯建，……授同縣鄭寬中。」自序云：「時上方鄉學，鄭寬中、張禹朝夕入說《尚書》，論言於金華殿中，詔班伯受焉。」據此，則班伯之學出於夏侯無疑。而班伯對成帝云：「《書》曰：『迺用婦人之言。』何用踞肆於朝？」注云：「今文《尚書・泰誓》之詞。」此《夏侯章句》有〈泰誓〉之確證。

（3）駁論歐陽無增篇：惠棟云：「三十一卷者，歐陽也。蓋〈盤庚〉出二篇，加〈泰誓〉一篇，故三十一；一說二十八篇之外，加〈泰誓〉析爲三篇。」按二說不同，當以後說爲是。蓋〈泰誓〉之分三篇，始於漢時，馬、鄭本皆然；而〈盤庚〉三篇，則石經合爲一卷，惟於分卷處虛名而已。然二說雖殊，其謂《歐陽章句》中有〈泰誓〉則一也。又按《漢・儒林傳》：「林尊事歐陽高，受平陵、平當。」是平當傳歐陽之學也。而〈平當傳〉云：「上書曰……《書》云：『正稽古建功立事，可以永年，傳於無窮。』」注云：「今文〈泰誓〉之詞。」此《歐陽章句》有〈泰誓〉之確證。〔註86〕

申叔先生以爲伏生二十九篇本有〈泰誓〉篇目，故合〈康王之誥〉於〈顧命〉，用符二十九篇之目。又以夏侯、歐陽《章句》，皆依伏生篇數，增入〈泰誓〉一篇。夏侯仍爲二十九篇者，蓋以伏生於〈泰誓〉一篇有目無書，而夏侯乃增入實文耳。至於歐陽所以爲三十一卷者，則以析〈泰誓〉而三之，故增出二卷耳。又申叔先生於〈今文尚書無序說〉中，亦主伏生所傳本有〈泰誓〉，特其文不具，惟存篇目而已。茲亦引述如下：

> 今文二十九，兼計〈太誓〉，與序靡涉。〈太誓〉雖後得，然大傳述孔子語，有六誓、五誥明文。又云〈周書〉自〈太誓〉就〈召誥〉

〔註86〕《遺書》，冊三，頁1545，〈駁泰誓答問〉。

而盛於〈洛誥〉。知伏生所傳，本有〈太誓〉，特其文不具，故學官所立，轉據民間後得之本；立學之年，亦較二十八篇爲稍後。是則伏生之書，就全文言則爲二十八，就篇目言，則爲二十九。《史記》稱伏生得二十九篇，又稱安國得古文《尚書》以攷二十九篇，蓋據篇目言也。歐陽、夏侯均有〈太誓〉（非伏書篇目有〈太誓〉，當時博士安肯以民間所得之本，信爲眞經），故今文《尚書》二十九卷，大小夏侯二家同；《歐陽經》別析〈盤庚〉爲三，則爲三十一卷（宋本《漢書》作《歐陽經》三十一卷，明人刊本始訛一爲二。）。然亦計卷則三，計篇則一，均无序篇，與夏侯同。〔註 87〕

綜上所列，知申叔先生以爲《尚書・泰誓》，或合爲一篇，或析爲三篇，今文、古文皆已載入。而《夏侯章句》、《歐陽章句》，皆有〈泰誓〉辭，確證彰彰，不容目之爲僞。惟王先謙、皮錫瑞、陳夢家、屈翼鵬先生等則以伏生二十九篇本無泰誓，而〈顧命〉、〈康王之誥〉，本析爲二，〈泰誓〉後得，乃合〈顧命〉、〈康王之誥〉爲一。〔註 88〕按《史記・周本紀》云：「作〈顧命〉。」又云：「作〈康誥〉（即〈康王之誥〉）。」《漢書・儒林傳》曰：「張霸分析合二十九篇以爲數十。」是以〈顧命〉、〈康王之誥〉本析爲二，說較允當。申叔先生以爲伏生本有二十九篇，夏侯、歐陽章句皆有〈泰誓〉辭，其說是也。至其以伏生二十九篇列有〈泰誓〉篇目，故合〈顧命〉、〈康王之誥〉爲一，用符其數，殆未必然。又按〈泰誓〉本先秦之所固有，後雖亡佚，然伏生尚能默記其片段，故有說著於大傳，而史遷亦據以著之《史記》。其後僞〈泰誓〉之成，蓋亦取此先秦所遺述〈泰誓〉之語，益以杜撰之辭，託諸河內女子以售其欺者。〔註 89〕雖今所見之〈泰誓〉係屬晚出，而唐人又惑於僞孔古文，以之爲僞，然據申叔先生所言：

今文〈太誓〉，博士所傳；雖有訛雜之失，未有矯惑之蔽。以示晚出，前代不嫌；既立學官，何容頓廢。若棄置弗錄，則篇有所闕……。〔註 90〕

---

〔註 87〕《遺書》，冊三，頁 1549 上。

〔註 88〕參見許錟輝氏〈六十年來之尚書學〉，刊載於《六十年來之國學》，冊一，頁 261。

〔註 89〕參見屈翼鵬先生《漢石經尚書殘字集證》，《中研院史語所專刊》之四十九，卷一，頁 37～38。

〔註 90〕《遺書》，冊三，頁 1991 下，〈答方勇書論太誓答問〉。

審乎是，則知今文〈泰誓〉似亦有不可廢者矣。善哉！清儒戴震之言曰：「伏生書無〈大誓〉，而《史記》乃云：『伏生求其書，亡數十篇，獨得二十九篇。』殆因是時已於伏生所傳內，益以〈大誓〉，共為博士之業，不復別識言耳。」〔註 91〕蓋〈泰誓〉雖為伏生書所無，然今文夏侯、歐陽經俱傳之。又孔壁古文，馬、鄭《尚書注》，偽孔傳亦皆載有之。是伏生之外，今、古文皆有〈泰誓〉辭，特非先秦之眞本焉耳。

〔註 91〕《戴東原集》，卷一，頁 4，〈尚書今古文考〉。

# 第伍章　劉申叔先生之詩經學

## 一、引　言

「詩經」一辭，古無之也。古惟稱之曰「詩」。〔註1〕或稱「詩三百」者，言其數目也。蓋詩有三百十一篇，言其成數，曰三百耳。〔註2〕或稱之爲「毛詩」，緣毛公而得名，蓋與魯、齊、韓三家詩同以傳人稱。是在「詩」之上注以傳人，仍爲「詩」而已。詩始稱爲經，當起於戰國晚年。《莊子・天運篇》云：「孔子謂老聃曰：『丘治《詩》、《書》、《禮》、《樂》、《易》、《春秋》六經。』」此「經」字雖非儒家六藝之專稱，然已指其書之性質爲「經」矣。《漢書》作於東漢，《漢志》於《詩》則云：「《詩》，經二十八卷，魯、齊、韓三家。」雖未以「詩經」二字爲書名，然卻已尊之爲經矣。〔註3〕夫以「詩經」二字正式連屬爲書名者，元代有陳櫟之《詩經句解》，吳澂之校定《詩經》，以及朱公遷之《詩經疏義》。其後風氣漸盛，迄明、清則已視「詩經」爲《詩》之通稱矣。

《詩》有六義：曰風、曰雅、曰頌、曰賦、曰比、曰興。風、雅、頌，係就詩之內容或樂式而釋；賦、比、興，則依詩之涵義或作法以立言。賦即

〔註1〕如孔子曰：「《詩》，可以興，可以觀，可以羣，可以怨。」（《論語・陽貨篇》）「不學《詩》，無以言。」（《論語・季氏篇》）「子所雅言，《詩》、《書》、執禮，皆雅言也。」（《論語・述而篇》）。

〔註2〕如孔子曰：「《詩》三百，一言以蔽之，曰：『思無邪』。」（《論語・爲政篇》）「誦詩三百，授之以政，不達；使於四方，不能專對；雖多，亦奚以爲？」（《論語・子路篇》）

〔註3〕見王大安先生《詩經通釋》，頁3～5。

平鋪直敘，敷陳其事者也；比即取物爲譬，相悟理喻者也；興即感物起詠，隱曲相關者也。〔註4〕風以興爲主，而興之中有比與賦之義焉；雅以比爲主，而比之中有興與賦之義焉；頌以賦爲主，而賦之中亦兼比、興之辭也。雅、頌多取之於古，所以知其本；國風則詳於近代，即明其得失之所至也。〔註5〕

詩以言志，有之於中，則形乎外。一人言之，眾人誦之，謂之曰風。就民風之好惡，而知社會之利弊；就社會之利弊，則知政治之得失。民風乃以政風爲轉易也。雅歌於朝，〔註6〕雅者，多爲宴饗朝會公卿大夫之作。所以名之曰雅者，謂中夏之正聲也。燕享之樂歸之小雅；會朝之樂，受釐陳戒之辭，歸之大雅。小雅、大雅即代表政風。就政風之得失，則知國家之治亂。頌歌於廟，頌本爲廟堂祭祀及頌揚之辭。所以名之曰頌者，阮元〈釋頌〉論之頗洽：頌即形容之容，容者形態也。爲歌而兼舞之義。〔註7〕蓋王者功成而後制作禮樂。觀其禮。則知其政；就其樂，則知其德。一代之禮樂即代表一代之世風，政風則以世風爲轉易也。〔註8〕

《漢書・藝文志》云：「古有采詩之官，王者所以觀風俗，知得失，自考正也。」《禮記・王制》云：「命太師陳詩以觀民風。」是王者治世，欲知民意之所在，乃求民間之風謠，取其有關於家國者，播之樂章，其目的乃在促進政治之革新耳。夫《詩經》一書，所包甚廣，舉凡天下之治亂，國家之興亡，社會之利弊，人情之得失，事無不備，義無不盡。《詩經》一書即有周一代之歷史也。詩三百皆仁人君子之所作，言近而旨遠。假之草木鳥獸之名，以窮事物之變；託之男女好惡之情，而致其好賢樂善之忱。《詩》《書》並稱，夫子亟亟以《詩》爲言。蓋以其切於人事，通於物理，而達於世故者也。〔註9〕觀《論語・子路篇》：「子曰：『誦詩三百，授之以政，不達；使於四方，不能專對；雖多，亦奚以爲？』」則知讀詩須求其致用之方。善乎！鄭樵之言詩，可謂知詩矣。其論讀詩之法曰：「善觀詩者，當推詩外之意，如孔子、子思；善論詩者，當達詩中之理，如南容、子路……。『綿蠻黃鳥，

〔註4〕按朱子《詩集傳》云：賦者，敷陳其事而直言之也；比者，以彼物比此物也；興者，先言他物以引起所詠之詞也。

〔註5〕參見張元夫先生《六經述聞・詩經》，〈詩經序言〉。

〔註6〕按王應麟《詩地理考》自序云：「夫詩由人心生也。風土之音曰風，朝廷之音曰雅，郊廟之音曰頌，其生於心一也。」

〔註7〕見王大安先生《詩經通釋》，頁7。

〔註8〕同註5。

〔註9〕同註5。

止于丘隅。』（〈綿蠻〉）不過喻小臣之擇卿大夫有仁者依之，夫子推而至於『為人君止於仁，與國人交止於信。』『鳶飛戾天，魚躍于淵。』（〈旱麓〉）不過喻惡人遠去，而民之喜得其所，子思推之，『上察乎天，下察乎地。』觀詩如此，尙何疑乎？『如切如磋，如琢如磨。』（〈淇澳〉）而子貢能達之於『貧富之間』；『巧笑倩兮，美目盼兮。』（〈碩人〉）而子夏能悟於禮後之說，論《詩》若此，尙何疑乎？南容三復，不過白圭（抑）；子路終身所誦，不過『不忮不求。』學《詩》至此，奚以多為？」〔註 10〕信哉言乎！

《詩經》乃吾國文學之鼻祖，為後世語言辭彙一主要之源，其流風遺韻所及，若詩賦古文駢儷詞曲，莫不因依。故自漢以迄於今，二千餘載，學者莫不致力於斯。申叔先生所著〈兩漢詩學之傳授〉、《毛詩札記》、《毛詩詞例舉要》、〈詩分四家說〉、〈廣釋頌〉、〈邶鄘衛考〉等，或用以考證古代之史實，或用以闡明《詩》學之源流，或旁徵博引以詆前人說《詩》之謬，或綜合排比以求一字一詞之義，其精闢處，輒非昔儒所能幾及者，茲分「論詩之傳授及歷朝詩經學」、「論詩分四家」、「論邶鄘衛」、「論頌」、「論釋毛傳之蘊義」、「論傳例」六目，述之如下：

## 二、論詩之傳授及歷朝詩經學

《詩・商頌・那》序云：「微子至於戴公，其間禮樂廢壞，有正考甫者，得〈商頌〉十二篇於周之太師，以〈那〉為首。」〔註 11〕申叔先生據此，謂：「孔氏必世傳詩學。」〔註 12〕夫如是，則孔子之詩教，要自本之家學。夷考《史記・孔子世家》云：「古者詩三千餘篇，及至孔子，去其重，取可施於禮義，……三百五篇，孔子皆弦歌之。」孔子刪詩與否？姑置不論，顧現存之《詩經》，必為孔門編定之讀本。《論語・子罕篇》：「吾自衛反魯，然後樂正，〈雅〉〈頌〉各得其所。」此出自孔子之言，當最可信。史公所謂：「三百五篇，孔子皆弦歌之。」蓋即「樂正」；編訂次序，為今《詩經》之編排，或即「雅頌各得其所」之謂也。〔註 13〕據此，則《詩經》一書蓋經孔子之整理，且用之以教育弟子者。申叔先生嘗敘其傳授之源流曰：

---

〔註 10〕《通志堂經解》，冊四十，《六經奧論》，卷三，頁 18～19，〈讀詩法〉。

〔註 11〕按此蓋本《國語・魯語》閔馬父之言：「昔正考父校商之名頌十二篇於周太師，以那為首。」

〔註 12〕《遺書》，冊四，頁 2356 上，《經學教科書》。

〔註 13〕參見王大安先生《詩經通釋》，頁 24。

> 《詩經》之學，由孔子授子夏，六傳而至荀卿。荀卿授《詩》浮邱伯，為魯《詩》之祖；復以《詩經》授毛亨，為毛《詩》之祖。〔註 14〕

按：子夏之傳《詩》系統，向有二說，陸璣《毛詩草木鳥獸蟲魚疏》云：「孔子刪《詩》授卜商，商為之序以授魯人曾申，申授魏人李克，克授魯人孟仲子，仲子授根牟子，根牟子授趙人荀卿，荀卿授魯國毛亨，亨作詁訓傳以授趙國毛萇。時人謂亨為大毛公，萇為小毛公。」〔註 15〕又《經典釋文・敘錄》引徐整云：「子夏授高行子，高行子授薛倉子，薛倉子授帛妙子，帛妙子授河間人大毛公，毛公為詩故訓傳於家，以授趙人小毛公，小毛公為河間獻王博士。」〔註 16〕同一毛詩也，而師傳紛無定說。一以為出荀卿，一以為不出荀卿。夷考毛傳於〈周頌・維天之命篇〉引孟仲子云：「大哉天命之無極，而美周之禮也。」於〈魯頌・閟宮篇〉引孟仲子云：「是禖宮也。」《荀子・解蔽篇》引〈周南・卷耳〉，而解之曰：「頃筐，易滿也；卷耳，易得也；然而不可以貳周行。」與毛傳義合。按申叔先生於〈毛詩荀子相通考〉，〔註 17〕列二十有二證，謂：「荀義合于毛《詩》者，十之八九，蓋毛公受業荀卿之門，故能發明師說，與傳聞不同。」毛傳小序之學，既傳自子夏，〔註 18〕則荀子詩學亦出子夏明矣。綜此，似以陸璣之說，較為詳確可從，故申叔先生所云：「子夏六傳而至荀卿」是也。

### （一）論兩漢詩學之傳授

秦火之後，詩所以傳遞不絕著，蓋以有韻，便於口誦，不專在竹帛故也。漢初，說《詩》者，有魯、齊、韓、毛四家。魯、齊、韓三家《詩》，皆今文，而毛公所傳為古文。今文者，以漢代通行之隸書口傳而寫；古文者，出於孔壁，以先秦文字所書，未遭秦火者也。申叔先生參覈《漢書・儒林傳》、〈藝文志〉，《後漢書・儒林傳》及各列傳，並《經典釋文》、《漢學師承記》、陳奐《詩毛氏傳疏》序，以論其傳授淵源如下：

> 西漢之初，《詩》有齊、魯、韓、毛四家。自浮邱伯受業荀卿；而申培、白生、穆生、楚元王，咸並業浮邱伯，號為「魯詩」。復由申培

〔註 14〕《遺書》，冊四，頁 2356 下，《經學教科書》。
〔註 15〕《毛詩草木鳥獸蟲魚疏》，卷下，頁 70。
〔註 16〕《經典釋文》，卷一，頁 19。
〔註 17〕《遺書》，冊一，頁 427 上～429 上，〈羣經大義相通論〉。
〔註 18〕按《漢書・藝文志》云：「毛公之學，自謂子夏所傳。」

> 授江公、許生、孔安國，而韋賢受業江公，傳子元成；王式受業許生，以傳張長安、薛廣德。長安之學，再傳而爲許宴、王扶；廣德之學，一傳而爲龔舍。又劉向（《列女傳》亦多魯詩說）、卓茂、包咸、李峻，咸治魯詩。是爲「魯詩」之學。

又曰：

> 自齊人轅固以《詩》教授，作爲詩傳，號曰「齊詩」。固授夏侯始昌，始昌傳后蒼，蒼傳翼奉、蕭望之、匡衡，師丹、滿昌、匡伯，咸傳匡衡之學。張邯、皮容、馬援，復傳滿昌之學，徒眾尤盛；而景鸞、伏湛、伏恭、陳紀諸人，咸治齊詩。是爲「齊詩」之學。

又曰：

> 自燕人韓嬰作《詩內外傳》數萬言，號爲「韓詩」，賁生及趙子受之。趙傳蔡誼，誼傳食子公、王吉。子公傳栗豐，豐傳張就；吉傳長孫順，順傳髮福。而薛漢、杜撫、張恭祖、侯包，並治韓詩，薛氏兼作韓詩章句。是謂「韓詩」之學。〔註19〕

按：漢置五經博士，詩魯、齊、韓三家，並立學官。《漢書・藝文志》云：「漢興，魯申公爲《詩》訓故，而齊轅固、燕韓生皆爲之傳。或取《春秋》，采雜說，咸非其本義。與不得已，魯最爲近之。」蓋班固不滿於三家，而曰「咸非本義」，則是三家詩皆自爲一家之學可知；「與不得已，魯最爲近之。」不過謂魯詩略較齊、韓二家爲善，而魯詩仍非詩之本義，亦可知也。

至於毛公一家之傳授如何？申叔先生曰：

> 自河間毛亨受《詩》荀卿，以傳毛萇，號爲「毛詩」。萇授貫長卿，四傳而爲謝曼卿。曼卿授衛弘（煌按：應作宏）、賈徽；而鄭眾、賈逵、馬融、鄭玄，咸治毛詩，馬融作傳，鄭玄復爲毛公詩傳作箋，或雜采三家之說。是爲「毛詩」之學。〔註20〕

按：毛詩以不列於學官，在西漢時，其聲勢遠遜於三家。洎乎東漢，由於鄭玄作箋，毛詩之學遂顯著於世。

要而論之，西漢爲今文學時代，毛詩雖出，終不能與三家並行，所謂祿利之路然也。東漢爲古文學時代，三家雖未亡，毛詩卒至大顯，所謂近於詩之本義故也。賈、馬悉爲東漢大儒；當三家未亡之日，而獨表章毛詩，必以

〔註19〕《遺書》，冊四，頁2358下，《經學教科書》。
〔註20〕同註19。

三家之說，乖違爲多，毛詩之說，本義獨得也。鄭箋毛詩，亦采及三家之說；則其未采者，必在可廢之列也。茲列四家詩傳授系統表如下：

1. **魯詩傳授系統**

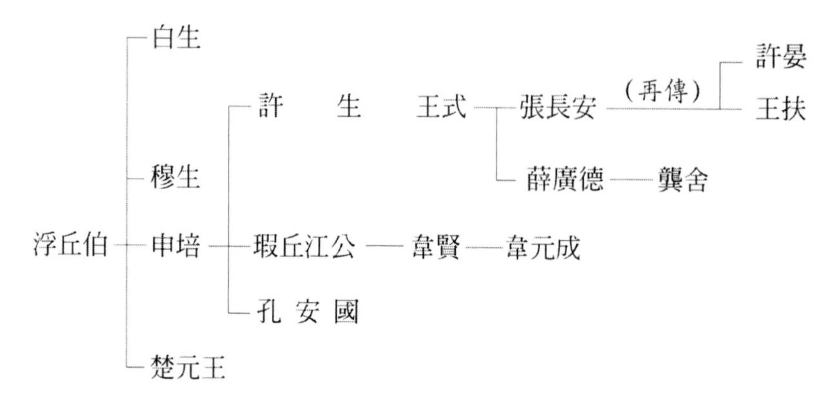


2. **齊詩傳統系統**

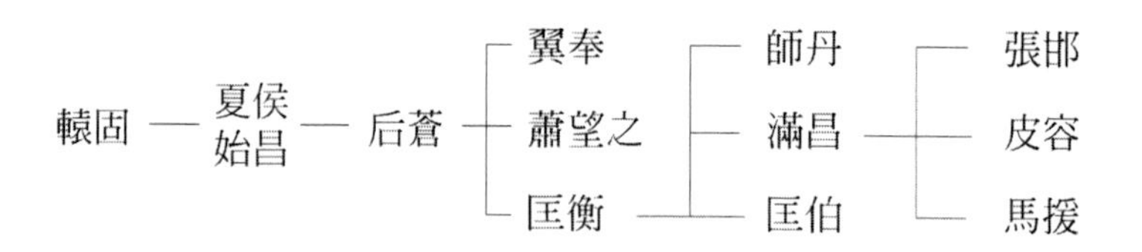


3. **韓詩傳授系統**

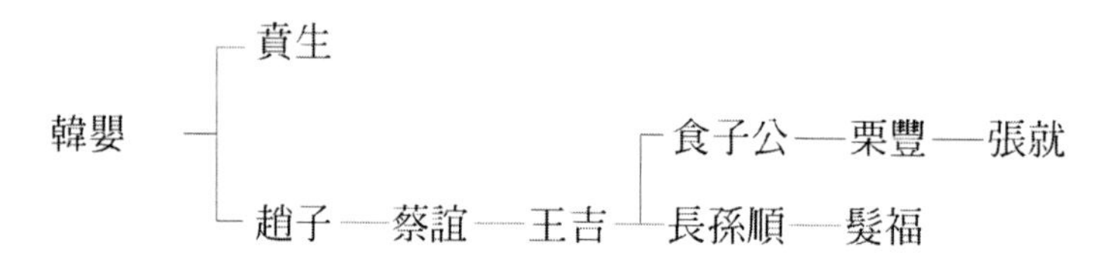


4. **毛詩傳授系統**

毛亨 — 毛萇 — 貫長卿 —（四傳）— 謝曼卿 ┬ 衛宏
└ 賈徽　賈逵

## （二）論三國南北朝隋唐之詩經學

毛詩之學，自鄭玄作箋後，其說大行。惟是鄭氏之箋，與毛亦有出入。孔穎達《正義》引鄭氏〈六藝論〉云：「註詩宗毛爲主，其義若隱略，則更表明；如有不同，即下己意，使可識別也。」〔註 21〕是則鄭氏特因毛傳而表識其旁，如今人之簽記，積而成帙，故謂之箋。緣箋之與傳，義亦時有異同，故魏王肅乃作《毛詩注》、《毛詩義駁》、《毛詩奏事》、《毛詩問難》諸書，以申毛難鄭。試觀申叔先生所言：

> 東漢之末，說《詩》者咸宗毛、鄭。自魏王肅作《詩解》，述毛傳以攻鄭箋；蜀儒李譔作《毛詩傳》，亦與鄭箋立異。惟吳人陸璣作《毛詩艸木鳥獸蟲魚疏》，詳于名物，有考古之功。及晉永嘉之亂，齊詩淪亡，惟韓、魯之說僅在（晉董景道兼治韓詩。）〔註 22〕

按：毛詩以較三家詩近於本義，鄭玄又以初學韓詩，而兼今古文之學爲毛詩作箋。是以毛傳、鄭箋行，而三家微。永嘉之亂，齊詩亡佚；韓、魯之說存，然地分南北，魯詩不過江東，俱尠修習之人。毛詩由魏晉迄隋唐，遂爲獨盛之詩傳。申叔先生曰：

> 當南北朝時，毛傳、鄭箋之學，行于河北。通毛詩者，始于劉獻之。獻之作《毛詩序義》，以授李周仁、程歸則。歸則傳劉軌思；周仁傳李鉉，鉉作《毛詩義疏》。又劉焯、劉炫，咸從軌思受詩，炫作《毛詩述議》。而河北治毛詩者，復有劉芳、沈重（《毛詩義》、《毛詩音》。）、樂遜（《毛詩序論》）、魯世達（《毛詩章句義疏》），大抵兼崇毛、鄭（以上北學）。

又曰：

> 江左亦崇毛詩，晉王基駁王申鄭，孫作《詩評》，評論毛、鄭、王三家得失，多屈鄭祖王；而陳統復難孫申鄭，王、鄭兩家互相掊擊，然咸宗毛傳。若伏曼容（《毛詩義》）、崔靈恩（《毛詩集注》）、何胤（《毛詩總集》、《毛詩隱義》。）、張譏（《毛詩義》）、顧越（《毛詩傍通義》），亦治毛詩，于鄭、王二家，亦間有出入；惟周續之作《詩序義》，最得毛、鄭之旨（以上南學）。

又曰：

> 又唐孔穎達作《詩義疏》，亦崇毛、鄭，引伸兩家之說，不復以己意爲進退，守疏不破注之例，故毛詩古義賴以僅存，而魯、韓遺說不可復攷矣。又唐人治詩者，有成伯璵《毛詩指說》，間以己見說經，以

---

〔註 21〕《詩疏》卷一之一，頁 3。
〔註 22〕《遺書》，冊四，頁 2361 上，《經學教科書》。

詩序爲毛公所續（北朝沈重已有此說），遂開宋儒疑序之先。〔註23〕

按：當南北對峙之時，北朝兼崇毛、鄭；南朝則於鄭、王二家各有宗尚，或斥鄭申王、或斥王申鄭，然咸不背毛傳。至唐貞觀十六年，命孔穎達等因毛傳、鄭箋爲《正義》，乃論歸一定，無復歧途。雖有成伯璵者，間以己意說詩，但不爲時人所重。毛詩至此，可謂臻於極盛。而原在漢代立於學官之三家詩，是時唯一尚存之韓詩，尋亦亡佚矣。

綜而言之，三國南北朝隋唐之詩經學，皆爲推演毛、鄭之義。王肅雖與鄭立異，惟所傳不盛。劉焯、劉炫之書，今雖不存；然其說多爲孔氏《正義》所本，毛、鄭古義，因是而存。孔氏作疏，遂爲定論。故毛、鄭之詩經學，自東漢以還，傳之不絕。

### （三）論宋元明之詩經學

自孔穎達而後，說詩者莫敢疑毛、鄭，雖老師宿儒，亦謹守小序；至宋而新義日增，舊說幾廢。試觀申叔先生所言：

> 宋儒治詩經者，始于歐陽修《毛詩本義》，與鄭立異，不主一家。蘇轍廣其義，作《詩經說》，立說專務新奇。〔註24〕

按：歐公說詩，本出於和氣平心，以意逆志；故不宗序，亦不攻序。雖蘇轍《詩集傳》，以小序反覆繁重，類非一人之辭；疑爲毛公之學，衛宏之所集錄；而不取子夏之說，因僅存其發端一言，而餘文悉刪。然轍於毛公之說；曰：「獨採其可者，見於今傳；其尤不可者，皆明著其失。」〔註25〕是轍之立論，亦務持其平，與歐公之用心無異也。

此外，宋人之說詩者，略分爲三派：一廢小序派，二存小序派，三名物訓詁派。申叔先生曰：

> 南宋之儒，若王質、鄭樵，專攻小序（程大昌兼攻大序）。朱子作《詩集傳》，亦棄序不用；惟雜采毛、鄭，亦間取三家詩，而詩義以淆。陸氏門人，若楊簡（《慈湖詩傳》）、袁燮（《絜齋毛詩經筵講義》），咸治《詩經》，或排斥傳註，惟以義理擅長。……朱子既歿，輔廣（《詩童子問》）、朱鑑（《詩傳遺說》），咸宗集傳。……而王柏復作《詩疑》，並作《二南相配圖》，于召南、鄭、衛之詩，斥爲淫奔，刪削三十餘

---

〔註23〕同註22。

〔註24〕《遺書》，冊四，頁2364下，《經學教科書》。

〔註25〕《欽定四庫全書總目》卷十五，頁14，〈提要〉引。

篇，並移易篇次，與古本殊。

又曰：

若范處義(《詩補傳》)、呂祖謙(《呂氏家塾讀詩記》)、嚴粲(《詩緝》)，則宗小序以說《詩》，長于考證。

又曰：

若夫蔡卞《毛詩名物解》、王應麟《詩地理考》，博採古籍，爲宋代徵實之書。應麟復作《詩考》，于三家詩之遺說採掇成篇（惟未注原文所從出，且遺漏之說甚多，近儒丁晏作《詩考補傳》，而《詩考》之書咸可觀矣。），存古之功，豈可沒乎！〔註26〕

按：自歐陽脩、蘇轍而後，別解漸生；鄭樵、朱子而後，異幟高張，迄於末年，乃古義黜而新學立；是以有元一代之說詩者，無非朱傳之箋疏。因之申叔先生曰：

元代之儒，若許謙（《詩集傳名物抄》）、劉瑾（《詩傳通釋》）、梁益（《詩傳旁通》）、朱公遷（《詩經疏義》）、梁演（《詩演義》），引伸《集傳》，尺步繩趨。〔註27〕

按：元人篤守師傳，有所闡明，皆由心得。明則靖難以後，耆儒宿學，略已喪亡。故胡廣等奉敕撰《詩經大全》，悉本劉瑾之《詩傳通釋》而稍損益之，是亦朱傳之緒餘者也。然明儒詩學，亦有宏究漢義，而不盡宗朱傳者。申叔先生曰：

自明代輯《大全》(胡廣等選)，以私記之書，則雜采漢宋之說，惟何楷《詩經世本古義》，王夫之《詩經稗說》(又有《詩廣傳》，亦多新義。)，詳于名物訓詁，以朱謀㙔《詩故》爲最精，雖間傷穿鑿，然折衷漢詁，與游談無根者不同。〔註28〕

## （四）論清代之詩經學

清代詩經學，在乾嘉以前，因家法未立，或雜采漢、唐之說，或兼及宋、元之言，亦有涉於名物訓詁者。申叔先生曰：

國初說詩之書，如錢澄之（《田間詩學》）、嚴虞惇（《讀詩質疑》）、顧鎮(《虞東學詩》)，咸無家法；而毛奇齡作《毛詩寫官記》、《詩札》，

〔註26〕《遺書》，冊四，頁2363下～2364上，《經學教科書》。
〔註27〕《遺書》，冊四，頁2363下，《經學教科書》。
〔註28〕同註27。

顧棟高作《毛詩類釋》，亦多鑿空之詞。又吳江朱鶴齡作《詩（經）通義》，雜採漢、宋之說，博而不純。陳啓源與鶴齡同里，商榷毛詩，作《毛詩稽古編》，雖未標漢學之幟，然考究制度名物，尚能明晰辨章。〔註29〕

按：上述諸家，雖無足觀，然陳氏《毛詩稽古編》，引據賅博，疏證詳明，一一皆有本之談，實開乾嘉徵實學之先河。自乾嘉以還，研治《詩經》學者，多標漢學之名，而究心文字、聲韻、訓詁、名物之故，試觀申叔先生所言：

及李黼平作《毛詩紬義》，戴震作《毛鄭詩考正》、《詩經補注》，咸宗漢詁。段玉裁受業戴震，復作《毛詩故訓傳》、《詩經小學》，以校訂古經，然擇言短促。惟馬瑞辰《毛詩傳箋通釋》，胡承珙《毛詩後箋》，稍爲精博。至陳奐受業段玉裁，作《毛詩義疏》，舍鄭用毛，克集眾說之大成；並作《毛詩說》、《毛詩音》及《鄭氏箋攷徵》，以考鄭箋之所本（近儒治鄭箋者，有江都梅植之擬作鄭箋疏未成。）。〔註30〕

按：自陳啓源論詩專主毛傳，遂有胡承珙《毛詩後箋》以繼其踵，陳奐詩《毛氏傳疏》以集其成；若更輔以兼申毛、鄭，而又不拘門戶之馬瑞辰《毛詩傳箋通釋》，則研治毛詩之樸學著述，可謂蔚爲豐贍無比之大國矣。

此外，亦有專宗三家之今文學派詩說，與夫獨詳禮制及博物者，申叔先生亦曾敘及：

至若惠周惕作《詩說》，莊存與作《毛詩說》，則別爲一派，舍故訓而究微言（詳于禮制）。及魏源作《詩古微》，斥毛詩而宗三家詩，然擇說至淆。龔自珍亦信魏說，非毛非鄭，並斥序文。又丁晏作《詩攷補注》（專采三家詩之說），陳喬樅作《三家詩遺說》，並作《齊詩翼氏學疏證》，皆以三家爲主；然單詞碎義，弗克成一家之言。若夫包世榮作《毛詩禮徵》，焦循作《毛詩艸木蟲魚鳥獸釋》（姚炳作《詩釋名解》，陳大章作《詩傳名物集覽》，黃中松作《詩疑辨證》，亦與焦同。）亦多資多識博聞之用。〔註31〕

大抵乾嘉以後，諸儒說《詩》於宋、元之外獨標別幟者，在能宏究漢義，

---

〔註29〕《遺書》，冊四，頁2366，《經學教科書》。

〔註30〕同註29。

〔註31〕同註29。

辨明家法。其始也，闡揚毛、鄭古文，以破宋儒臆測之談；其既也，則又旁採今文魯、齊、韓諸家逸文，而欲駕凌晚出毛、鄭古文之上。〔註 32〕派別雖各有不同，要可總稱爲漢學家之詩經學；捨漢學家而外，則無足觀矣。

## 三、論詩分四家

《詩》遭秦火之後，以其爲人所諷誦，不賴竹帛而傳。說《詩》者漢初有魯、齊、韓、毛四家。魯、齊、韓三家詩皆今文，而毛公所傳爲古文。四家詩原皆有序，顧今惟毛詩大、小序俱存，其餘三家詩序，已隨三家之詩亡佚，僅遺一二殘篇斷句，雜見於他書所引，皆係小序。然吾人即此以驗之，則知四家之詩，不過音、字、次第與說之或異耳，其本於古先者，不得而異也。有關四家序說之所以相異者，申叔先生嘗推究其原因曰：

> 《詩》分四家，始於西漢，綜觀序說，誼似互歧。然古人於詩，自作者爲作，諷詠前人之詩亦爲作；故《左傳》召穆公糾合宗族而作詩（煌按：見僖公二十四年傳。），作、義同賡，與「寺人孟子，作爲此詩」之作不同也。自作者爲賦，諷詠前人之詩亦爲賦；故《左傳》記鄭七子賦詩（煌按：見襄公二十七年傳。），賦亦同賡，與「鄭人爲之賦清人」之賦不同也。

又曰：

> 四家詩序，記載互殊。蓋一指作詩之人，以溯其源；一指賡詩之人，以明其用。如〈關雎〉美后妃之德，作于文王時，毛與齊、韓同（齊義見匡衡疏，韓義見外傳。），而魯詩復言畢公作；蓋詩爲文王之時所成，而畢公復誦其辭耳。〈商頌〉爲正考父作，見于毛詩、《國語》，而韓詩復以〈那〉爲美襄公；蓋詩本考父所作，而襄之臣復誦其辭耳。凡四家詩序互殊，均同斯例。〔註 33〕

按：如先生所論，古人於詩，自作者爲作，爲賦；諷詠前人詩亦爲作，爲賦。四家詩序，或溯其源，以指作詩之人；或明其用，以指賡詩之人，是故所載間殊耳。若夫說《詩》所以不同之故，則申叔先生曰：

> 《左傳》云：「賦詩斷章」（煌按：見襄公二十八年傳。），《孟子》言：「說《詩》不以文害辭，不以辭害志。」足證古人說《詩》，恆

---

〔註 32〕參見錢基博《經學通志》，頁 110。
〔註 33〕《遺書》，冊三，頁 1439，《左盦集》。

假古詩寓己意；不必滯本詩之文，亦不必拘墟本詩之旨，故說詩之語各區。〔註 34〕

按：春秋之際，賦詩多係取篇之一章，章之二句，以寓己意，與全篇之主旨無關，故各家說詩之語互異也。

要之，四家詩雖事或不同，作者各異，而義實歸一，是以申叔先生曰：

孔子以詩施教，大抵作詩之人與賡詩之人並舉；惟竹帛所著，僅限經文，致立說易區派別。然合觀四家之序，若韓以常棣爲燕兄弟之詩，〈伐木〉爲文王敬故之詩，〈賓之初筵〉爲衛武悔過之詩，抑爲衛武刺王室以自戒之詩，〈雲漢〉爲宣王遭亂之詩，均與毛合。齊詩說〈伐檀〉，謂刺賢者不遇明王（見張揖文撰注，揖習齊詩。）；魯詩述〈載馳〉，以爲許穆夫人作；亦與毛符。則四家同出一源（蔡邕治魯詩，而獨斷所引周頌序，均同于毛，亦其證也。）。〔註 35〕

如上所列，知四家義固相通，必同出於一源。然則四家分合之迹，可得而說乎？試觀申叔先生所言：

竊疑子夏傳《詩》，所聞最博，所傳之說亦最多；凡作詩之人，賡詩之事，兼收並采。觀〈毛詩大序〉爲子夏所作，而《唐書》亦載《詩》卜商序，則大序爲四家所同，子夏之時，四家之說實同列一書。觀荀卿于毛詩、魯詩爲先師，兼通韓詩之說，則荀卿之世，四家之詩仍未分立，嗣由荀卿弟子所記各偏，各本所記相教授，由是詩誼由合而分，非孔子刪詩時即區四派也。〔註 36〕

有關〈詩序〉之作者，眾說紛紜，迄無定論。夷考孔門弟子，傳六經之學者，厥惟子夏。〈詩序〉雖非子夏自作，其必出自子夏，蓋可斷言也。〔註 37〕按：東漢徐防上書云：「詩書禮樂，定自孔子；發明章句，始於子夏。」〔註 38〕宋洪邁《容齋續筆》云：「孔子弟子，惟子夏於諸經獨有書；雖傳記雜言，未可盡信，然要爲與它人不同矣。」〔註 39〕又清儒汪中《荀卿子通論》云：「荀卿之學，出於孔氏，而尤有功於諸經。《經典敘錄》：『毛詩，徐整云：子夏授高

〔註 34〕同註 33。
〔註 35〕同註 33。
〔註 36〕同註 33。
〔註 37〕見胡樸安《詩經學》頁 20。
〔註 38〕《後漢書》，卷四四。
〔註 39〕《容齋續筆》，卷十四，頁 12。

行子，高行子授薛倉子，薛倉子授帛妙子，帛妙子授河間人大毛公，毛公爲《詩故訓》傳于家，以授趙人小毛公。一云：子夏傳曾申，申傳魏人李克，克傳魯人孟仲子，孟仲子傳根牟子，根牟子傳趙人孫卿子，孫卿子傳魯人大毛公。』由是言之，毛詩，荀卿子之傳也。《漢書．楚元王交傳》：『少時嘗與魯穆生、白生、申公同受《詩》於浮邱伯。伯者，孫卿門人也。』（包邱子即浮丘伯）劉向敘云：『浮邱伯受業爲名儒。』《漢書．儒林傳》：『申公，魯人也，少與楚元王交，俱事齊人浮邱伯受《詩》。』又云：『申公卒以《詩》、《春秋》授，而瑕邱江公盡能傳之。』由是言之，魯詩，荀卿子之傳也。韓詩之存者，外傳而已，其引荀卿子以說詩者四十有四，由是言之，韓詩，荀卿子之別子也。……蓋自七十子之徒既歿，漢諸儒未興，中更戰國暴秦之亂，六藝之傳賴以不絕者，荀卿也。」〔註 40〕是所謂經學云者，在孔門，則子夏；在戰國，則荀卿；皆漢世經師所自出也。故申叔先生之以：「荀卿之世，四家之詩仍未分立，嗣由荀卿弟子所記各偏，各本所記相教授，由是詩誼由合而分」者，蓋亦本此而立說也。

## 四、論邶鄘衛

《詩經》爲我國最古之詩歌總集，分風、雅、頌三部分。雅、頌而外，風則有十五國風，邶、鄘、衛者，即其中三國之詩也。而此三國乃武庚、管叔、蔡叔、霍叔之故土，亦即邶、東、殷三地是也。申叔先生嘗撰〈邶鄘衛考〉以論之曰：

> 《佚周書．大匡解》云：「管叔自殷之監。」〈作雒解〉曰：「武王克殷，及立王子祿父，俾守商祀。建管叔于東，建蔡叔、霍叔于殷，俾監殷臣。」孔注釋「立祿父」句云：「封以鄭，祭成湯。」鄭即鄁字之訛（孫詒讓說）。……則武庚封于邶，管叔建于東，蔡、霍則同建于殷，邶、東與殷，確爲三地。

又曰：

> 〈書序〉云：「武王崩，三監及淮夷畔。」三監者，地即邶、東、殷，人即武庚、管叔、蔡、霍也。《書．金縢篇》云：「武王既喪，管叔及其羣弟乃流言于國。」羣弟即蔡、霍。《左傳》定四年云：「管、

〔註 40〕《皇清經解》，冊十二，卷八百，頁 17～18，〈述學〉。

蔡啓商，惎間王室。」商即庚，管、蔡及商，亦三監也。《佚周書・作雒解》云：「三叔及殷、東，徐、奄及熊盈以略。」三叔及（煌按：「及」似爲「即」之誤。）管、蔡、霍。殷即蔡、霍所屬之地，東即管、蔡所尹之地；三叔指人言，殷、東指地言。〔註41〕

按：三監實乃管、蔡、霍三叔。《史記》及諸家所載，不言霍叔者，蓋舉蔡以該霍也。申叔先生曰：

（1）《史記・周本紀》云：「封商紂子祿父殷之餘民，武王謂殷初定未集，乃使其弟管叔鮮、蔡叔度，相祿父治殷。」又云：「封弟叔鮮于管，弟叔度于蔡。」〈魯世家〉云：「封紂子武庚祿父，使管叔、蔡叔傅之，以續殷祀。」〈管蔡世家〉云：「管叔鮮、蔡叔度者，周文王子，而武王弟也。」又云：「於是封叔鮮于管，封叔度于蔡，二人相紂子武庚祿父治殷遺民。」又云：「封叔處于霍。」〈宋世家〉云：「武王封紂子武庚祿父以續殷祀，使管叔、蔡叔傅相之。」案：據《史記》觀之，則管、蔡雖各有所封土，然均舍封土以治殷墟，傅相武庚，即監殷民也。《史記》不析分邶、東、殷者，蓋三地均殷畿故土，故武庚、管、蔡所治，雖有邶、東、殷之殊，亦可同謂之殷，猶韓、趙、魏可同稱爲晉也。不言霍叔者，以蔡、霍同治，舉蔡以該霍也。

（2）《漢書・地理志》云：「河内（本）殷之舊都，周既滅殷，分其畿内爲三國，詩（風）邶、鄘、衛（國）是（也）。邶以封紂子武庚；鄘，管叔尹之；衛，蔡叔尹之；以監殷民，謂之三監。」是邶爲武庚所封。鄘爲管叔所尹，即《佚周書》之東；衛爲蔡叔所尹，即《佚周書》之殷；不言霍叔者，亦舉蔡以該霍也。

（3）《史記・周本紀》云：「管叔、蔡叔羣弟疑周公，與武庚作亂畔周。」〈魯世家〉云：「管、蔡、武庚等，果率淮夷而反。」〈管蔡世家〉云：「管叔、蔡叔疑周公爲之不利于成王，乃挾武庚以作亂。」〈衛世家〉云：「管叔、蔡叔疑周公，乃與武夷祿父作亂。」（〈宋世家〉略同）均管、蔡、武庚並言，此即東、殷及武庚所封之邶並畔也。不言霍叔者，亦舉蔡以該霍也。

〔註41〕《遺書》，册三，頁1556上，《左盦外集》。

(4)《佚周書・作雒解》云:「二年又作師旅，臨衛攻殷，殷大震潰，降辟三叔，王子祿父北奔，管叔經而卒，及因蔡叔于郭淩。」《左傳》定四年云:「主于是乎殺管叔，而蔡蔡叔。」《史記・周本紀》云:「周公奉成王命，誅武庚、管叔，放蔡叔。」又云:「管、蔡畔周，周公討之，三年而畢定。」〈魯世家〉云:「周公乃奉成王命，興師東伐，作大誥，遂誅武庚，殺管叔，放蔡叔。」〈管蔡世家〉、〈宋世家〉、〈衛世家〉略同。此均記三監覆亡之事，即東、殷、邶三國並亡之證也。《史記》諸書均不言霍叔，惟《周書》既言辟三叔，則霍叔亦為誅罰所加。〔註42〕

又周公之伐武庚、三叔也，古籍或謂之居東；蓋東乃管叔受封之地，故《書・金縢》即居東該征三監。試觀申叔先生所言，即可知矣。先生曰：

《書・金縢》言:「周公居東二年，則罪人斯得。」東即建管叔于東之東，居東即伐管叔，蓋管叔為倡亂之魁，周公平亂，亦以伐管叔之役最為著，故以伐管該平定三監。《史記》:「周公討之，三年而畢定。」即釋《書》「居東二年，罪人斯得」之文也(三、二，傳聞之異。)。《列子・楊朱篇》曰:「居東三年，誅兄放弟。」此居東即征管、蔡之確徵。《詩・豳風》:「我徂東山」，即指管叔所尹之東言。又〈書序〉云:「唐叔得禾異畝同穎，獻諸天子，王命唐叔歸周公于東。」《史記・周本紀》作「歸周公于兵所」，蓋斯時三監甫平，周公未歸，仍居管叔所尹之疆，故〈書序〉作「東」，《史記》作「兵所」，此又東即管叔封地之確徵也。又《墨子・耕柱篇》云:「周公非關叔，辭三公，東處于商、蓋(蓋即奄)。」則以征商、奄該征三監，與〈金縢〉以居東該征三監者，文異例同。〔註43〕

逮周公敉平武庚及三監之亂，遂以其地鄘封中旄父；衛封康叔，並兼領邶之故地。申叔先生曰：

《佚周書・作雒解》又云:「俾康叔宇于殷，俾中旄父宇于東。」孔注云:「康叔代霍叔，中旄代管叔。」其說甚確。惟霍上捝蔡叔二字，孫氏詒讓《斠補》以中旄父為康叔之子，即《左傳》之王孫耳。其說確不可易。惟《史記・周本紀》、〈魯世家〉、〈衛世家〉、〈管蔡世

〔註42〕《遺書》，冊三，頁1555下～1556下，《左盦外集》。
〔註43〕《遺書》，冊三，頁1556下～1557上，《左盦外集》。

家〉，均言康叔封于衛，而此獨言宇于殷。證以《班志》蔡叔尹衛之說，則殷與衛同，東、殷並言，東爲管叔所尹。證以《漢志》，東與鄘同，蓋武庚未畔之前，管叔治東，蔡、霍治殷，武庚別封于邶；既畔之後，中旄父宇東，康叔宇殷，邶蓋並入康叔所封。東即《詩》之鄘，殷即《詩》之衛也。東即秦置東郡之所，因地有故鄘城，故改東爲鄘；殷、韋古代通用，《史記》言康叔居河、淇間故商墟，故仍名爲殷，別書作衛。〔註 44〕

至於邶、鄘、衛之疆域範圍，則申叔先生以爲鄭玄《詩譜》所云：「自紂城而北謂之邶，南謂之鄘，東謂之衛。」當近是。〔註 45〕按邶，《漢書・地理志下》、《國語・魯語下》韋氏解或作鄁，其地在朝歌之北，本殷畿內地，蓋以水而得名者。〔註 46〕領域所及，當不出今河南東北及河北之中部與西部。〔註 47〕或云今河南湯陰縣東南三十里，猶有邶城鎮，即其地也。〔註 48〕又安陽縣東三十里，汲縣東北，並有邶城，滑縣之白馬城有鄁水。〈邶風・凱風〉所謂：「爰有塞泉，在浚之下。」即在滑縣東七里（今河北濮陽縣），則此等處均當爲邶國故地，是邶當在紂城（今河南淇縣）之東北，亦即殷都（今河南安陽）之東南矣。〔註 49〕鄘一作庸，或作用，亦殷畿內地，其地在朝歌南，蓋以出宜蘇山之滽水而得名。〔註 50〕鄘之封域當不出今河南新鄉、汲縣東北及山東之西南一帶。〔註 51〕至於衛，古或作鄣，又作韋。〔註 52〕初國於殷之舊都朝歌，其地即今之河南淇縣東北，〔註 53〕其後衛滅於狄，齊桓公率諸侯救之，更封衛於河南楚丘（今河南滑

〔註 44〕《遺書》，冊三，頁 1557 上，《左盦外集》。

〔註 45〕《遺書》，冊三，頁 1557 上，《左盦外集》。

〔註 46〕《說文》邑部邶：「故商邑，自河內朝歌以北是也。」又王應麟《詩地理考》，卷一，頁 17，引《詩補傳》云：「邶，古作鄁，邶、鄘、衛皆以水得名。邶水在太山之阜。」又尹繼美《詩地理考略》，卷一，頁 6，引《路史》曰：「白馬縣有邶水。白馬今滑縣也。」

〔註 47〕見屈翼鵬先生《詩經選註》，頁 21。

〔註 48〕見尹繼美《詩地理考略》，卷一，頁 7。

〔註 49〕參見任遵時先生《詩經地理考》，頁 100～101。

〔註 50〕王應麟《詩地理考》，卷一，頁 17，引《詩補傳》云「鄘以水得名，鏞水出宜蘇山。」又：《路史・國名紀》，丁，鄘：「楚丘城是，今衛之汲東北十三里，有故鄘城，有滽水。」

〔註 51〕見尹繼美《詩地理考略》，卷一，頁 8。又任遵時先生《詩經地理考》，頁 101。

〔註 52〕見陳槃先生《春秋大事表譔異》，冊一，頁 29。

〔註 53〕按《皇清經解》，卷一三七二，頁 22《經義叢鈔》。顧棟高《春秋大事表》，河

縣東六十里），〔註54〕時齊桓公二十七年事也。僖公三十一年，衛又徙帝丘（今河北濮陽縣西南三十里）。〔註55〕後滅於秦，時秦二世元年也。衛之疆域約有今河北南端，河南北端及山東西端之一部，地多畸零，與宋、魯、晉、齊諸國相錯。〔註56〕衛地居中原之北部，齊居其東，宋、曹居其南，鄭、晉居其西，實爲交通之要衝。〔註57〕衛初封時，西有殷墟，東至泰山附近，疆域本甚大，入春秋後先滅於狄，後屢爲齊、晉等國所逼，〔註58〕疆域日狹，卒至僅有濮陽之地，蓋亦所處之境使然也。〔註59〕又據《漢書・地理志》，則知武庚及管、蔡之亂既平，周公「盡以其地封弟康叔，號曰孟侯，以夾輔周室；遷邶、庸之民于雒邑。」〔註60〕故邶、鄘、衛三國之詩，所言皆衛事。如《漢書・地理志》所謂：「三國之詩相與同風」者是也。〔註61〕

## 五、論　頌

《詩・大序》云：「頌者，美盛德之形容，以其成功告于神明者也。」鄭玄《詩譜》云：「頌之言容，……所以顯神明，昭至德也。」〔註62〕劉勰《文心雕龍》云：「頌者，容也，所以美盛德而述形容也。昔帝嚳之世，咸墨爲頌，以歌九韶。自商以下，文理允備。夫化偃一國謂之風，風正四方謂之雅，容告神明謂之頌。風雅序人，事兼變正；頌主告神，義必純美。魯國以公旦次編，商人以前王追錄，斯乃宗廟之正歌，非讌饗之常詠也。」〔註63〕均說明三頌爲宗廟祭祀時之「贊美詩」，所以述祖德之光輝，啓後人之景仰也。申叔先生則謂頌詩兼備樂舞與祀神之用，其言曰：

南衛輝府下云：「今淇縣爲衛朝歌。」

〔註54〕見杜佑《通典》，卷一七八，〈州郡八〉，衛州。

〔註55〕見程旨雲先生《春秋地名圖考》，頁4。

〔註56〕見童書業《春秋史》，頁120。

〔註57〕見張曉峯先生《中華五千年史》，冊三，頁37。

〔註58〕見童書業《中國疆域沿革略》，頁20。

〔註59〕參見任遵時先生《詩經地理考》，頁103～104。

〔註60〕《漢書》卷二八下，〈地理志第八〉下。

〔註61〕按《漢書・地理志》下曰：「邶，《詩》曰：『在浚之下』，庸，曰：『在浚之郊』；邶，又曰：「亦流于淇」、「河水洋洋」，庸，曰：『送我淇上』、『在彼中河』衛，曰：『瞻彼淇奧』、『河水洋洋』。故吳公子札聘魯觀周樂，聞邶、庸、衛之歌，曰：『美哉淵乎！吾聞康叔之德如是，是其衛風乎？』」

〔註62〕《詩疏》卷十九之一，頁2～7。

〔註63〕《文心雕龍》卷二，〈頌讚第九〉。

> 周代以樂舞祀鬼神，具見〈周官・大司樂〉，即鐘師所掌九夏，舍王夏、納夏、章夏、頌（按「頌」似爲「祴」之誤）夏、驁夏外，均用於助祭之辰，夏頌均爲樂舞，《詩・大序》云：「頌者，美盛之形容，以其成功告於神明者也。」由此語觀之，則頌詩可備樂舞之用；由下語觀之，則頌詩兼備祀神之用。〔註64〕

按：鄭玄云：「以〈文王〉、〈鹿鳴〉言之，則〈九夏〉皆詩篇名，頌之族類也。此歌之大者，載在樂章，樂崩亦從而亡，是以頌不能具。」〔註65〕又清儒阮元云：「所謂『頌』者，……與『夏』字義同；周曰頌，古曰夏而已。」〔註66〕夏既爲樂舞，故頌亦如之。

又三頌所載之詩，莫不與祭禮相關。申叔先生曰：

> 蓋上古之時，最崇祀典，尊祖敬宗，必溯往跡，觀〈周頌〉三十一篇所載之詩，上自郊社明堂，下至籍田祈穀，旁及岳瀆星辰之祀，悉與祭禮相關，〈魯頌〉、〈商頌〉莫不皆然。則頌爲祭禮樂章，兼爲歌舞相兼之樂，故〈周頌〉之詩專主形容，「維清」者，象舞也；「酌」、「桓」、「賚」、「般」者，大武之舞也。〈象〉、〈武〉二詩均陳武王伐紂之功，蓋詩之有頌，所以形容古人之往跡而記之者也。頌列爲舞，所本歌詩所言之事而演之者也。〔註67〕

按：象武又名大武，亦即〈武〉也。其詩或吹或舞，以象武功。《禮記・明堂位》：「升歌清廟，下管象。」注：「象，謂〈周頌・武〉也。」《墨子》曰：「武王……因先王之樂，又自作樂，命曰象。」〔註68〕《禮記》諸篇所云：「下管象」，「下管象武」者，皆是此詩也。〈明堂位〉云：「升歌清廟，下管象，朱干玉戚，冕而舞大武。」因或以「管象」及「舞大武」各自有別。惟管爲吹，武爲舞，或吹或舞，皆此一詩也。〈仲尼燕居〉：「下管象武。」阮元云：「象武、武舞，用干戚也。」〔註69〕而申叔先生謂〈象〉、〈武〉爲二詩者，以象武是一詞耳。象，詩序以爲「維清，奏象舞也。」後世頗多疑之。蓋武功當在武王，如頌文王亦以武，頌武王亦以武，固不類也。維清既爲文

---

〔註64〕《遺書》，冊三，頁1439，《左盦集》。
〔註65〕《周禮疏》，卷二四，頁2。
〔註66〕《揅經室一集》，卷一，頁20。
〔註67〕同註64。
〔註68〕《墨子》卷一，頁14，〈三辯第七〉。
〔註69〕《揅經室一集》，卷一，頁19。

王之樂，武既爲武王之樂，則象武事者歸武，似爲近理。〔註 70〕又頌之訓爲容，其詩爲舞詩，清儒阮元之說也。阮氏云：「『頌』字即『容』字也。故說文：『頌，皃也。』……『容』、『養』、『羕』，一聲之轉；……今世俗所傳之『樣』字，……從『頌』、『容』、『羕』轉變而來。……所謂〈商頌〉、〈周頌〉、〈魯頌〉者，若曰『商之樣子』『周之樣子』、『魯之樣子』而已，無深義也。何以三頌有樣，而風雅無樣也？風雅但弦歌笙間，賓主及歌者，皆不必因此而爲舞容；惟三頌各章皆是舞容，故稱爲『頌』，若元以後戲曲，歌者舞者與樂器全動作也。」〔註 71〕雖王國維先生疑三頌各章不皆是舞容，而獨揭頌聲之說，以其聲較風雅爲緩，〔註 72〕意在駁阮氏之〈釋頌〉義，然傅斯年先生已斥其非是。傅氏云：「阮君〈釋頌〉不特『本義至確』（王君語），即他謂三頌各章皆是舞容，亦甚是。王君之四證中，三證皆懸想，無事實；一證引燕禮記大射儀，也不是證據，只是憑着推論去，拿他所謂文之繁證其聲緩。」〔註 73〕由是知申叔先生所持阮氏之說，至不可易，惟阮氏仍未晰三頌均多祀神之作，故申叔先生申之曰：

> 頌即形容之容，近儒阮雲臺作〈釋頌〉，謂頌與㨾同。其說至確。惟頌訓爲容，由於頌備樂舞，古以舞樂降神，故三頌均多祀神之作，此則阮氏所未晰也。又《佚周書・世俘解》云：「武王克殷謁祀，籥人奏崇禹，生開三終，此亦樂舞形古事者然。奏者必以籥人，且奏于克殷謁祀之日，亦頌以成功告神明之旁證也。」〔註 74〕

## 六、詮釋毛傳之蘊義

《詩》有毛傳，經旨斯張；復得鄭箋，大義益明。鄭玄〈六藝論〉云：「註詩宗毛爲主，其義若隱略，則更表明。」〔註 75〕「表明」云者，使其深者必達，晦者易曉也。唯鄭箋雖以毛傳爲主，然其說或與古今文家不同，或取三家以申毛、正毛，不存門戶之見，一以是非爲準，寸有所長，皆所不廢，蓋不徒爲毛傳之功臣，抑亦爲三家之益友。此鄭箋所以共毛傳而並存也。孔疏

〔註 70〕見姚際恆《詩經通論》，頁 325～326。
〔註 71〕《揅經室一集》，卷一，頁 18～19，〈釋頌〉。
〔註 72〕見《王觀堂先生全集》，冊一，頁 93，〈說周頌〉。
〔註 73〕《傅孟眞先生集》，冊二，中編乙，《詩經講義稿》，頁 19。
〔註 74〕同註 64。
〔註 75〕同註 21。

專崇毛、鄭，守疏不破注之例，不以己意爲進退，又雜取魏晉南朝諸家之說，以羽翼毛、鄭；采摭既博，析義亦精，諸家瑣瑣，莫之能及；其所以附毛傳、鄭箋而傳，固不僅由於一代功令之所繫，抑亦其書有必傳之價值在也。〔註 76〕清儒治詩者甚眾，其能宏究漢義，辨明家法，闡揚毛、鄭，旁及三家，以破宋儒臆測之談者，莫過於陳奐之《詩毛氏傳疏》。觀其所謂：「毛詩多記古文，倍詳前典，或引申，或假借，或互訓，或通釋，或文生上下而無害，或辭用順逆而不違，要明乎世次得失之迹，而吟詠情性，有以合乎詩人之本志。故讀詩不讀序，無本之教也；讀詩與序，而不讀傳，失守之學也。文簡而義贍，語正而道精，洵乎爲小學之津梁、羣書之鈐鍵也。」〔註 77〕則知陳氏治詩之方法矣。申叔先生治詩亦宗毛氏，故所撰《毛詩札記》凡六十三條，即博采諸家注疏，糾其謬誤，而發其新解。說詩者，殆不可不讀是書也。茲就其詮釋毛詩字義六十三條，約之爲九類，犆舉其例如下：〔註 78〕

1. 有疏引王肅說而立訓似曲者

〈大雅・皇矣篇〉：「帝遷明德，串夷載路。」毛傳云：「徙就文王之德。串，習；夷，常；路，大也。」據傳說，則串夷載路，猶云習常則大。〈生民篇〉：「厥聲載路。」傳亦訓路爲大，與此傳同，猶云其音則大也。乃疏引王肅說謂：「天於周家善於治國，徙就文王明德，以其由世習於常道，故得居是大位也。」雖與毛旨弗背，然以居是大位爲釋，立訓似曲；陳啓源《稽古編》斥爲文義未安，其說是也。

2. 有疏申傳而非傳旨，或因之益晦者

〈大雅・皇矣篇〉：「以對于天下。」毛傳云：「對，遂也。」案訓對爲遂，說本《爾雅》，實則以遂訓對，猶之以進訓對也。知者，《易・大壯》：「不能退，不能遂。」《集解》引虞注云：「遂，進也。」是遂、進義同，以對于天下猶云以進及于天下也。故此文「對」字與〈大明篇〉：「使不挾四方」之「挾」、〈思齊篇〉：「以御于家邦」之「御」，三誼略符。〈大明〉傳詁挾爲達，其意易明，〈思齊〉傳詁御

〔註 76〕按宋黃震〈讀詩一得〉自序云：「毛詩注釋簡古；鄭氏雖以禮說詩，於人情或不通，及多改字之弊，然亦多有足以裨毛詩之未及者；至孔氏疏義出，而二家之說遂明。」今毛傳、鄭箋、孔正義並收入《十三經注疏》中，通稱爲毛詩注疏，爲研治《詩經》學者所必讀之要籍。

〔註 77〕《詩毛氏傳統・敘錄》，頁 1。

〔註 78〕按以下所列，均摘自《遺書》冊一，頁 53～61，《毛詩札記》。

爲迎，明御爲訝之叚字，故就本意立訓，實則御、迎均有進意，亦謂進而及于邦家。彼疏引王肅說，以爲迎治天下之國家；此疏申傳，又謂整旅所以遂天下之心，均非傳旨。更即本經對字，考之〈蕩篇〉：「而秉義類，彊禦多懟，流言以對。」傳文訓對爲遂，謂彊禦多懟之人作爲流言以進身也。〈江漢篇〉：「虎拜稽首，對揚王休。」傳亦訓對爲遂，謂進揚王之德美也。〈柔柔篇〉：「聽言則對，誦言如醉。」毛傳無說，蓋亦對、進義同，謂聽其虛言即進其身而不識其所言之實也。又〈小雅・雨無正篇〉：「聽言則答，譖言則退。」傳云：「以言進退人。」尋繹傳意，蓋以答、對同聲，經文叚答爲對，與退對文，因直以進詁答，觀于答直詁進，益知傳文詁對爲遂，均與進同，及蕩疏以遂爲遂成惡事，〈江漢〉疏又云：「因事之辭。」說既互違，義均迂曲，而傳訓因之益晦矣。

3. 有箋與傳異義，而疏誤以鄭意爲毛誼者

〈大雅・生民篇〉：「載謀載惟。」毛傳云：「嘗之日，涖卜來歲之芟；獮之日，涖卜來歲之戒；社之日，涖卜來歲之稼；所以興來而繼往也。穀熟而謀，陳祭而卜矣。」尋傳意，以穀熟而謀釋載謀，即以陳祭而卜釋載惟。必云陳祭者，以此篇惟字，義即詁陳，《國語・魯語》：「師尹惟旅。」韋注云：「惟，陳也。」是其證。傳知經文云陳，即係陳祭，證以《周禮》即係因祭而卜、故備引〈小宗伯〉之文以證其制，鄭箋詁惟爲思，本與傳異，疏申傳意，以爲思念祭事，殆誤以鄭誼爲毛誼矣。

4. 有箋與傳異義，而疏以箋意混傳，因之致誤者

〈魯頌・閟宮篇〉：「三壽作朋。」毛傳云：「壽，考也。」毛義泛指老壽言，鄭箋以三壽爲三卿，自係別說；疏申毛義，謂「國之三壽考之卿，與作朋友。」疑非。

5. 有箋誤，而疏據義申傳，因以致誤者

〈周頌・般篇〉：「允猶翕河。」毛傳云：「翕，合也。」案：〈小雅・采芑篇〉、〈斯干篇〉、〈小旻篇〉、〈大雅・抑篇〉、〈板篇〉，各傳並訓猶爲道；本頌訪落傳同。其有傳文無訓者，如〈小雅・采芑篇〉：「克壯其猶。」〈魯頌・泮水篇〉：「式固介猶。」疏申毛義，亦云：訓道。此篇傳雖無說，疑亦以道詁猶，「允猶翕河」，謂信乎周道之大，與

河合德也。是即德洽于河之義。鄭箋以圖為山川之圖；然本經猶訓為圖，乃圖謀之圖，不謂圖書之圖也。疏據箋義申傳，疑非。

6. 有毛傳訓頗允洽，而陳奐傳疏反致誤者

〈周頌·絲衣篇〉:「胡考之休。」毛傳云:「考，成也。」案此與〈載芟篇〉:「胡考之寧」文同。彼傳胡為壽，訓考為成，知此篇胡考亦與壽考義同，近陳奐傳疏以胡考之休為胡不成休，誤甚。

7. 有毛傳無說，而陳奐傳疏誤以他說為毛義者

〈大雅·江漢篇〉:「明明天子，令聞不已。」毛傳無說，據〈大明篇〉:「明明在下。」傳云:「明明，察也。」又〈常武篇〉:「赫赫明明，王命卿士。」傳云:「明明然察也。」知此篇明明傳意亦謂明察，王引之《經義述聞》以亹亹、勉勉、明明、一聲之轉，明明天子令聞不已，猶言「亹亹文王，令聞不已。」說雖巧合，究為傳意所無，乃陳奐傳疏據為毛義，非也。

8. 有箋得傳義，而陳奐傳疏致誤者

〈召南·采蘩篇〉:「夙夜在公。」毛傳云:「夙，早也。」據毛說，夙夜猶云早暮，二字對文，乃平列之詞。〈小星篇〉:「夙夜在公。」鄭箋云:「或早或夜，在於君所。」蓋得傳義。疏引或說，以為早謂夜初，又駁之云:「知不然者，以其詩言夙夜，皆記昏為夜，晨初為早，未有以初昏為夙者。」其說甚確。乃陳奐《傳疏》小變或說，以〈采蘩〉、〈行露〉、〈小星〉、〈雞鳴〉、〈陟岵〉、〈雨無正〉、〈烝民〉、〈韓奕〉、〈昊天有成命〉、〈我將〉、〈振鷺〉、〈閔予小子〉、〈有駜〉諸言「夙夜」皆連讀得義，古曰夙夜，今曰早夜，夜未旦，謂之早夜，與夙興夜寐平列者不同，說與詩恉弗合，尋〈雨無正篇〉:「莫肯夙夜」與「莫肯朝夕」並文，明夙夜二文同于朝夕，若〈周語〉叔向說昊天有成命，訓夙夜為恭，以〈商頌·那篇〉:「溫恭朝夕。」證之，其義自見，奚得以夜未旦為解乎？

9. 有諸家俱無釋，而申叔先生創為新說者：

〈邶風·北風篇〉:「莫赤匪狐，莫墨匪烏。」毛傳云:「狐赤烏黑，莫能別也。」審繹傳意，蓋匪與彼同，謂莫赤彼狐，莫黑彼烏也。不別狐之為赤，故曰莫赤彼狐；不別烏之為黑，故曰莫黑匪烏。傳云:「莫能別。」正釋經文「莫」字。知匪與彼同誼者，〈小雅·桑

扈篇〉:「彼交匪敖。」《左氏傳》引作「匪交匪敖。」是匪彼文同，彼文叚彼爲匪，猶此文叚匪爲彼也。

## 七、論傳例

《詩經》之作，距今久遠，文字音義；以時變易，非通小學，不可讀解；毛傳去古未遠，其於名物訓詁，甚得詩人之意，研習《詩經》者，蓋不可或廢，夷考後世言傳例者，《正義》已稍及之而未備。清陳啓源《毛詩稽古編》、胡承珙《毛詩後箋》、馬瑞辰《毛詩傳箋通釋》，與夫王引之、俞樾諸儒之著作，亦間有述及。陳奐《傳疏》始具規模，然猶有缺遺。而申叔先生所撰《毛詩詞例舉要》，雖僅發其例，偏於經義之闡發，然今人陳應棠先生《毛詩訓詁新銓》、趙逸文氏《詩毛氏傳訓詁例證》，以及吾友施炳華君所著《毛傳釋例》，蓋多沿申叔先生成說，特加詳之耳。茲就申叔先生所釐分之三十一例，〔註 79〕列舉如次：〔註 80〕

1. 連類並稱例

〈小雅・信南山篇〉:「南東其畝。」毛傳云:「或南或東。」傳云此者，欲見天下有東向之畝，亦有南向之畝，與〈斯干篇〉:「西南其户」不同。彼篇傳云:「西鄉户，南鄉户。」明西、南皆有户，非謂或西或南也。

2. 舉類爲釋例

傳于經文鳥獸草木之名，必據《爾雅》爲釋，此正例也。亦有僅舉大名爲釋者，如〈召南・草蟲篇〉:「言采其薇」之「薇」,〈魏風・汾沮洳篇〉:「言采其莫」之「莫」;〈唐風・采苓篇〉:「采葑采菲」之葑;〈小雅・采芑篇〉:「薄言采芑」之「芑」,〈大雅・綿篇〉:「堇荼如飴」之「堇」;傳均詁菜，或云菜名。

其有舉類爲釋者，如〈周南・卷耳篇〉:「不盈頃筐。」傳云:「頃筐，畚屬。」〈檜風・匪風篇〉:「溉之釜鬵。」傳云:「鬵，釜屬。」〈小雅・鹿鳴篇〉:「承筐是將。」傳云:「筐，篚屬。」是也。

3. 增字爲釋例

〔註 79〕按申叔先生此著，係隨得隨錄者，經其弟子彭作禎氏之補輯，始克完成，詳情見《遺書》冊一，頁 489,〈毛詩詞例舉要跋〉。

〔註 80〕按以下所列，均摘自《遺書》冊一，頁 449～481。

〈邶風・靜女篇〉:「靜女其姝。」傳云:「靜,貞靜也。」靜與貞各爲一義,傳以此文言靜,義兼貞言,故並言貞靜。

按:此本字兼賅他義者也。

〈小雅・六月篇〉:「此物四驪。」傳云:「物,毛物也。」明物爲毛物之物。

按:此增字以確定其義也。

〈鄘風・君子偕老篇〉:「揚且之晳也。」傳云:「晳,白晳。」白晳義同,因以白晳釋晳。

按:此以同義聯詞釋單字,使義更明晰者也。

〈小雅・采薇篇〉:「薇亦剛止。」傳云:「少而剛也。」

按:此增字以足經義,乃援經爲釋,不涉字義者也。

4. 傳備兩解例

傳于經訓偶備兩解者,均以前說爲正,如〈小雅・天保篇〉:「俾爾單厚。」傳云:「俾,使;單,信也。或曰:單,厚也。」信爲正解,厚則博異說也。

5. 舉此見彼例

〈周南・漢廣篇〉二章:「翹翹錯薪,言刈其楚。」傳云:「翹翹,薪貌;錯,雜也。」三章:「翹翹錯薪,言刈其蔞。」傳云:「蔞,草中之翹翹然。」陳奐疏云:「傳言『蔞,草中之翹翹。』則楚亦木中之翹翹。互詞見意。」其說是也。

按:舉此見彼,亦可曰互言、互文。蓋即訓釋於此,而彼無釋者,義可互見也。

6. 因此及彼例

〈召南・小星篇〉:「肅肅宵征,夙夜在公。」毛傳云:「宵,夜。」經詠宵征,復言夙夜在公者,因夜以及夙也。

7. 似偶實奇例

〈大雅・思齊篇〉:「不顯亦臨,無射亦保。」傳云:「以顯臨之,保安無厭也。」據傳說,「不顯亦臨」,不、亦,均語詞,謂上以顯道臨民也;「無射亦保」,乃經倒文,謂民安其上,無相厭之心也。二文似偶實奇。箋云:「有賢才之質而不明者,亦得觀于禮,;于六藝無射才者,亦得居于位。」誤解二語爲偶詞,非毛義也。

按：此例又名文平義側。

8. 似奇實偶例

〈大雅・雲漢篇〉：「靡人不周，無不能止。」傳云：「周，救也；無不能止，猶無止不能也。」蓋靡、無義同，二語對文，經特倒文協韻。

按：此例亦稱偶語錯文，或倒文爲訓。

9. 據本義爲釋例

〈召南・行露篇〉：「雖速我獄。」傳云：「獄，埆也。」蓋獄訟之獄，義所易曉；故推極獄字命名之本，以明其由埆得義，非謂速獄即速埆也。

10. 前傳探下爲釋例

〈周南・葛覃篇〉：「葛之覃兮。」傳云：「葛所以爲絺綌，女功之事煩辱者。」據下章：「爲絺爲綌。」知本傳所云「絺綌」，探彼爲詞。（「煩辱」之文，兼探三章：「薄汙我私」爲釋，彼傳云：「汙，煩也。」與此煩辱之煩同。）

11. 後傳補上爲釋例

〈召南・采蘋篇〉三章：「誰其尸之，有齊季女。」傳云：「尸，主；齊，敬；季，少也。蘋藻，薄物也；澗潦，至質也；筐、筥、錡、釜、陋器也；少女，微主也。古之將嫁女者，必先禮之于宗室，牲用魚，芼之以蘋藻。」案：「蘋」、「藻」、「澗」、「潦」，文見首章；「筐」、「筥」、「錡」、「釜」，文見次章；前傳僅明字訓，復于此章綜釋其義，以申成前傳。

12. 後訓足成前訓例

〈周南・關雎篇〉：「窈窕淑女。」傳云：「窈窕，幽閒也。」又云：「是幽閒貞專之善女。」蓋以幽閒二字不足盡窈窕之意，故以貞專足之也。

按：此詁義未盡經義，又申成之者也。

〈周南・汝墳篇〉：「伐其條肄。」傳云：「肄，餘也；斬而復生曰肄。」明肄訓爲餘，與通語之餘不同也。

按：此上詁舉其達訓，下詁明其實義者也。

〈召南・江有汜篇〉：「江有渚。」傳云：「渚，小洲也。水歧成渚。」

上詁本《爾雅・釋水》，又恐後人疑此章之渚不與前章之汜、三章之沱同意也，因復言水歧成渚。

按：此上詁本他書爲訓，下詁援經爲訓者也。

〈鄘風・桑中篇〉：「爰采唐矣。」傳云：「唐，蒙，菜名。」以蒙釋唐，復以菜名足其詁。

按：此上詁釋其名，下復以共名明之者也。

〈周南・芣苢篇〉：「采采芣苢。」傳云：「芣苢，馬舄，車前。」訓本《爾雅》也。

按：此疊舉訓詞，展轉相訓者也。

〈鄭風・將仲子篇〉：「無踰我里。」傳既訓里爲居，說本《爾雅》。又云：「二十五家爲里。」兼采《周禮》也。

按：此詁文本二書爲訓，下詁復申上詁者也。

13. 詁詞省舉經文例

傳例于綜釋經文全句者，或複舉經文，如〈商頌・那篇〉：「於赫湯孫。」傳云：「『於赤湯孫』，盛矣！湯爲人子孫也。」其聯釋數句同一傳者，尤以複舉經文爲恆。亦或省舉經文，如〈周南・關雎篇〉：「琴瑟友之。」傳云：「宜以琴瑟友樂之。」此達例也。

其詮釋字義、物名，必首舉經字，次舉詁詞，亦達例也。其有舉經文者，如〈秦風・駟驖篇〉：「公之媚子。」傳云：「能以道媚於上下者。」傳釋媚子，省經媚字是也。

14. 訓詞不涉字義例

〈小雅・常棣篇〉：「飲酒之飫。」傳云：「飫，私也；不脫屨升堂，謂之飫。」案：飫私之文，雖見《爾雅・釋言》，然飫爲禮名，不得直訓爲私。《說文》：「醧，宴私之飲也。」醧即飫字，則傳云「飫私」，猶云飫爲私飲，非謂飫義與私相同，直以私字詁飫。

15. 訓辭不限首見例

〈周南・芣苢篇〉：「薄言采之。」傳云：「采，取也。」而〈關雎篇〉：「左右采之。」傳不釋采。

16. 訓同而義實別例

〈大雅・抑篇〉：「克共明刑。」傳云：「刑，法也。」法爲法度之法；〈周頌・我將篇〉：「儀式刑文王之典。」傳云：「刑，法也。」法爲傚法之法。

17. 兩句似異實同例

〈周南・葛覃篇〉:「薄污我私,薄澣我衣。害澣害否?歸寧父母。」傳云:「私,燕服也。」又云:「私服宜澣,公服宜否。」據我詩,則「我私」、「我衣」,均謂燕服。鄭箋謂:「衣謂褘衣以下。」則以衣爲公服,與私對文,非毛義也。

18. 兩篇同文異議例

〈周南・卷耳篇〉:「嗟我懷人,寘彼周行。」傳云:「懷,思;寘,置;行,列也。思君子,官賢人,置周之行列。」傳知「周行」爲行列者,據《左氏傳》,「各居其列」爲說也。又〈小雅・鹿鳴篇〉:「人之好我,示我周行。」傳云:「周,至;行,道也。」二訓不同,明「行」非行列之行,「周」非商周之周也。箋不達傳例,誤以〈卷耳〉傳義釋〈鹿鳴〉,易「示」爲「寘」,說雖巧合,慮非周秦古誼矣。

19. 兩篇異文同義例

〈小雅・采綠篇〉:「終朝采綠。」〈衛風・河廣篇〉:「曾不崇朝。」傳云:「崇,終也。」

20. 後章不與前章同義例

〈周南・桃夭篇〉首章:「之子于歸,宜其室家。」傳云:「宜以有室家,無踰時者。」次章:「之子于歸,宜其家室。」傳云:「家室猶室家也。」據傳說,首章、次章二「宜」字,均謂得嫁娶之時。又三章:「宜其家人。」傳云:「一家之人,盡以爲宜。」是末章「宜」字,與「善」字同,不與上二章同義也。蓋前二章據嫁時言,未據既嫁言,故詞同義異。

21. 訓詞以上增益謂字例

〈鄘風・柏舟篇〉:「母也天只。」傳云:「天謂父也。」明他篇「天」字非以喻父。

按:此傳文增益「謂」字,明與他篇所指不同也。

〈小雅・楚茨篇〉:「爲豆孔庶。」傳云:「豆謂內羞、庶羞也。」蓋羞豆而外,兼有正豆。此云孔庶,明賓之初筵:「籩豆有楚。」兼晐正豆,此則惟屬羞豆也。

按：此經以大名代小名，傳增「謂」字以示別異也。

〈小雅・甫田篇〉：「倬彼甫田。」傳云：「甫田，謂天下田也。」以〈齊風・甫田〉，傳訓爲大，此與不同。

按：此係經文兩同，而所指各別，傳增「謂」字以示別異者也。

22. 訓詞以下增益之字例

〈周南・關雎篇〉：「求之不得，寤寐思服。」傳云：「服，思之也。」尋繹傳例，凡詩詁鞠曲，必展轉始得其義者，恆于訓詞之下增益「之」字，明與直訓不同。「服」字不得直詁爲「思」，而〈關雎〉之「服」實爲「思」義，因以「思之」詁「服」。

23. 以正字釋經文叚字例

〈周南・汝墳篇〉：「惄如調飢。」傳云：「調，朝也。」明經「調」即「朝」叚。

24. 釋詞先後不依經次例

傳釋經文依經次爲先後，此正例也。其不依經次爲先後者，所以明經文倒字、倒序二例也。

其明經文倒字例者，如〈邶風・柏舟篇〉：「如匪澣衣。」傳云：「如衣之不澣。」

其明經文倒序例者，如〈檜風・羔裘篇〉：「羔裘如膏，日出有曜。」傳云：「日出照曜，然後見其如膏。」

其有經非倒字、倒序，傳文作解不依經次者，如〈衛風・淇奧篇〉：「會弁如星。」傳云：「弁，皮弁；會，所以會髮。」蓋以不先言弁，則會髮之義不著，故經云「會弁」，傳釋先「弁」後「會」。

25. 綜釋全句，兼寓訓辭例

〈邶風・柏舟篇〉：「不可選也。」傳云：「物其有容，不可數也。」傳即以「數」釋「選」。

26. 綜繹二字，僅舉一字例

〈鄘風・君子偕老篇〉：「鬒髮如雲。」傳云：「鬒，黑髮也。」綜釋「鬒髮」僅舉「鬒」。

27. 連舉二字，僅釋一字例

〈鄭風・清人篇〉：「二矛重英。」傳云：「重英，矛有英飾也。」釋「英」不釋「重」。

按：此係傳文僅釋下字，連舉上字例也。其必連舉者，乃連而及之，使文有所附麗，非綜而釋之也。

〈秦風・小戎篇〉：「文茵暢轂。」傳云：「文茵，虎皮也。」僅釋上「文」字，「茵」則連及之詞。

按：此係傳文僅釋上字，連舉下字例也。

〈鄭風・山有扶蘇篇〉：「隰有荷華。」傳云：「荷華，扶渠也。其華菡萏。」陳奐《傳疏》云：「傳以扶渠釋荷字，華則連經文而言之。又恐人誤以扶渠當華，故申釋之曰：「其華菡萏。」其說深得傳意。

按：此乃連舉二字，僅釋一字，又加申釋之詞者也。

28. 二字聯詞分釋、合釋例

傳例于經文二字聯詞而義各別者，或合舉經文，次復分釋，如〈大雅・民勞篇〉：「無縱詭隨。」傳云：「詭隨，詭人之善，隨人之惡者也。」

其例亦有傳中增益「而」字以別二義者，如〈大雅・卷阿篇〉：「伴奐爾游矣。」傳云：「伴奐，廣大而有文章也。」是即分釋「伴奐」之詞。

其有分舉經文，字各爲釋者，如〈召南・何彼襛矣篇〉：「曷不肅雝。」傳云：「肅，敬；雝，和。」

傳于經文二字聯詞，有以一意並釋二字者，例以狀詞爲恆，如〈召南・甘棠篇〉：「蔽芾甘棠。」傳云：「蔽芾，小貌。」

其以一言並釋二字者，如〈周南・卷耳篇〉：「我馬虺隤。」傳云：「虺頹，病也。」

又有傳言雖繁，實以一言釋二字者，如〈召南・野有死麕篇〉：「白茅純束。」傳云：「純束，猶包之也。」

29. 二字聯詞同義，僅釋一字例

〈邶風・燕燕篇〉：「瞻望弗及。」傳云：「瞻，視也。」案：望義亦與視同，傳以望義易曉，因僅釋瞻。

凡經文平列成句者，平列之字，亦或同義，傳文之例，有並釋二字者，亦有僅釋一字者，如〈大雅・江漢篇〉：「來旬來宣。」傳云：「旬，徧也。」不釋宣字，據〈公劉篇〉：「既順迺宣。」傳云：「宣，徧也。」蓋傳以旬、宣同義，宣義見上，因僅釋旬，亦與上例互明者也。

傳例于二字聯詞同意，二字平列同意者，或以下字釋上字，如〈王風·中谷有蓷篇〉:「遇人之艱難矣。」傳云:「艱亦難也。」是其例。

30. 二字同章同義，僅釋一字例

〈邶風·擊鼓篇〉:「于嗟闊兮！不我活兮！于嗟洵兮！不我信兮！」傳云:「洵，遠；信，極也。」不釋「闊」字。陳奐疏云:「《爾雅》:『闊，遠也。』洵訓爲遠，則闊之爲遠不訓。」其說甚確。

31. 經文上下同字，傳詁見下例

〈召南·采蘩篇〉:「于以采蘩，于沼于沚。」傳云:「蘩，皤蒿也。于，於；沼，池；沚，渚也。」傳明訓于爲於，據下「于沼于沚」言，不晐上文「于以」之「于」爲訓也。

按：此又名上下文同義異例，即一章之內，上下字同義異，唯釋一字，而非合釋者也。

綜上所列，吾人亦可知毛詩詞例之一斑矣。此外申叔先生遺書中又收有〈毛詩詞例舉要略本〉，共列二十五例，雖部分已見上述三十一例中，然讀者亦宜參互並觀也。

# 第陸章　劉申叔先生之禮學

## 一、引　言

古之治天下者，無所謂法也，禮而已矣。故孔子曰：「安上治民，莫善於禮。」〔註1〕夫禮，天之經、地之義、民之行〔註2〕、政之興〔註3〕、國之幹也。〔註4〕推厥原始，三代以前，蓋已有之。自有天地，立我烝民，聚族而居，初建邦國，必有其道，此即所謂禮也。〔註5〕惟時湮代遠，徵實爲難。即如夏、殷，至孔子時，猶興文獻不足之歎；周禮雖備，而班爵之祿，孟子已不聞其詳。況戰國交爭，世卿竊國，患禮制之害己，必思去之而後已；秦燔劫餘，典籍蕩然，禮經尤甚。洎乎漢世，始崇禮法，遺文間出，名儒肩隨，於相傳舊書，咸加編次。於是有三禮之名。申叔先生曰：

> 東漢以前，本無三禮之名，《周官經》、《小戴禮》，本不得稱之爲經，不過與《禮經》相輔之書耳。自鄭玄作三禮注，而三禮之名遂一定而不可易；至後代，以《小戴禮》爲本經，則又歧中之歧矣。非不正名之故歟？〔註6〕

何謂三禮？《後漢書・儒林・董鈞傳》云：「中興，鄭眾傳《周官經》，後馬融作《周官傳》，授鄭玄，玄作《周官注》。玄本習《小戴禮》，後以古經校之，

---

〔註1〕《孝經・廣要道》章第十二。
〔註2〕《左氏》昭公二十五年傳文。
〔註3〕《左氏》襄公二十一年傳文。
〔註4〕《左氏》僖公十一年、襄公三十年傳文。
〔註5〕見周一田先生《春秋吉禮考辨》頁1。
〔註6〕《遺書》，册四，頁2359下，《經學教科書》。

取其義長者，故爲鄭氏學；玄又注小戴所傳《禮記》四十九篇，通稱三禮焉。」又皮錫瑞《經學通論》云：「三禮之名起於漢末，在漢初但曰禮而已。漢所謂禮，即今十七篇之《儀禮》，而漢不名儀禮。專主經言，則曰《禮經》；合記而言，則曰《禮記》。……其後《禮記》之名爲四十九篇之記所奪，乃以十七篇之《禮經》別稱《儀禮》；又以《周官經》爲《周禮》，合稱三禮。」〔註 7〕

按：西周乃吾國文明進化之時代，其政教禮俗，大抵保存於三禮之中。然西周之政教禮俗至爲繁賾，申叔先生嘗以三端該之：

1. 貴　法

　　周代有一事即有一法，有一法即有一官，有一官即有一學，故政學合一，有整齊嚴肅之風。下至驅毒獵獸諸法，亦各有官以掌之，可以知周代之法纖悉靡遺矣。

2. 貴　禮

　　周代之典章制度均即禮也。以禮坊民，即以禮定親疏，別嫌疑，辨同異，明是非；故以禮爲理，施之於國則爲政，行之于民則爲法。禮與刑政二而一者也，故出乎禮者入于刑。

3. 尚　文

　　周代之重繁文縟禮，皆尚文之故也。孔子曰：「周監于二代，郁郁乎文哉！吾從周。」此之謂也。〔註 8〕

除上述三端外，申叔先生又指其立法之善者，有互相通而交相制，及制相反而實相成二端，引述如下：

---

〔註 7〕見《經學通論》，冊三，頁 1。按皮氏區分經記名稱之沿革，雖未盡審，然大體近是。王師吳航《禮記校證・總敘》云：「按今儀禮兼賅士禮，士禮出於高堂生所傳前代禮俗儀文。司馬遷謂漢初『獨有士禮，高堂生能言之。』（《史記・儒林傳》）……迄宣帝時，后氏、戴氏始推士禮而致於天子。其說相繼講於學官，乃有『禮經』之稱。〈何武傳〉稱戴聖爲『禮經』大儒，〈藝文志〉稱禮十七篇爲『后氏、戴氏』是皆可見十七篇儀禮，非高堂生之舊文，乃經后、戴二氏增益而成者。易言之，今之《儀禮》包括士禮，宜視爲高堂生、后蒼、二戴等合作而成之書，其性質多列條文，故西漢人或謂之『禮記』；因其主於學官，又或稱之爲『禮經』。相沿至於東漢之末，仍無改舊貫。例如熹平石經列刻此等經文，而盧植上書則稱『禮記』；鄭玄箋《詩》在注《禮》之後（見皮錫瑞〈鄭注考證〉），其引〈少牢〉饋食之文以箋〈采蘩〉之詩，亦不言出自禮經或儀禮而但作『禮記曰』；可證。……自鄭注三禮流行，十七篇既別稱爲《儀禮》，而四十九篇乃得『禮記』之專名。」

〔註 8〕《遺書》，冊四，頁 2561 下，《中國歷史教科書》。

1. 互相通而交相制

周代之良法在于通上下之情，然考周官三百六十，彼此維持，脈絡貫注，其官之交相監也嚴，其吏之交相糾也密，其出入之交相稽也得其準，其大小交相職也得其和，其輕重之交相劑也得其平（用黃以周答周官問）。蓋周代之事，不求備於一人，又必合數官以治一職，此杜弊之微意也。

2. 制相反而實相成

周代行宗法制度，大抵世族擅權；然庶人之有才智者，亦得進用。周代行君權政體，天子最爲尊嚴；然庶民之有好惡者，亦得上達。又如周代以文治國而不廢講武之政，以寬仁敷政而不廢掌刑之官，以農立國而不賤工商之業，此皆制相反而實相成者也，可謂舉措咸得其宜矣。〔註9〕

按：以上乃西周政法之大略也。欲研探究詰之，則申叔先生列有四法焉：

1. 周代之制多與古代不同

古無歷久不變之法，周代之法折衷唐、虞、夏、商，然多更古制。如封建之法，殷合伯子男爲一，而周則侯伯爲一等，子男爲一等矣。什一取民，夏以貢，殷以助，周以徹，則世變爲之也。即所行典禮亦然，《小戴記》所記虞夏商周異禮，以〈明堂位〉爲最多。其餘如〈檀弓〉言所尚之色，周與夏殷不同；所用喪器，周與虞、夏、殷不同。〈王制〉之言養老，〈祭法〉之言禘禮，〈曾子問〉、〈郊特牲〉、〈禮器〉、〈祭義〉之言喪祭之禮，均周與古代不同。下至服御之微，莫不異制，其禮俗之殊，則周人貴親而尚齒，尊禮而尚施，亦與虞、夏、商之好尚迥殊，此皆四代之異禮也。可以知周代之非泥古制矣。

2. 周代之制多因時因地而變通

如文王治岐，關市譏而不征，澤梁無禁，罪人不孥，至于周公之世，則有征有禁爲孥矣。又如成周方六百里，鎬京方八百里，則異于邦畿方千里之制矣。魯國分封之地七百里，則異於諸侯封地方四百里之制矣。且穆王用贖刑之法，則周初之刑制以更；幽王有卿士之官，則周初之官名漸變，此因時變通者也。井田之法不必盡行于天下，推之魯禮與周禮殊，晉用夏正，宋用殷禮，此因地變通者也。略舉

〔註 9〕《遺書》，冊四，頁 2561 下～2562 上，《中國歷史教科書》。

數端可以見周制之不必盡泥矣。

3. 周代之制多爲後世所取法

如秦漢鄉官之制，本于鄉師諸官；隋唐符兵之制，本于兵農合一之法，此最著者也。若夫漢儒注禮，以漢制況周制，如周之巾車有容蓋，即漢之羽蓋；周有符節、旌節，即漢宮中諸官之詔符。不惟此也，晉代都候之官，即周代之寢士，晉代鴻臚之職，即周代之象胥，此周制存于晉代者也。唐之行頭即周之肆長；唐市有平準，即周之質人；唐有儀注，即周太史執書之典，此周制存于唐代者也。又如掌訝次門外之制，漢代之制與之同，唐代亦同；掌固設飾器之制，漢代之制與之符，唐代亦符，此則周代之制歷數朝而不改者也。況唐代庸調之制，猶襲周代之名，宋代青苗市易之征，遵用周官之法，雖利民病民，行之有別，然周代之制多爲後世所取法，即此可見一斑矣。即近代仿六官之法設六部，亦後世仿周制，徵則周制固未嘗一日亡也。

4. 周代之制多與西政相符：

如徐光啓治水之學，合于匠人之法，此固深切著明者也。若夫開礦之法，出於丱人；冶金之法，詳于攻金之工；庠序學校，即教育及之制；詢危詢遷，即庶人議政之端，兵寓于農，猶西人之分常備軍、後備軍也。獄訟公之於民，猶西人之設陪審官也；警察之制，與司虣諸職略同；保商之制，與司市諸職略同；同貸爲公司之始，劵幣開鈔票之先，均周代之制近於西法者也。然則周制與西政相符者，夫固彰彰可按矣。〔註10〕

要之，三禮乃申叔先生精力所萃之漢學，舍鄭學而外，別開康莊之途以啓後學，誠絕業也。茲分「論禮樂之傳授及歷朝禮學」、「論劉氏治周禮之創獲」、「論劉氏治儀禮之創獲」、「論劉氏治禮記之創獲」四目，申述如下：

## 二、論禮樂之傳授及歷朝禮學

孔門之教，簡而言之爲禮教。而「禮」與「樂」有不可分之關係，是以孔子屢連言之。此如：「興於詩，立於禮，成於樂。」〔註11〕又如：「禮云禮

〔註10〕《遺書》，冊四，頁2562，《中國歷史教科書》。
〔註11〕《論語・泰伯篇第八》。

云，玉帛云乎哉？樂云樂云，鐘鼓云乎哉？」〔註 12〕及以「人而不仁，如禮何？人而不仁，如樂何？」〔註 13〕等，皆是也。蓋禮主敬，樂貴和；和在心，敬在貌，而「仁」乃爲其根本。若捨本而逐末，徒具虛文，則非禮樂導化之元義而偏失之矣。故孔門講學，以禮樂之教爲先，〔註 14〕斯二者實相須相成，而不可須臾離也。申叔先生嘗言其興廢之迹，曰：

> 《禮》、《樂》二經，孔門傳其學者，尤不乏其人。如子夏、子貢，皆深于《樂》(《禮記·樂記篇》)；曾子、子游、孺悲，皆深于《禮》(見《禮記·檀弓》、〈雜記〉諸篇)。六國之時，傳《禮經》者，復有公孫尼子、王史氏諸人(如子夏作《喪服記》是)，又雜采古代記禮之書，以及孔子論禮之言，依類排列，薈萃成書(即今《大戴禮》、《小戴禮》是。)；而子思作《中庸》，七十子之徒作《大學》(用汪中說)，咸附其中。惟當世學者溺于墨子「非樂」之言，致戰國之時，治《樂經》者遂鮮，此《禮》、《樂》二經興廢之大略也。〔註 15〕

按：孔子以天縱之聖，又加好古敏求，其所得於禮教者，自極深厚也。惟七十子之徒，容因資賦關係，致所得於先師之傳者，或具體而微，或僅有一偏。然由口耳相傳，播爲聲氣，亦成儒者一貫之眞傳矣。〔註 16〕至於樂教之所以寖微，蓋緣世局棼擾，民心惶遽；加以秦火焚餘，典籍蕩然，樂教自受影響，非必爲墨子非樂故也。

### （一）論兩漢禮學之傳授

申叔先生參覈《漢書·儒林傳》、〈藝文志〉、《後漢書·儒林傳》及有關各傳，並《經典釋文》、《漢學師承記》、胡培翬《儀禮正義》諸書，以論兩漢之禮學，曰：

> 秦政焚書，禮經缺壞，西漢之初，高堂生傳《士禮》十七篇（即今《儀禮》)，而魯徐生善爲容。景帝之時，河間獻王得古禮，計古文《禮》五十六篇，《記》百三十一篇；其七十（煌按：應作十七）篇與高堂生同，而文字多異。

〔註 12〕《論語·陽貨篇第十七》。

〔註 13〕《論語·八佾篇第三》。

〔註 14〕孔子以六藝教弟子，六藝者，禮、樂、射、御、書、數是也。觀其以禮居首，樂以輔之，足證。

〔註 15〕《遺書》，冊四，頁 2357 上，《經學教科書》。

〔註 16〕見周林根先生《中國古代禮教史》，頁 173。

又曰：

> 傳《士禮》者，自蕭奮授孟卿，卿授后蒼；然所傳僅十七篇。所餘三十餘篇，名爲佚禮。〔註 17〕

按：禮固訂自孔子時，及遭秦火，散亡殆盡。漢興，太常叔孫通徵魯諸生，共起朝儀。其後所傳儀禮之經，有三者之別。一爲古文禮，一爲今文禮，一爲逸禮。高堂生所傳十七篇，今文是也。謂古文者，據《漢書・藝文志》六藝略・禮部著錄：「《禮古經》五十六卷，經七十篇。」又〈敘錄〉云：「禮古經者，出於魯淹中及孔氏，學七十篇文相似，多三十九篇。」申叔先生蓋本此而立言；惟宋劉敞已校訂爲「學七十篇，當作『與十七篇文相似』。五十六卷除十七，正多三十九也」。〔註 18〕所言的當，故從之。至云逸禮者，即五十六篇去十七篇後，所餘之三十九篇是也。以無師說而亡。有關后蒼之傳。申叔先生則謂：

> 蒼説禮，作《曲台記》以授聞人通漢，並授戴德、戴聖、慶普，由是禮有大小戴、慶氏之學。

又謂：

> 普授夏侯敬，數傳而至曹充，充傳子褒，而慶氏之學行。戴德授徐良，戴聖授橋仁、楊榮。又戴德刪《古禮記》二百四篇（即孔門弟子所編者，亦有漢初增益之書。）爲八十五篇，名《大戴禮》；戴聖復刪爲四十六篇，名《小戴禮》，馬融復增益三篇，合爲四十九篇。鄭玄治《小戴禮》，爲四十九篇作注；復注《士禮》十七篇（即《禮經》），並爲《周官經》作注。〔註 19〕

按：《禮記》一書，有大戴本八十五篇，小戴本四十九篇，慶普本四十九篇，三家皆后蒼弟子。《漢書・藝文志》所著錄「記百三十一篇」，與「明堂陰陽」、「王史氏」及「樂記」等之總合，當爲漢代所存《禮記》總篇數；而大小戴與慶普，即各取足其篇數，或且部分採自后蒼之《后氏曲臺記》，以成一家之學。慶氏之學全亡，不知篇目是否同於小戴？大戴今存四十篇，雖部分與小戴重，〔註 20〕

---

〔註 17〕《遺書》，冊四，頁 2359，《經學教科書》。

〔註 18〕見王先謙《前漢書補注》卷三十頁 13 所引。

〔註 19〕同註 17。

〔註 20〕如《大戴》之「曾子大孝」與《小戴》之「祭義」、《大戴》之「禮察」與《小戴》之「經解」、《大戴》之「哀公問於孔子」與《小戴》之「哀公問」、《大戴》之「朝事」與《小戴》之「聘義」、《大戴》之「本命」與《小戴》之「喪

要以互異者為多。小戴記四十九篇，初未散佚，即現行之「鄭注禮記」是也。〔註21〕惟《漢書・儒林傳》載，大小戴乃傳儀禮，與慶普三家均為儀禮博士，準此而論，何以今所傳者，反為《禮記》，如今《儀禮》，何以無大小戴之分，乃《禮記》卻有大小戴之別？關於此一問題，清毛奇齡、皮錫瑞氏皆嘗置論焉。皮錫瑞《經學通論》云：「漢立十四博士，禮大小戴；此所謂禮，是大小戴所受於后倉之禮十七篇。非謂《大戴禮記》八十五篇，與《小戴記》四十九篇。後世誤以大小戴禮，為大小戴禮記；並誤以后倉《曲臺記》，為即今之《禮記》。」皮氏復引毛奇齡《經問》：「……若其學則后倉授之梁人戴德，及德從兄子聖與沛人慶普三人。至孝宣時，立大小戴慶氏禮。故舊稱《儀禮》為慶氏禮，為大小戴禮。……若《禮記》則前志祇云：『記百三十一篇。』當是《禮記》未成書時底本。然並不名「禮記」，亦並無二戴傳《禮記》之說。惟《後漢・儒林》有鄭玄所注四十九篇之目，則與今《禮記》篇數相合。故鄭玄作〈六藝論〉云：『今禮行於世者，戴德、戴聖之學也。此《儀禮》也。』又云：『戴德傳記八十五，則今《大戴禮》是也。戴聖傳禮四十九篇，則《禮記》是也。』然其說究無可考。」皮氏案語謂毛氏「分別《儀禮》、《禮記》……極精確。鄭注四十九篇，即今《禮記》。」〔註22〕如上皮氏所論，特說明大小載皆傳儀禮。所引毛氏《經問》，乃在證其所見確然。〔註23〕至有關《周官經》之傳授，申叔先生言曰：

> 《周官經》者，當河間獻王時，李氏上《周官》五篇，缺〈冬官〉一卷，以〈考工記〉補之。劉歆為王莽國師，始立《周官經》于學官，名為《周禮》，以授杜子春。鄭興授業子春，傳至子眾；而賈徽、賈逵並作《周禮解詁》，衛弘（煌按：應作宏。）、馬融、盧植、張恭祖

---

服四制」，內容大體相同。

〔註21〕按王師吳航《禮記選注・敘略》云：「《小戴禮記》四十九篇，依現存的鄭氏注本來說，則仍完好無缺。不過，據《隋書・經籍志》、《禮記正義》（《御覽》六一〇引）、《初學記》等書的記載，卻說其中〈月令〉〈明堂位〉〈樂記〉三篇是後來加入的，原始只有四十六篇。而那四十六篇中，〈曲禮〉、〈檀弓〉、〈雜記〉三篇，都是一分為兩，實在只有四十三篇。倘更據孔穎達及後代學者的說法，〈喪服四制〉一篇本不在四十九篇之內；而〈禮運〉、〈禮器〉、〈郊特牲〉三篇，〈表記〉、〈緇衣〉兩篇，本來都只是一篇。如或再除去這些篇數，則未經鄭玄編注的這本選集，究竟有若干篇，卻是難於分曉的事。所以，與其稱此書為『小戴禮記』，不如逕稱為『鄭注禮記』，當更切乎事實。」所論甚確。

〔註22〕《經學通論》，冊三，頁8～10，「論漢立二戴博士，是《儀禮》，非《禮記》；後世說者多誤。毛奇齡始辨正之」條。

〔註23〕見王大安先生《經學通論》，下冊，頁44。

皆治之；惟鄭玄注集其大成。〔註24〕

按：先秦文獻中，無言及《周官》或《周禮》者。《史記・封禪書》，始著《周官》之名；至劉歆則易之曰《周禮》。〔註25〕是書雖經劉歆著錄，復列之學官，然中更新莽之亂，中興以後，歆弟子死亡殆盡。永平初，其徒有河南緱氏杜子春尚在。能通其讀，顧年且九十矣。其後，有大中大夫鄭興、子大司農鄭眾、侍中賈逵，皆作《周禮解詁》；而扶風馬融兼攬二家，謂多遺闕，惟眾解近得實，因自力補之，謂之《周官傳》。其弟子北海鄭玄乃因融之傳而參諸杜氏及興、眾父子三家，而裁以己意，撰成《周官禮注》。洵有功於禮學者也。茲列三禮傳授系統表如下：

1. 周禮傳授系統

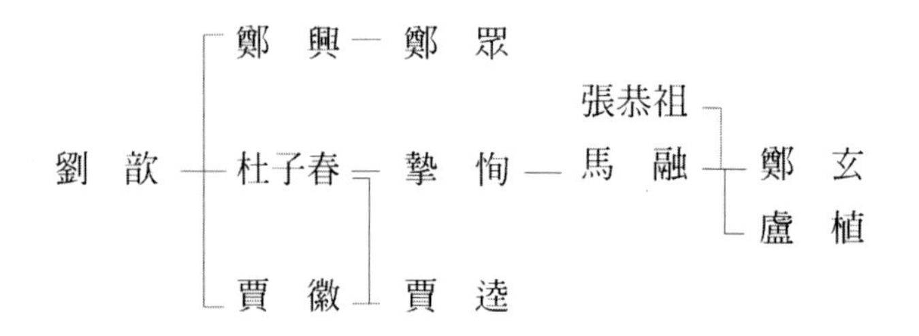


2. 儀禮傳授系統

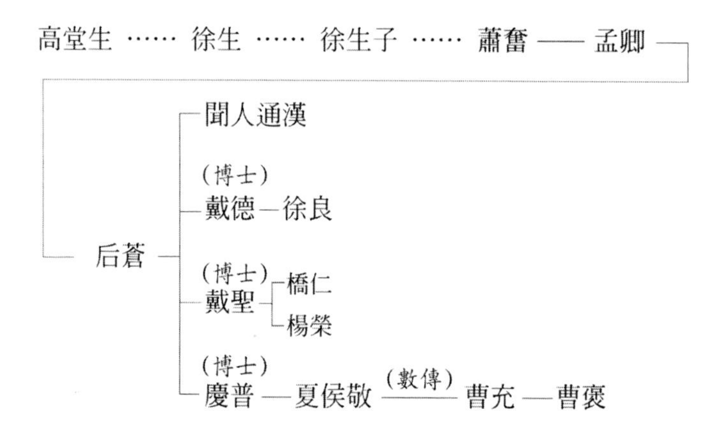


〔註24〕《遺書》，冊四，頁2359下，《經學教科書》。

〔註25〕按《荀悦・漢紀》云：「劉歆以《周官經》十六篇（十字疑衍文）爲《周禮》。」《經典釋文・敘錄》亦云：「王莽時，劉歆爲國師，始建立《周官經》，以爲《周禮》。」是《周禮》本名《周官》，至劉歆始更易之也。

3. 禮記傳授系統

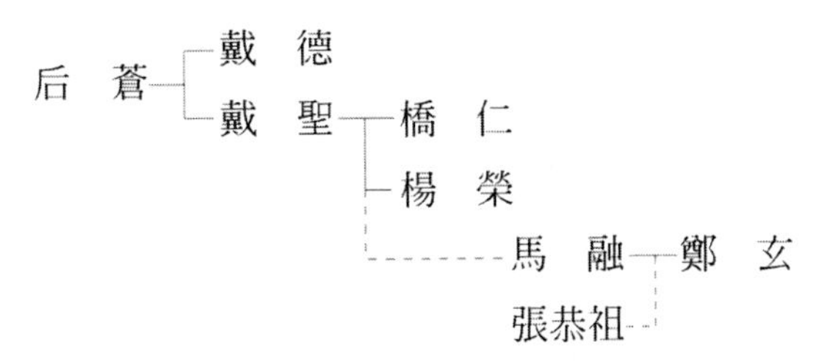


## （二）論三國南北朝隋唐之禮學

申叔先生於《經學教科書》中，嘗採《三國志》、《晉書》、《南史》、《北史》各列傳，《經典釋文》、《四庫全書提要》及黃以周《禮書通故》，以述三國南北朝隋唐之禮學；其論東漢及魏、晉之際，曰：

> 東漢之末，說禮者皆崇鄭注。自魏王肅作《三禮解》，復作《儀禮喪服傳》，專與鄭玄立異；蜀李譔《三禮傳》亦然。〔註26〕

按：鄭玄精於三禮，故有「禮是鄭學」之稱。〔註 27〕三國時，王肅善賈、馬之學而不好鄭玄，議禮必與相反。然鄭氏擇善而從，立說皆有所據，終能流傳不衰。而肅乃以託姻司馬氏之故，〔註28〕所爲三禮之學，特顯於晉世。

洎乎南北朝對峙之時，除崔靈恩《三禮義宗》兼採肅說外；餘則咸以鄭學爲宗，而儀禮尤推鄭玄爲絕學。試觀申叔先生所論：

> 晉代說禮，多宗王肅。當南北朝時，鄭玄《三禮注》盛行于河北，徐遵明以鄭學教授；同時治禮者，有劉獻之（《三禮大義》）、沈重（《三禮義》、《三禮音》）、劉芳（《周官儀禮音》）。從遵明受業者，有李鉉、祖儁、熊安生。李鉉又從劉子猛受《禮記》，從房虯受《周官》、《儀禮》（虯作《禮義疏》），作《三禮義疏》。安生作《周禮、禮記義疏》，尤爲北朝所崇。楊汪問禮于汝重，劉炫、劉焯並受禮熊安生，咸治

〔註26〕《遺書》，冊四，頁 2361 下，《經學教科書》。

〔註27〕按陳澧《東塾讀書記．鄭學篇》云：「孔沖遠云：『禮是鄭學。』（〈月令〉、〈明堂位〉、〈雜記〉疏皆有此語，不知出於孔沖遠，抑更有所出。）考兩《漢書》〈儒林傳〉，以《易》、《書》、《詩》、《春秋》名家者多，而《禮》家獨少。《釋文．序錄》：漢儒自鄭君外，注《周禮》及《儀禮．喪服》者，惟馬融；注《禮記》者惟盧植。鄭君盡注三禮，發揮旁通，遂使三禮之書，合爲一家之學，故直斷之曰：『禮是鄭學』也。」

〔註28〕按肅女適司馬文王，即文明皇后。生晉武帝。

鄭學。（以上北學）

又謂：

> 江左治三禮者，有何佟之（《禮議》）、王儉（《禮論抄》）、何承天（《集禮論》）、何胤（《禮答問》、《禮記隱義》）、沈不害（《五禮儀》）；以崔靈恩《三禮義宗》爲最精，然雜采鄭、王之說，與北朝崇信鄭學者稍殊。惟嚴植之治三禮，篤好鄭學。沈文阿亦治《三禮義疏》，戚衮受三禮于劉文紹，復從北人宗懷芳受《儀禮》、《禮記》疏，作《三禮義記》，蓋皆崇尚鄭注者也。
>
> 又南朝治《周禮》者，有干寶（《周禮注》）、沈峻（精《周禮》）、崔靈恩（《周禮集注》）；治儀禮者多偏治喪服，如雷次宗（《禮服》）、庾蔚之（《喪服要記》）、嚴植之（《凶禮儀注》）、顧越（《喪服義疏》）是也。〔註29〕（以上南學）

唐有天下，太宗以儒學多門，章句繁雜，詔國子祭酒孔穎達與諸儒撰定《五經正義》。然頒布時，復經長孫無忌等之增損，已非孔氏之舊矣。申叔先生論是時禮學云：

> 至于唐代，孔穎達作《禮記正義》，賈公彥作《周禮、儀禮義疏》，悉宗鄭注，故漢學未淪。若夫唐玄宗改《禮記》舊本，以〈月令〉爲首篇，則近于無知妄作。〔註30〕

按：孔氏《禮記正義》，乃注宗鄭玄，疏主皇侃；其有不備，則補之以熊安生義疏。可謂採摭精當，闡述富博，有功於鄭學矣。高宗之世，太學博士賈公彥《周禮疏》，蓋依晉陳邵《周官禮異同評》，梁沈重《周官禮義疏》爲之；而疏不破注，其發揮鄭學，洵爲博而能核者焉。《儀禮疏》則〈自序〉稱前人章疏有齊黃慶，隋李孟悊二家；殆其所據矣。《朱子語類》謂：「五經中，《周禮疏》最好，……《禮記》次之。」又謂：「《儀禮疏》說得不甚分明。」〔註31〕蓋以爲《周禮》疏者眾，擇善而從，藉手自易。至於《儀禮》疏，則獨盛〈喪服〉，爲全經章疏者祇二家而已！是創制起例，闡揚鄭旨，尤有倍於《周禮》者焉！

### （三）論宋元明之禮學

申叔先生復採《四庫全書提要》、《經義考》、朱彬《禮記訓纂》、江永《禮

〔註29〕《遺書》，冊四，頁2361上～2362上，《經學教科書》。

〔註30〕《遺書》，冊四，頁2362上，《經學教科書》。

〔註31〕《朱子語類》卷八六，頁3及卷八十五，頁2。

經綱目序》，以論宋、元、明之禮學，其首述此期之《儀禮》學，曰：

> 宋儒治三禮者，始于張淳，淳作《儀禮識誤》，考訂注疏；而李如圭《儀禮集釋》（又有《儀禮釋官》），楊復《儀禮圖》、魏了翁《儀禮要義》，皆以纂輯舊説爲主；朱子作《儀禮經傳通解》，亦以《儀禮》爲經，以《周禮》諸書爲傳；門人黃榦續成之，惟篇目不從《儀禮》。

又曰：

> 及元儒吳澄作《儀禮逸經傳》；而汪克寬亦作《經禮補佚》，雜采他書之語，定爲《儀禮》逸文，或妄分子目，體例未純。敖繼公作《集説》，遂疑〈喪服傳〉爲僞書；而注文不遵鄭氏矣。〔註 32〕

按：李如圭撰《儀禮集釋》，壹宗鄭注，而旁徵博引以爲之釋，出入經傳，多發賈疏所未備；洵治《儀禮》者之圭臬也。朱子嘗謂：「《儀禮》，禮之根本，而《禮記》乃其枝葉。《禮記》乃秦漢上下諸儒解釋《儀禮》之書，又有他說附益於其間。今欲定作一書，先以《儀禮》篇目置於前，而附《禮記》於後。」〔註 33〕因撰《儀禮經傳通解》，以《儀禮》爲經，而《禮記》及諸書所載，以類附之爲傳。然篇目不從《儀禮》，特以《儀禮》經文提綱而已。夫《儀禮》於諸經爲難讀；而鄭注古奧不易通；賈疏文繁句複，雖詳贍而傷蕪蔓，端緒不明。今朱子是書，雖不免割裂古經之譏，然觀其分章表目，開卷瞭然，儻亦考禮者所不廢乎？〔註 34〕至於敖繼公《儀禮集說》，雖似與鄭君立異，然《儀禮》自宋以還，治之者少，故其書在元代猶爲可取。

又述此期之《禮記》學，曰：

> 治《禮記》者，始于衛湜《集説》，徵引該博，惟掇採未精。及元吳澄作《纂言》，重定篇次，陳澔作《集説》，立説亦趨淺顯。明代《大全》（胡廣等選）本之，而古義遂亡（明以《儀禮》爲本經）。若宋張慮《月令解》，明黃道周〈表記〉，〈坊記〉、〈緇衣〉、〈儒行〉集傳，咸爲引古證今之作，以王夫之《禮記章句》爲最精。〔註 35〕

按：宋儒之治《禮記》者，莫善於衛湜；其所撰《禮記集說》，自鄭注而下，所取凡百四十家，可說蒐採極博。明修《禮記大全》，則以元初陳澔注爲宗，

〔註 32〕《遺書》，冊四，頁 2364 下，《經學教科書》。
〔註 33〕《朱子語類》卷八四，頁 9。
〔註 34〕見錢基博《經學通志》，頁 143 及 146。
〔註 35〕同註 32。

採掇諸儒之說凡四十二家以足之；是陳氏《集說》亦得藉朱子餘蔭而行於後世者也。王夫之《禮記章句》，則通其異以會其同，辨其顯以達其微，於先王窮理盡性修己治人之道，尤爲曲盡。洵有用之學也。

若此期《周禮》學，則申叔先生論曰：

> 治《周禮》者，始于王安石《新義》（王昭禹《周禮詳解》本之）。若鄭伯謙（《太平經國之書》）、王與之（《周禮訂義》）之書，則長于論議，不考典章。及俞廷椿作《復古編》，以〈五官〉補〈冬官〉之缺，陳友仁（《周禮集說》）從其說；而易祓《周官補義》，亦以臆説解經，惟朱申《周禮句解》爲稍實。明人說《周禮》者，若柯尚遷（《全經釋原》）、王應電（《周禮傳》），咸改亂古經，横行新解。〔註36〕

按：自唐孔穎達、賈公彥疏章鄭注以成《三禮正義》，而禮學久定壹宗！顧宋儒好創新解，故相違異；而始作俑者，當推臨川王安石。《周禮》之學，在賈公彥之前，學者專明典制；王安石而後，則多推尋於文句之間，由考證漸變爲論辨。惟安石親手筆削之《新經周禮義》，雖後儒或訾其壞宋，然於是書終不廢採擇也。

至於總說三禮者，則申叔先生有言曰：

> 說三禮總義者，以宋陳祥道《禮書》最著；然掊擊古義，穿鑿淺陋，殊不足觀。〔註37〕

按：陳氏本王安石之徒。安石說經既創新義，務異先儒。然則陳氏之掊擊舊說，故是師法焉爾！庸何傷於鄭注哉！

### （四）論清代之禮學

遜清禮學，著述之富，獨冠前古。或考訂字句，正其譌脫；或辨章注語，校其音讀；或離經辨志，明其章句；或發凡起例，觀其會通；或刪正舊注，訂其闕失；或糾駁異說，闡其意恉；或明發經疑，以俟論定，或偶疏小箋，自抒所見；或折衷至當，重造新疏；或依物取類，繪爲禮圖；或疏證名物，究明古制；或心知其義，創通大意；或網羅眾家，翼其論議；或旁蒐故記，以補禮經之闕佚；或囊括大典，以考禮制之沿革；或兼綜三禮，以明禮學之源委。〔註38〕可謂洋洋大觀，極一時之盛者矣。申叔先生嘗綜述之曰：

---

〔註36〕同註32。

〔註37〕同註32。

〔註38〕參見錢基博《經學通志》，頁156。

> 近儒著三禮學者，始于徐乾學《讀禮通考》（僅凶禮一門），而萬斯大（作《學禮質疑》、《儀禮商》、《禮記偶箋》。），蔡德晉（作《禮經禮傳本義》乃通禮）、毛奇齡（于昏禮、喪禮、祭禮、廟制、學校、明堂、宗法、郊禘，咸有著述。）、盛世佐（《儀禮集編》），咸治禮經；然糅雜無家法。安溪李氏亦深于三禮（李光地作《周官筆記》，其弟光坡復作《三禮述注》，兄子某亦作《周禮訓纂》。），方苞問業光地，殫心禮學（於三禮皆有書），亦武斷無倫緒。惟張爾岐《儀禮鄭注句讀》，分析章句，條理秩然；而吳廷華（《儀禮章句》）、金曰追（《儀禮正譌》）、沈彤（《儀禮小疏》）、褚寅亮（《儀禮管見》），亦宗漢詁治《儀禮》。〔註39〕

按：清初禮學，首開風氣，導其先路者，厥推鄞縣萬斯大充宗、濟陽張爾岐稷若。此二家之學，皆漢、宋雜治，莫不與顧、黃相涉。斯大本從黃宗羲遊，其學淹通，用思尤銳，所纂說禮之言，推闡旨極精確。惟好騁獨見，未可盡依；轉不如張爾岐《儀禮鄭注句讀》之恪守鄭注，立言簡當。爾岐是書，全錄《儀禮》鄭注，摘取賈疏而略斷以己意；於字句同異或脫誤之處，考證極詳，復以註文古奧難通，因并爲之句讀。崑山顧炎武於友朋嚴於推許，然所作〈廣師〉：「獨精三禮，卓然經師，吾不如張稷若！」〔註40〕於爾岐之學行，推崇備至，不徒然也。申叔先生又曰：

> 及江永作《禮經綱目》，于三禮咸有撰著（作《周禮疑義舉要》、《禮記訓義擇言》、《釋宮補》）；戴震（作《考工記圖》）、金榜（作《禮箋》）承其學。同學之士，有胡匡衷（作《儀禮釋宮》）、程瑤田（作《宗法小記》、《喪服足徵錄》、《釋宮小記》、《考工創物小記》，兼通水地、聲律之學。）；後有凌廷堪、胡培翬。以廷堪《禮經釋例》爲最精。任大椿（作〈釋繒〉、〈弁服釋例〉。）、阮元（作《車制考》）、孔廣森（作《大戴禮補注》），咸從戴震問《禮》。張惠言與榜同學，作《儀禮圖》。秦蕙田《五禮通攷》（集三禮之大成），亦採江、戴之緒言。〔註41〕

按：江永《禮經綱目》，大略依仿《儀禮經傳通解》，而考證較詳，義例益密，

---

〔註39〕《遺書》，冊四，頁2367上，《經學教科書》。
〔註40〕《亭林文集》，卷六，頁8。
〔註41〕《遺書》，冊四，頁2367上，《經學教科書》。

實足補朱子未竟之緒。朱子嘗謂《儀禮》之所以難讀，衹爲「重復，倫類若通，則其先後彼此展轉參照，足以互相發明。」〔註42〕誠哉是言！然通倫類，宜起凡例，此凌廷堪所以有《禮經釋例》之作也。凌氏融貫全經，區爲八例，以明異同，信足匡鄭、賈所未逮，而爲禮經之功臣！其不別立宮室之例者，蓋以宋李如圭《儀禮釋宮》已詳故也。若夫秦蕙田之《五禮通攷》，則因徐乾學《讀禮通考》惟詳凶禮，乃因其體例，蒐羅經傳，補爲五禮全書。凡爲類七十有五，包舉宏富，可謂集歷代禮制之大成者矣。申叔先生又曰：

> 自培翬作《儀禮正義》，而朱彬作《禮記訓纂》，孫詒讓作《周禮正義》，三禮新疏咸出舊疏之上矣。後起之書，有黃以周《禮書通故》爲最詳備。若夫論禮經者，有惠士奇（《禮說》）、莊存與（《周官記》）、凌曙（《禮論》）；考名物制度者，有齊召南、沈彤（《周官祿田考》）、王鳴盛（《周禮軍賦說》）、惠棟（《明堂大道錄》）、金鶚（《禮說》）；疑三禮者，有方苞（疑《周禮》、《儀禮》。）、邵位西（疑《儀禮》）。〔註43〕

按：胡氏《儀禮正義》，約有四例，一曰疏經以補注，二曰通疏以申注，三曰彙各家之說以附註，四曰采他說以訂注。而孫氏《周禮正義》，以鄭注簡奧，賈疏疏略，乃以《爾雅》、《說文》正其詁訓，以禮經大小戴記證其制度，博采漢、唐以來，迄乾、嘉緒經儒舊說，參互譯證，以發鄭注之淵奧，裨賈疏之遺缺，較舊疏爲淹貫。此二家之著作，皆別出前賢，有功禮學，乃清儒有關《儀禮》與《周禮》之新疏；獨《禮記》則無之。不惟三禮新疏，缺一不備。昔聞江聲之歿，詔其子以告友人孫星衍曰：「吾父死無他言，疑《周官》、《儀禮》之委曲繁重，不可行于今也。」星衍則譍之曰：「禮之會通在《禮記》；……惜不能以此告之矣！」〔註44〕旨哉！然則筦禮學之樞要者，《禮記》也。惜無人更爲之疏以有光於前人者。徜求其次者，則朱氏《禮記訓纂》一書，凡虎觀諸儒所論議，鄭志弟子之問答，以及魏晉以降諸儒之訓釋，《書鈔》、《通典》、《御覽》之涉是書者，一以注疏爲主，擷其精要，緯以古今諸說，其附以己意者，亦皆援據精確，往往有過舊疏者。故申叔先生列之爲《禮記》新疏，則三禮之新疏全矣。

---

〔註42〕見《朱文公文集》，卷五十九，頁34，〈答陳才卿〉。
〔註43〕《遺書》，冊四，頁2367上，《經學教科書》。
〔註44〕見《孫淵如詩文集》，頁170，《平津館文稿卷下》：〈江聲傳〉所述。

## 三、論劉氏治周禮之創獲

《周禮》乃述周代建官分職之書，本名「周官」。以《尚書》篇目既有周官，二者恐致相混，故劉歆據《左傳》文公十八年:「大史克日:『先君周公制周禮。』」改稱周禮。迨宋儒鄭樵、朱熹等，則主復稱「周官」；至今「周禮」、「周官」之稱遂並行焉。全書凡六篇，篇著一官，凡六官：一曰天官，二曰地官，三曰春官、四曰夏官，五曰秋官，六曰冬官。以〈冬官〉既亡於秦火，因取〈考工記〉補足之。已於上文敘及。天官冢宰（即大宰）實總轄六官，小宰爲冢宰之副貳；做六官之總職，可於首篇天官述太宰、小宰二職中見之。大宰之職曰:「掌建邦之六典，以佐王治邦國：一曰『治典』，以經邦國，以治官府，以紀萬民；二曰『教典』，以安邦國，以教官府，以擾萬民；三曰『禮典』，以和邦國，以統百官，以諧萬民；四曰『政典』，以平邦國，以正百官，以均萬民；五曰『刑典』，以詰邦國，以刑百官，以糾萬民；六曰『事典』，以富邦國，以任百官，以生萬民。」〔註45〕小宰之職曰:「以官府之六屬舉邦治：一曰『天官』，其屬六十，掌邦治……；二曰『地官』，其屬六十，掌邦教……；三曰『春官』，其屬六十，掌邦禮……；四曰『夏官』，其屬六十，掌邦政……；五曰『秋官』，其屬六十，掌邦刑……；六曰『冬官』，其屬六十，掌邦事……。」〔註46〕又曰:「以官府之六職辨邦治：一曰『治職』，以平邦國，以均萬民，以節財用；二曰『教職』，以安邦國，以寧萬民，以懷賓客；三曰『禮職』，以和邦國，以諧萬民，以事鬼神；四曰『政職』，以服邦國，以正萬民，以聚百物；五曰『刑職』，以詰邦國，以除盜賊；六曰『事職』，以富邦國，以養萬民，以生百物。」〔註47〕六官之分職，即此已可見其綱要。茲表列之如左：

| 六　官 | 長（卿） | 貳（大夫） | 職　掌 |
|---|---|---|---|
| 天　官 | 宰 | 小　宰 | 治　典 |
| 地　官 | 大司徒 | 小司徒 | 教　典 |
| 春　官 | 大宗伯 | 小宗伯 | 禮　典 |
| 夏　官 | 大司馬 | 小司馬 | 政　典 |
| 秋　官 | 大司寇 | 小司寇 | 刑　典 |
| 冬　官 | 大司空 | 小司空 | 事　典 |

〔註45〕《周禮疏》卷二，頁1。
〔註46〕《周禮疏》卷三，頁2。
〔註47〕《周禮疏》卷三，頁3。

官有專職，職有專官。主官有六：即天、地、春、夏、秋、冬六官。專職有六：即治、教、禮、政、刑、事之六典。考杜佑《通典》所載周之官數，凡六萬三千六百七十五員。〔註 48〕亦云備矣。是則世界人事制度之確立，未有早於我國者。至其地方自治制度，亦極完備。按〈周官・大司徒〉：「五家爲比，……五比爲閭，……四閭爲族，……五族爲黨，……五黨爲州，……五州爲鄉。」〔註 49〕此地方組織、行政區畫之大要也。又：「鄉老，二鄉則公一人。鄉大夫，每鄉卿一人。州長，每州中大夫一人。黨正，每黨下大夫一人。族師，每族上士一人。閭胥，每閭中士一人。比長，五家下士一人。」〔註 50〕此地方自治主幹人員也。由於可見周初地方組織規畫之嚴密，與地方自治人員制度之完善，方世界文明古國，蓋不多讓。〔註 51〕故歷來學者，以《周官》之於治理，直謂彌綸天地，涵蓋古今，遂極思而研精，每多刱獲。申叔先生即撰有：《西漢周官師說考》、《周禮古注集疏》二書，〔註 52〕又〈周禮行人諸職隸秋官說〉、〈方伯考〉、〈王畿考〉、〈王畿田制考〉、〈周代官制發微〉等等，是皆有功於《周禮》者。茲分「論周官之本源」、「論周禮注」、「論西周之田制」三制，以綜述其於周禮之創獲如下：

### （一）論周官之本源

西漢今文經師，凡言班爵制度，名位禮數，多準〈王制〉。古文《周官》之學闇而不章。至孝平之末，新莽居攝，凡所制法，蓋出於劉歆之佐，於是《周官》、〈王制〉，始見竝文；而《周官》師說，亦於以擷其逸緒，究其奧蘊焉。申叔先生爰據《漢書・王莽傳》，錄其九事，繁徵博引，究極本源，撰成《西漢周官師說考》。而序之曰：

> 《春秋》、《周官》，經區述作，聿稽授受，並肇孔門。孔子曰：『吾學周禮，今用之，吾從周。』荀卿子曰：『爵名從周。』又曰：『一家得周道，舉而用之，不蔽於成積，此之謂也。』……荀、孟殊原：荀准

〔註 48〕按《通典》卷十九，〈職官一〉：「周六萬三千六百七十五員」下注云：「內二千六百四十三人，外諸侯國官六萬一千三十二人。」

〔註 49〕《周禮疏》卷十，頁 22。

〔註 50〕《周禮疏》卷九，頁 2。

〔註 51〕見程旨雲先生《國學概論》，頁 87～88。

〔註 52〕按《西漢周官師說考》二卷，今存。《周禮古注集疏》四十卷，則遺稿多闕，卷一至卷六、又卷十三後半、及卷十四，原稿散佚，卷十五及卷二十以後，均爲未完之篇。其全存無闕者，總不過十卷而已，良可惜也。

《周官》，與聖同契；孟符〈王制〉，誼肇後師。爰及西漢，〈王制〉業昌，五經家言，靡弗准焉，《周官》之學，闇而不章。孝平季年，說始芽萌。發見《周禮》，以明殷監。新莽制法，槷模斯頻，凡所闡繹，蓋出子駿。斯時本經無說，通以〈王制〉，二書並文，〈莽傳〉數見。雖地有贏絀，制弗揆齊，其它品數，推放並准。以近知遠，以淺持博，說有詳略，列得互補。析二孤於九卿之中，別四伯於二公之外，斯其證也。東漢初葉，雅達聿興。仲師踵業於南山，景伯振條於虎觀，比義會意，翼別莽說，櫱杙古學，立異今文，典無鉅細，概主劈析。後鄭作注，稽業扶風，參綜今學，附比移并，同事相違，疑炫難壹，今古之棶，至斯亦抉。師培服習斯經，於茲五載，竊以六代暨唐，惟宗鄭說，隨文闡義，鮮關恉要，西京逸緒，縕奧難見。顧鮮尋繹，莫能原察，用是案省班書，比佽甄錄，賈、馬諸說，亦同采剌，《春秋》內外傳，旁逮《大戴記》、《周書》之屬，以證同制，成《西漢周官師說攷》二卷。雖復節族久絕，法數滋更，然故典具存，師說未替，辨跡遡源，咸有籤驗。庶聖王之文，具于簟席；太平之迹，布在方策，世之君子，或有取焉。〔註53〕

由上序論，可見申叔先生撰述原考旨趣！謹略舉其大要如下，藉明西漢古文〈周官〉師說之微指焉：

1. 《漢書・地理志》云：「周既克殷，監于二代而損益之，定官分職，改禹（貢）徐、梁二州合之於雍、青，分冀州之地以爲幽、并。故〈周官〉有職方氏，掌天下之地，辨九州之國。」據志說，是九州地域與禹同，惟省徐入青，併梁合雍，出於姬公所改。〈莽傳〉謂：「帝王相改，各有云爲。」厥說與符。蓋并、幽之地，禹域實賅徐、梁之封，周廷撫有。惟劃州建域，各有弗齊，故曰「相改」。非夏之聲教不暨并，周則擯梁荒服也。考西漢古今文說，於土疆贏縮，鮮云四代有殊，〈莽傳〉說蓋職方幽州，即禹貢冀州東北。青州南境，兼得徐州；雍州之南，亦得梁地。雖華、雍細別，經鮮可徵。然《周官》以華山屬豫州，則華爲中岳，雍州嶽山爲西岳，即《爾雅》所謂河南華，河西嶽，河東岱，江南衡也。豫界拓西直與梁接，則雍侵梁界，奄有岷、嶓、涇、汭以南，遠隃潛、沔。按之情實，其誼至明。

〔註53〕《遺書》，冊一，頁199，《西漢周官師說考》。

2. 案：……莽以九州之外爲維蕃，蓋以維蕃即蕃國，似本《周官》爲說。……所云「萬國」，上儗往制，謂得百里國萬區。彼以城、寧、翰、屛、垣、蕃儗五服，疑亦劉歆師說。
3. 王畿經畫，〈周官〉特詳，……漢儒詮制，鮮克理董。然說各偭方，似以〈莽傳〉爲近正。知者，《周書・作雒解》述周公將致政，乃作大邑周於土中，以爲天下大湊，制郊甸方六百里，因西土爲方千里，分以百縣（百里一縣），是雒邑、宗周通封圻，宗周爲西都，爲方百里者六十四；雒爲東都，爲方百里者三十六。短長相覆，爲方千里。經云王國、國畿、邦畿方千里，均謂得百里之地百區，匪據正方。莽制所詮，與周制符。……較之東漢師說，夫固信而有徵矣。
4. 新室封建，距周較遠；又以出車制賦，准古綦難。故本封而外，弗復頒土；附庸閒田，亦居封外。雖所宗均爲周官誼，然邦國數要大小等夷，經無明說。故子駿之倫，旁准〈王制〉，互相證明，然後《周官》之說備，固與東漢師說異也。

   按〈太宰職〉云：「乃施典於邦國，而建其牧，立其監。」〈大司馬〉亦曰：「置（煌案：應作建。）牧立監，以維邦國。」莽依《周官》、〈王制〉之文，置郘監，監位上大夫；則經云：「立監」，西漢先師必以監大夫爲說。蓋管、蔡、霍爲三監，古今師說並同；則監大夫之制，亦爲〈周官〉所有。
5. 〈莽傳〉言始建國二年，甄豐子尋作符命。言新室當分陝立二伯，以豐爲右伯，太傅平晏爲左伯；如周、召故事。是莽以二伯之制與四伯殊，〈大宗伯〉九命作伯，先鄭注云：「長諸侯爲方伯。」……據先鄭說，似上公即方伯，方伯謂四方伯（據今文師說，未有以方伯即二伯者。），與莽說同。
6. 〈莽傳〉……以〈王制〉通〈周官〉。知者，〈莽傳〉稱地皇二年，莽下書責七公；始建國三年，莽令七公、六卿，號皆稱將軍。七公者，上公四人暨三公。是莽置大夫、元士，雖宗〈王制〉；至三公、六卿之名，則准〈周官〉。
7. （〈莽傳〉）以九錫爲九命之錫，……爲同時所錫，乃上公所獨；《（白虎）通義》以九錫匪同時，故爵命不同，錫亦異數。乃《周禮・小宰》先鄭注，以九錫釋禮九命。《禮記・曲禮》疏說九錫，引《周禮・九儀》，

〈含文嘉〉九賜二文；復引鄭司農說，以《周禮》九錫與九賜是一；又引《異義》許慎說，云九錫九命。如先鄭說，蓋以〈大宗伯再命受服，與九錫衣服相當，直以錫數應命數；與《通義》今文說，雖亦稍殊，然與〈莽傳〉《周禮》說，背違滋甚。

8. 王官之爵，具見敘官，自公以下凡六等：曰卿，曰中大夫，曰下大夫，曰上士，曰中士，曰下士。據〈莽傳〉說，則……以〈王制〉下卿以下，別有上大夫；又元士、上士，其文互著，因以元士非上士，上大夫非卿。然博士今文說，並以元士屬王朝，上士屬侯國，與此不同。
9. 天子妃匹之制，〈王制〉無明文，故莽制初采《春秋》說，嗣用昏義，前後不同。〔註 54〕

## （二）論周禮注

自鄭玄徧注三禮，於是禮宗鄭學，一若捨此而別無所從。然而《周官》一書，鄭注之前，猶有《五經異議》所引古《周禮》說、古《左氏春秋》說，又有杜子春、鄭眾、賈逵、馬融等諸家古注，今雖其書不存，猶可尋其餘緒，假令寖至墜失，終成缺憾。申叔先生因乃發心，援據古注古說諸書，更以己意，徵引多方，撰成《周禮古注集疏》。惜其遺稿多闕，今全存者，總不過十卷而已。〔註 55〕

考賈公彥序周禮廢興引鄭玄《周禮注》序云：「世祖以來，通人達士，大中大夫鄭少贛名興，及子大司農仲師名眾，故議郎衛次仲，侍中賈君景伯，南郡太守馬季長，皆作《周禮解詁》。……二鄭者，同宗之大儒，明理于典籍，觕識皇祖大經周官之義；存古字，發疑，正讀，亦信多善；徒寡且約，用不顯傳于世。今讚而辨之，庶成此家世所訓也。」是鄭玄注《周禮》多引二鄭之說也。〔註 56〕鄭氏《周禮注》中，引鄭大夫說者，據李雲光先生《三禮鄭氏學發凡》所計，共得十四條，其中存而不論及就足其義者，約占二分之一；修正及破之者，約占二分之一。引鄭司農說者，據洪業氏《周禮注疏引得》計之，共得六百五十一條，其中存而不論及就足其義者，約占十分之七、八；修正及破之者，

〔註 54〕見《遺書》冊一，頁 201～216，《西漢周官師說考》。
〔註 55〕見《六十年來之國學》（一），頁 374。
〔註 56〕按晁公武《郡齋讀書志》亦云：「鄭興、鄭眾，傳授《周禮》，康成引之，以參釋異同。云大夫者興也，司農者眾也。」

約占十分之一、二。〔註57〕又鄭眾《周官》之學，係淵源於杜子春，〔註58〕故鄭玄《周禮注》亦頗有采杜氏說者，據《三禮鄭氏學發凡》所述，共得一百八十七條，其中存而不論及就足其義者，約占十分之七；修正及破之者，約占十分之三。〔註59〕要之，鄭玄於二鄭及杜氏之說，或取備一義，或竟不之從，然而必詳引之者，蓋不僅如其所謂以「不顯傳于世，今讚而辨之，庶成此家世所訓」而已，當亦有以待後賢發明之意。陳澧云：「賈疏《周禮》，則詳於後鄭，而稍略於先鄭。南海曾勉士先生爲《周禮補疏》，專疏先鄭，惜其書未刊行也。」〔註60〕今按申叔先生著《周禮古注集疏》，申杜氏及二鄭之說，多所發明。尤於鄭司農，推崇備至，謂其說皆有所本：

1. 先鄭本於《尚書》師說者

如〈春官・宗伯第三〉：「乃立春官宗伯，使帥其屬而掌邦禮，以佐王和邦國。」鄭玄注：「鄭司農云：宗伯，主禮之官，故《書・堯典》曰：『帝曰：咨！四岳，有能典朕三禮？僉曰：伯夷。帝曰：俞咨！伯，女作秩宗。』宗官又主鬼神，故《國語》曰：『使名姓之後，能知四時之生、犧牲之後、玉帛之類、采服之宜、彝器之量、次主之度、屏攝之位、壇場之所、上下之神祇、氏姓之所出，而率舊典者爲之宗。』《春秋》：『禘于大廟，躋僖公。』而傳曰：『夏父弗忌爲宗人。』又曰：『使宗人釁夏獻其禮。』《禮・特牲》曰：『宗人升自西階，視壺濯及豆籩。』然則唐虞歷三代，以宗官典國之禮與其祭祀，漢之大常是也。」申叔先生疏：「先鄭以古代主禮之官，兼主鬼神，官以宗名，亦與周同，故引《書・堯典》及〈楚語〉爲證。……蓋周以宗伯列六官，以巫祝爲春官之屬，均與古異；其典禮主祭，則與古同。侯國宗官，亦非卿職，然官名弗畏，所掌亦同。故先鄭

〔註57〕陳澧《東塾讀書記》卷七：「後鄭注引鄭大夫者甚少，且多不從其說，……蓋以其爲鄭司農之父，故引之耳。所謂成家世之訓也。至司農之說，則多引之，又多從之，蓋猶注詩之宗毛爲主矣。」

〔註58〕按《後漢書・鄭眾本傳》，不載眾傳《周官經》，惟於〈儒林・董鈞傳〉嘗言及之。至其從杜子春學《周官》，並作《周官解詁》事，則並見於賈公彥序《周禮廢興》，孔穎達《禮記正義》序，及陸德明《經典釋文・敘錄》。

〔註59〕陳澧《東塾讀書記》卷七：「後鄭於杜子春多從其說，……不從其說者，亦頗有之，然不多也。且有二鄭不從杜說，後鄭則從之者。……然有二鄭不從杜，後鄭亦不從者。」

〔註60〕見《東塾讀書記》卷七，〈周禮篇〉，頁6。

此注，復引僖、哀二傳及禮經，以證宗官之職掌。其以漢大常相況者，《漢書・王莽傳》，莽改太常曰秩宗；蓋用《尚書》師說，是即先鄭所本。」〔註61〕

2. 先鄭本於劉歆〈周官〉說者

如師氏職：「以三德教國子。」申叔先生疏：「先鄭，諸子：『掌國子之倅。』注云：『國子，謂諸侯、卿、大夫、士之子也。』其訓最的。《漢書・禮樂志》云：『周詩既備，而其器用張陳，周官具焉。典者自卿大夫（師瞽）以下，皆選有道德之人，朝夕習業，以教國子。國子者，卿大夫之子弟也。』是蓋劉子駿周官說，即先鄭所本。」〔註62〕

3. 先鄭與莽同說者

如大宗伯職：「以禋祀祀昊天上帝。」鄭玄注：「鄭司農云：『昊天，天也；上帝，玄天也。昊天上帝，樂以雲門。』」申叔先生疏：「先鄭以昊天爲天之大名，不依四時異名之說，與古《尚書》同。其以上帝爲玄天，則以玄屬北方，即北辰之帝，與《爾雅》冬爲上天說亦不背。其曰『樂以雲門』者，據〈大司樂〉雲門祀天神，以天神即此昊天上帝，亦即孟春南郊所祀，此尤先鄭與莽同說之證也。」〔註63〕

蓋以先鄭生當東漢之初，其所引舊說，乃西漢經師之古訓，彌足珍貴故也。

有關鄭玄注《周禮》之得失，申叔先生於疏中，頗有指陳。茲先述其的當者之凡例：

1. 後鄭用先鄭說者

如鄉師職：「稽器展事。」鄭玄注：「展猶整具。」申叔先生疏：「充人，先鄭注訓『展』爲『具』。知此注義同。後鄭以爲『猶整具』，用先鄭說。」〔註64〕

2. 後鄭同於先鄭說者

如肆長職：「各掌其肆之政令，陳其貨賄，名相近者相遠也，實相近者相爾也，而平正之。」鄭玄注：「爾亦近也，俱是物也，使惡

〔註61〕《遺書》，冊一，頁311上，《周禮古注集疏》。
〔註62〕《遺書》，冊一，頁283上，《周禮古注集疏》。
〔註63〕《遺書》，冊一，頁319下，《周禮古注集疏》。
〔註64〕《遺書》，冊一，頁273上，《周禮古注集疏》。

者遠善，善自相近。鄭司農云：『謂若珠玉之屬，俱名爲珠，俱名爲玉，而賈或百萬，或數萬，恐農夫愚民見欺，故別異令相遠，使賈人不得雜亂以欺人心。』」申叔先生疏：「先鄭之意，蓋謂同名異實之物，物別爲肆，使不雜同，其同實之物，則以類相從，此即司市所云辨物也。後鄭云：『俱是物也，使惡者遠善，善自相近。』與先鄭同。」〔註65〕

3. 後鄭合於先鄭說者

如司門職：「祭祀之牛牲繫焉，監門養之。」鄭玄注：「監門，門徒。」申叔先生疏：「充人職云：『凡散祭祀之牲，繫于國門，使養之。』先鄭注云：『使守門者養之。』先鄭之意，蓋以此監門即敘官之徒；亦即掌戮所云：『墨者使守門。』互詳敘官各疏。後鄭以爲門徒，與先鄭合。」〔註66〕

4. 後鄭增成先鄭之注義者

如縣師：「上士二人，中士四人，府二人，史四人，胥八人，徒八十人。」鄭玄注：「名曰縣師者，自六鄉以至邦國，縣居中焉。鄭司農云：『四百里曰縣。』」申叔先生疏：「縣師者，據本職云：『掌邦國都鄙稍甸郊里之地。』則所掌非僅小都之縣。先鄭以爲四百里之縣者，以縣居都鄙稍甸之中，本職不云掌縣地，明本官治事之地即在小都。故内而稍甸郊里，外而都鄙邦國，其地域亦爲所轄。又小都之縣，據先鄭縣士注義，亦方百里。蓋周制百里爲縣，畿内所同；其公邑、家邑、大都區畫，均非百里。惟小都區畫，適符一縣之方，因媷縣稱，以與甸稍及蘦示別。此官以縣爲名，則甸稍及蘦，亦得互見。此先鄭本注之意也，杜、許各說，疑亦相同。後鄭云：『名曰縣師者，自六鄉以至邦國，縣居中焉。』即增成先鄭注義。」〔註67〕

5. 後鄭所釋蓋亦舊說者

如廩人職：「凡邦有會同師役之會，則治其糧與其食。」鄭玄注：「行道曰糧，謂糒也；止居曰食，謂米也。」申叔先生疏：「說文：『糧，穀也。』《詩・篤公劉》：『及裹餱糧，于橐于囊。』《孟子・梁惠王

〔註65〕《遺書》，冊一，頁292下，《周禮古注集疏》。
〔註66〕《遺書》，冊一，頁294上，《周禮古注集疏》。
〔註67〕《遺書》，冊一，頁245下，《周禮古注集疏》。

篇》趙注謂：『裹盛乾食之糧于橐囊。』是糧爲乾食，故此經與食別文。後鄭云：『行道曰糧，謂糒也；止居曰食，謂米也。』蓋亦舊說。」〔註68〕

6. 後鄭所釋雖非先鄭義，然說亦可通者

如遺人：「中士二人，下士四人，府四人，胥四人，徒四十人。」鄭玄注：「鄭司農云：『遺讀如《詩》曰棄予如遺之遺。』玄謂以物有所饋遺。」申叔先生疏：「先鄭之意，以此官掌委積，凡其委積，必以餘財，故以棄舍爲名；其引《詩・谷風》爲證者，非惟比擬其音，亦以互明其義。後鄭云：『玄謂以物有所饋遺。』其說亦通，然非先鄭義也。」〔註69〕

7. 後鄭之說，優於杜氏及先鄭者

如司門職：「正其貨賄。」鄭玄注：「正讀爲征，征稅也。」申叔先生疏：「後鄭謂正爲征，據《左傳》文十一年：『宋征郲門。』又司關職：『關門之征。』先鄭釋征爲租稅。則後鄭之說，亦與經符。惟杜及先鄭不著異讀，則讀正如字，與肆長平正貨賄義同，不如後鄭說也。」〔註70〕

8. 後鄭之說近是者

如閽人職云：「大祭祀喪紀之事，設門燎。」鄭玄注：「燎，地燭也。」申叔先生疏：「《說文》：『燎，放火也。』與此燎異；『燭，庭燎大燭也。』與此燎同。此即㸑字引伸之義，詳大宗伯疏。詩庭燎，毛傳亦云：『大燭也。』後鄭云：『燎，地燭也。』〈士喪禮〉注謂在地曰燎，執之曰燭。司烜氏注又云：『樹於門外曰大燭，於門內曰庭燎。』其說近是。今即禮經考之，〈燕禮〉言『執燭』，〈士喪禮〉云『爲燎』，〈燕禮〉又云：『甸人執大燭於庭，閽人爲大燭於門外。』蓋燎與燭別，燎亦通稱大燭，庭曰庭燎，門曰門燎，其在門者必樹地，庭則或樹或執。此云門燎，即大燭樹于門外者也。」〔註71〕

次述其違缺者之凡例：

〔註68〕《遺書》，冊一，頁307下，《周禮古注集疏》。
〔註69〕《遺書》，冊一，頁245下，《周禮古注集疏》。
〔註70〕《遺書》，冊一，頁293下，《周禮古注集疏》。
〔註71〕《遺書》，冊一，頁232下，《周禮古注集疏》。

1. 後鄭與杜氏義殊者

如大司徒職：「五比爲閭，使之相受。」鄭玄注：「故書受爲授。杜子春云：『當爲受，謂民移徙所到則受之，所去則出之。』……玄謂受者宅舍有故，相受寄託也。」申叔先生疏：「杜注易授爲受，謂一閭之內，民有出入移徙，則互相容受；後鄭以受爲『宅舍有故，相受寄託』，非杜氏意。」〔註 72〕

2. 後鄭與許書背，非達詁者

如司裘職：「大喪廞裘飾皮車。」鄭玄注：「故書廞爲淫，鄭司農云：『淫裘，陳裘也。』玄謂廞，興也；若詩之興，謂象似而作之。凡爲神之偶衣物，必沽而小耳。」申叔先生疏：「大喪廞裘者，《說文》：『廞，陳輿服于庭也。』故《書》作淫，即廞叚字。司服、司兵，先鄭注並云：『淫讀爲廞』，則先鄭亦以作廞爲正字，此無淫讀爲廞之詞，蓋文不具。據〈既夕禮〉：『葬前一日，陳明器于乘車西』，此裘即明器之『裘』，亦上『良裘』之屬；許云：『陳輿服于庭』，即據喪禮言之。司服：『大喪其廞衣服』，服爲大名，裘亦服也。先鄭訓爲『陳裘』，與許說同；凡本經廞字，先鄭並釋爲陳，謂陳而不用。……後鄭云：『廞，興也；若詩之興，謂象似而作之。』與許書背，非達詁也。」〔註 73〕

3. 後鄭不達先鄭之旨，妄破先鄭以致誤者

如內宰職：「佐后而受獻功者，比其小大與其麤良而賞罰之。」鄭玄注：「獻功者，九御之屬，鄭司農云：『烝而獻功』。玄謂典婦功曰：『及秋獻功』。」申叔先生疏：「佐后而受獻功者，功即稽其功事之功，〈魯語〉公父文伯母曰：『社而賦事，烝而獻功』，韋注云：『冬祭曰烝，烝而獻布帛之功也。』先鄭引以爲說，蓋謂此獻功亦在孟冬。後鄭云：『玄謂典婦功曰：及秋獻功。』不用先鄭說。今案典婦功此語，冢上『授嬪婦功』爲文；彼職嬪婦亦與內人別文，即典絲所云外工。若本職之文，上冢內人功事言，與彼職嬪婦別。先鄭之義，蓋以外嬪婦獻功以秋，內人則以孟冬。〈魯語〉：『烝而獻功』，據內工言；瞻仰，毛傳謂歲單獻繭，亦據內宮之制言之，故與秋獻

〔註 72〕《遺書》，冊一，頁 259 上，《周禮古注集疏》。
〔註 73〕《遺書》，冊一，頁 227 上，《周禮古注集疏》。

功時別。後鄭不達此旨，妄破先鄭，誤之甚矣。」〔註 74〕

4. 後鄭不如先鄭之說者

如大司徒職：「祀五帝，奉牛牲，羞其肆；享先王亦如之。」申叔先生疏：「享先王亦如之，謂亦奉牛牲，羞其肆也。據〈周語〉：『禘有全烝』，禘亦享先王之一；其他廟享，蓋亦得用房烝。《詩・閟宮》：『秋而載嘗，夏而楅衡』，下云：『毛炰胾羹，籩豆大房』，毛傳云：『大房，半體之俎也。』此宗廟得用房烝之證，以魯例周，明證昭然。若然，〈大宗伯〉『以肆獻祼享先王。』當如先鄭之說，訓爲體薦房烝；不當如後鄭訓爲解牲體也。」〔註 75〕

5. 後鄭自歧其說，而先鄭確然弗惑者

如小司徒職云：「九比之數」，鄭玄注：「鄭司農云：『九比謂九夫爲井。』玄謂九比者，冢宰職出九賦者之人數也。」申叔先生疏：「九比之義，據先鄭後注，以『五家爲比』釋大比、比要，此云『九比謂九夫爲井』者，比疑衍字。先鄭之義，蓋以九爲井田制，即九夫爲井；比爲閭里制，即五家爲比。明閭里之制，通于都鄙；而井田之制，通于鄉郊也。以《漢書・食貨志》、〈刑法志〉、《五經異義》、《周禮說》證之，周代田制既無侯國王圻之異；王圻田制，亦無鄉郊都鄙之殊，則井田之制，六鄉所同。鄉不制井，說始後鄭，本職後注以『鄉之田制與遂同』，又謂：『采地制井田，異于鄉遂』；其匠人注亦曰：『采地制井田，異于鄉遂及公邑』，此均鄉不制井之說。故本注釋九比以爲『出九賦者之人數』，不云井制；然下經『攷夫屋』，蒙上『六鄉四郊』言，後鄭彼注云：『夫三爲屋，屋三爲井』，則鄉郊亦爲井制，昭然甚明。此則先鄭之確然弗惑，而後鄭之自歧其說者也。」〔註 76〕

6. 後鄭雖與先鄭同說，然後鄭之說似未可從者

如內宰職：「以陰禮教六宮」，鄭玄注：「鄭司農云：『陰禮，婦人之禮。六宮，後五前一；王之妃百二十人：后一人，夫人三人，嬪九人，世婦二十七人，女御八十一人。』玄謂六宮謂后也，婦人稱寢曰宮，宮、

〔註 74〕《遺書》，冊一，頁 231 上，《周禮古注集疏》。
〔註 75〕《遺書》，冊一，頁 261，《周禮古注集疏》。
〔註 76〕《遺書》，冊一，頁 265 上，《周禮古注集疏》。

隱蔽之言，后象王立六宮而居之，亦正寢一、燕寢五，教者不敢斥言之，謂之六宮，若今稱皇后爲中宮矣。昏禮，母戒女曰：夙夜毋違宮事。」申叔先生疏：「六宮之義，如先鄭說，蓋謂宮寢，例可互稱，故后曰六宮，王曰六寢，前一即敘官正內，後之五寢，亦中一隅四，與王寢之制略同。諸侯夫人則曰寢，前一後三，與君寢同。《詩・碩人》毛傳曰：『君聽朝于路寢，夫人聽內事于正寢。』明君及夫人，各有正寢也。是即先鄭所云前寢，王寢、后寢，知亦然矣。……後鄭云：『六宮謂后……后象王立六宮而居之，亦正寢一、燕寢五。』所說寢制，雖與先鄭說同；然先鄭備引夫人以下，後鄭謂『六宮謂后』，義實不同。賈疏云：『先鄭意，以陰禮婦人之禮，教六宮之人，自后以下至女御。後鄭意，以婦人之禮教后一人，六宮即后。』于二注異同，區分至晰，竊以內宮六寢，雖均屬后，然亦夫人以下所居，經舉六宮，自賅夫人以下，後鄭之說，似未可從。」〔註77〕

7. 後鄭說之未晐者

如典絲職：「凡飾邦器者，受文織絲組焉。」鄭玄注：「謂茵席屏風之屬。」申叔先生疏：「此云凡飾邦器，通祭祀、喪紀以外之器言之。《詩・簡兮》：『執轡如組』，毛傳云：『組，織組也。』〈干旄〉：『素絲紕之』，傳云：『紕，所以織組也。』又：『素絲組之』，傳云：『總以素絲爲成組也。』又《左傳》襄三年：『組甲三百』，疏引賈注云：『組甲，以組綴甲。』《初學記》二十七引服注同。疏又引馬融云：『組甲，以組爲甲裏。』據眾說，此云絲組，亦兼轡絲組甲之屬矣。後鄭云：『謂茵席屏風之屬。』其說未晐。」〔註78〕

8. 後鄭之說，于古無徵，疑亦肊說者

如內宰職：「上春，詔王后帥六宮之人，而生穜稑之種，而獻之于王。」鄭玄注：「古者使后宮藏種，以其有傳類蕃孳之祥，必生而獻之，示能育之使不傷敗，且以佐王耕事共禘郊。鄭司農云：『先種後孰謂之穜，後種先孰謂之稑，王當以耕種于藉田。』」申叔先生疏：「據先鄭注義，此以穜稑獻王，惟共耕藉之用；蓋耕藉以春，故先期獻穜稑。後鄭云：『古者使后宮藏種，以其有傳類蕃孳之祥，必生而獻之，

〔註77〕《遺書》，冊一，頁229上，《周禮古注集疏》。
〔註78〕《遺書》，冊一，頁235下，《周禮古注集疏》。

示能育之使不傷敗』，其說于古无徵，疑亦脫說。」〔註79〕

9. 後鄭所釋，未知是否的當者

如司市職：「以賈民禁僞而除詐」，鄭玄注：「賈民、胥師、賈師之屬，必以賈民爲之者，知物之情僞與實詐。」申叔先生疏：「後鄭云：『賈民、胥師、賈師之屬』，未知當否？」〔註80〕

按申叔先生《周禮古注集疏》，意在折衷先鄭、後鄭，若後鄭之說有未善者，則微引近儒之說以定之。如：

1. 引江永說以箴後鄭之誤者

如掌節職：「掌守邦節。」鄭玄注：「邦節者，珍圭、牙璋、穀圭、琬圭、琰圭也。」申叔先生疏：「後鄭以邦節爲珍圭、牙璋、穀圭、琬圭、琰圭，江永云：『此經爲下文諸節提綱，辨其用下云。』所云是也。足箴後鄭之誤。」〔註81〕

2. 引金鶚說以箴後鄭之誤者

如九嬪職：「凡祭祀，贊玉齍，贊后薦，徹豆籩。」鄭玄注：「玉齍，玉敦，受黍稷器，后進之而不徹。故書玉爲王，杜子春讀爲玉。」申叔先生疏：「《說文》：『齍，黍稷在器以祀者。』齍爲祀穀在器之稱，引伸則盛穀之器，亦謂之齍；故書作王，義不可通，故杜氏讀玉，謂以玉爲齍。後鄭以齍即敦，金鶚云：『敦非天子諸侯之器，此玉齍者，玉簠簋。』足箴後鄭之誤。」〔註82〕

3. 引黃以周說以箴後鄭之誤者

如內府職：「掌受九貢九賦九功之貨賄，良兵良器，以待邦之大用。」鄭玄注：「大用，朝覲之頒賜。」申叔先生疏：「後鄭云：『朝覲所頒賜。』黃以周云：『內府之大用，謂祭祀、賓客、喪紀、會同、軍旅之大財用也。』其說足箴鄭誤。」〔註83〕

4. 引俞樾說以箴後鄭之誤者

如大司徒職：「八曰以誓教恤，則民不怠。」鄭玄注：「恤謂災危相憂，民有凶患，憂之則民不解怠。」申叔先生疏：「後鄭云：『恤謂

〔註79〕《遺書》，冊一，頁231下，《周禮古注集疏》。
〔註80〕《遺書》，冊一，頁289上，《周禮古注集疏》。
〔註81〕《遺書》，冊一，頁294下，《周禮古注集疏》。
〔註82〕《遺書》，冊一，頁233上，《周禮古注集疏》。
〔註83〕《遺書》，冊一，頁222下，《周禮古注集疏》。

灾危相憂』，與誓義不合。俞樾謂恤即堯典恤刑之恤，教恤即教慎，國有大事，先誓戒之，使知敬慎。其說足箴鄭誤。」〔註84〕

5. 引孫詒讓說以箴後鄭之誤者

如職內職：「凡受財者，受其貳令而書之。」鄭玄注：「受財，受於職內，以給公用者。貳令者，謂若今御史所寫下本奏王所可者書之，若言某月某日某甲詔書，出某物若干，給某官某事。」申叔先生疏：「後鄭云：『受財，受于職內，以給公用者。』孫詒讓云：『此受財者，即謂以上令受財百官府，但以令送致此官，書其副貳，以備鉤考，非必皆此官取百官府之財以授之也。』足箴後鄭之誤。」〔註85〕

## （三）論西周之田制

中國以農立國，故農牧經濟發達最早。自神農之世，焚林木，啓田疇，播五穀，而耕稼制度以興。及地力既竭，嘉穀不生，乃棄舊疇，闢新土，是爲暘耕制度；而舊疇之地，休田作牧，田以播穀，萊以牧牲，爲游牧、耕稼並行之制。至新疇力竭，復闢舊疇，而休田之制易爲趄田，即爰土易居之義也。故夏、殷之田，咸區不易、一易、再易之地爲三等；而殷代田制，歲耕稼者謂之畬，間歲一耕者謂之新田，三歲更耕者謂之菑，此超趄田之制度也。〔註86〕

周代早自其始祖后稷，受封於邰，即以農業開基，故特崇農事，申叔先生嘗論及西周田制之進化與區畫，曰：

1. 田制之進化：

周代田制，仍用趄田之法，區上田、中田、下田爲三等。不易之地，是爲上田；一易之地，是爲中田；再易之地，是爲下田。歲耕稼者謂之田，休而不耕者謂之萊，萊以牧牲，即中田、下田暫休者也。此周代用趄田之證。

2. 田制之區畫：

周代之田，一夫受可耕之地畝，是爲私田；又授公田十畝，復授二畝半之地爲廬舍。而制地之法不同，今述之如左：

（1）平土之法　文王在岐，用平土之法，故建司馬法，六尺爲步，步百爲畝，畝百爲夫，夫三爲屋，屋三爲井，井十爲通，通十

〔註84〕《遺書》，冊一，頁253上，《周禮古注集疏》。
〔註85〕《遺書》，冊一，頁224下，《周禮古注集疏》。
〔註86〕見《遺書》冊四，頁2492，《中國歷史教科書》。

爲成，成十爲終，終十爲同，同方百里，提封萬井，同十爲封，封十爲畿，畿方千里。

(2) 溝洫之法　周代之制，遂人掌治野，夫間有遂，遂上有徑；十夫有溝，溝上有畛；百夫有洫，洫上有涂；千夫有澮，澮上有道；萬夫有川，川上有路，以達于畿，此鄉遂用溝洫之法也。用之近郊鄉遂。

(3) 井田之法　周代之制，匠人爲溝洫，耜廣五寸，二耜爲耦，一耦之伐廣尺，深尺謂之甽，田首倍之，廣二尺深二尺謂之遂，九夫爲井，井間廣四尺深四尺謂之溝，方十里爲成，成間廣八尺深八尺謂之洫。方百里爲同，同間廣二尋深二仞謂之澮，專達於川，此都鄙用田井之法也。用之野外及縣都。〔註87〕

又周代田制，既有鄉遂及都鄙之殊，而任地之法，復各不同。申叔先生曰：

大抵以土地之遠近定田制之區畫，人民所居之地爲廛里，王國之地則以廛里任之。場以登禾黍，圃以植果蓏，樊圃謂之園，園地則以場圃任之。宅田，即五畝之宅，二畝半在田；士田，仕者所受之圭田；賈田，則賈人有事官府者所受之田也——近郊之地有此三等，五十里爲近郊。若夫官田者，庶人在官所受之田也；牛田，牛人之田，牧養公家之牛者；賞田，賞賜之田；牧田，牧六畜之田——遠郊之地有此四等，百里爲遠郊。自甸之外，以至畺地，有公邑，有家邑，有卿采之地，有公采之地，有王子弟所食之邑，皆任士之所宜以制賦；司其事者，則有載師之官。〔註88〕

此外，申叔先生並依莊存與《周官記》所述，就載師之文立表，〔註89〕附錄於后：

| 戴師任地譜 | | | | | | | | | | |
|---|---|---|---|---|---|---|---|---|---|---|
| 民職 | 國中 | 近郊<br>鄉士田 | 遠郊<br>鄉賞田 | 甸<br>公邑 | 削<br>家邑 | 縣<br>小都 | 畺<br>大都 | 場圃 | 藪牧 | 山澤 |
| 農民一夫 | | 農民一夫 | 農民一夫 | 農民一夫 | 農民一夫 | 農民一夫 | 農民一夫 | 園圃一夫 | 藪牧一夫 | 虞衡一夫 |

〔註87〕《遺書》，冊四，頁2538上～2539上，《中國歷史教科書》。

〔註88〕《遺書》，冊四，頁2539上，《中國歷史教科書》。

〔註89〕《遺書》，冊四，頁2539～2541，《中國歷史教科書》。

| 宅 | 二畝有半無征 | 二畝有半征五之二 | 二畝有半征五之三 | 二畝有半征五之四 | 二畝有半征五之四 | 二畝有半征五之四 | 二畝有半征五之四 | 二畝有半征五之一 | 二畝有半盡征之 | 二畝有半盡征之 |
| --- | --- | --- | --- | --- | --- | --- | --- | --- | --- | --- |
| 田 |  | 上地百畝中地二之下地三之餘夫一人受四之一 | 上地百畝中地二之下地三之餘夫一人受四之一 | 上田百畝萊半之中田百畝萊百畝下田百畝萊二百畝餘夫一人受四之一 | 上田百畝萊半之中田百畝萊百畝下田百畝萊二百畝餘夫一人受四之一 | 上田百畝萊半之中田百畝萊百畝下田百畝萊二百畝餘夫一人受四之一 | 上田百畝萊半之中田百畝萊百畝下田百畝萊二百畝餘夫一人受四之一 | 百畝 | 八百畝 | 九百畝 |
| 廬 |  | 二畝有半征五之二 | 二畝有半征五之三 | 二畝有半征五之四 | 二畝有半征五之四 | 二畝有半征五之四 | 二畝有半征五之四 | 不授 | 不授 | 不授 |
| 公田 |  | 上田十畝中二之下三之餘夫耕四之一 | 上田十畝中二之下三之餘夫耕四之一 | 上田十畝中二之下三之餘夫耕四之一 | 上田十畝中二之下三之餘夫耕四之一 | 上田十畝中二之下三之餘夫耕四之一 | 上田十畝中二之下三之餘夫耕四之一 | 十畝 | 八十畝 | 九十畝 |
| 士未仕者致仕者 |  | 士未仕者致仕者 |  | 士未仕者致仕者 | 士未仕者致仕者 | 士未仕者致仕者 |  |  |  |  |
| 宅 | 二畝有半無征 | 二畝有半征五之二 |  | 二畝有半征五之四 | 二畝有半征五之四 | 二畝有半征五之四 | 二畝有半征五之四 |  |  |  |
| 田 |  | 餘夫受上田二十五畝 |  | 餘夫受上田二十五畝 | 餘夫受上田二十五畝 | 餘夫受上田二十五畝 | 餘夫受上田二十五畝 |  |  |  |
| 廬 |  | 八分畝之五 |  | 八分畝之五 | 八分畝之五 | 八分畝之五 | 八分畝之五 |  |  |  |
| 公田 |  | 二畝有半 |  | 二畝有半 | 二畝有半 | 二畝有半 | 二畝有半 |  |  |  |
| 賈民一人 |  | 賈民一人 |  | 賈民一人 | 賈民一人 | 賈民一人 | 賈民一人 |  |  |  |
| 宅 | 二畝有半無征 | 二畝有半征五之二 |  | 二畝有半征五之四 | 二畝有半征五之四 | 二畝有半征五之四 | 二畝有半征五之四 |  |  |  |
| 田 |  | 餘夫受上田二十五畝 |  | 餘夫受上田二十五畝 | 餘夫受上田二十五畝 | 餘夫受上田二十五畝 | 餘夫受上田二十五畝 |  |  |  |

| 廬 | | 八分畝之五 | | 八分畝之五 | 八分畝之五 | 八分畝之五 | 八分畝之五 | | | |
|---|---|---|---|---|---|---|---|---|---|---|
| 公田 | | 不授<br>十分私田而賦其一貢貨物 | | 不授<br>十分私田而賦其一貢貨物 | 不授<br>十分私田而賦其一貢貨物 | 不授<br>十分私田而賦其一貢貨物 | 不授<br>十分私田而賦其一貢貨物 | | | |
| 商民一人 | | 商民一人 | | 商民一人 | 商民一人 | 商民一人 | 商民一人 | | | |
| 宅 | 二畝有半無征 | 二畝有半征五之二 | | 二畝有半征五之四 | 二畝有半征五之四 | 二畝有半征五之四 | 二畝有半征五之四 | | | |
| 田 | | 餘夫受上田二十五畝 | | 餘夫受上田二十五畝 | 餘夫受上田二十五畝 | 餘夫受上田二十五畝 | 餘夫受上田二十五畝 | | | |
| 廬 | | 八分畝之五 | | 八分畝之五 | 八分畝之五 | 八分畝之五 | 八分畝之五 | | | |
| 公田 | | 不授<br>十分私田而賦其一貢貨物 | | 不授<br>十分私田而賦其一貢貨物 | 不授<br>十分私田而賦其一貢貨物 | 不授<br>十分私田而賦其一貢貨物 | 不授<br>十分私田而賦其一貢貨物 | | | |
| 工民一人 | | 工民一人 | | 工民一人 | 工民一人 | 工民一人 | 工民一人 | | | |
| 宅 | 二畝有半無征 | 二畝有半征五之二 | | 二畝有半征五之四 | 二畝有半征五之四 | 二畝有半征五之四 | 二畝有半征五之四 | | | |
| 田 | | 餘夫受上田二十五畝 | | 餘夫受上田二十五畝 | 餘夫受上田二十五畝 | 餘夫受上田二十五畝 | 餘夫受上田二十五畝 | | | |
| 廬 | | 八分畝之五 | | 八分畝之五 | 八分畝之五 | 八分畝之五 | 八分畝之五 | | | |
| 公田 | | 不授<br>十分私田而賦其一貢器物 | | 不授<br>十分私田而賦其一貢器物 | 不授<br>十分私田而賦其一貢器物 | 不授<br>十分私田而賦其一貢器物 | 不授<br>十分私田而賦其一貢器物 | | | |
| 服公事者 | | | 服公事者 | 服公事者 | 服公事者 | 服公事者 | 服公事者 | | | |
| 宅 | 二畝有半無征 | | 二畝有半征五之四 | 二畝有半征五之四 | 二畝有半征五之四 | 二畝有半征五之四 | 二畝有半征五之四 | | | |

| 田 | | | 餘夫受上田二十五畝 | 餘夫受上田二十五畝 | 餘夫受上田二十五畝 | 餘夫受上田二十五畝 | 餘夫受上田二十五畝 | | | |
|---|---|---|---|---|---|---|---|---|---|---|
| 廬 | | | 八分畝之五 | 八分畝之五 | 八分畝之五 | 八分畝之五 | 八分畝之五 | | | |
| 公田 | | | 不授<br>十分私田而賦其一以國服爲之息 | 不授<br>十分私田而賦其一以國服爲之息 | 不授<br>十分私田而賦其一以國服爲之息 | 不授<br>十分私田而賦其一以國服爲之息 | 不授<br>十分私田而賦其一以國服爲之息 | | | |
| 以技食者 | | 以技食者 | | 以技食者 | 以技食者 | 以技食者 | 以技食者 | | | |
| 宅 | 二畝有半無征 | 二畝有半征五之二 | | 二畝有半征五之四 | 二畝有半征五之四 | 二畝有半征五之四 | 二畝有半征五之四 | | | |
| 田 | | 餘夫受上田二十五畝 | | 餘夫受上田二十五畝 | 餘夫受上田二十五畝 | 餘夫受上田二十五畝 | 餘夫受上田二十五畝 | | | |
| 廬 | | 八分畝之五 | | 八分畝之五 | 八分畝之五 | 八分畝之五 | 八分畝之五 | | | |
| 公田 | | 不授<br>十分私田而賦其一以國服爲之息 | | 不授<br>十分私田而賦其一以國服爲之息 | 不授<br>十分私田而賦其一以國服爲之息 | 不授<br>十分私田而賦其一以國服爲之息 | 不授<br>十分私田而賦其一以國服爲之息 | | | |
| 閒民一人 | | 閒民一人 | 閒民一人 | 閒民一人 | 閒民一人 | 閒民一人 | 閒民一人 | | | |
| 宅 | 二畝有半無征 | 二畝有半征五之二 | 二畝有半征五之四 | 二畝有半征五之四 | 二畝有半征五之四 | 二畝有半征五之四 | 二畝有半征五之四 | | | |
| 田 | | 不授 | 不授 | 不授 | 不授 | 不授 | 不授 | | | |
| 廬 | | 不授 | 不授 | 不授 | 不授 | 不授 | 不授 | | | |
| 公田 | | 不授 | 不授 | 不授 | 不授 | 不授 | 不授 | | | |
| 臣妾 | | 不授 | 不授 | 不授 | 不授 | 不授 | 不授 | | | |
| 宅 | 不授 | 不授 | 不授 | 不授 | 不授 | 不授 | 不授 | | | |
| 田 | 不授 | 不授 | 不授 | 不授 | 不授 | 不授 | 不授 | | | |
| 廬 | | 不授 | 不授 | 不授 | 不授 | 不授 | 不授 | | | |
| 公田 | | 不授 | 不授 | 不授 | 不授 | 不授 | 不授 | | | |

| 公田 | 公田 | 公田 | | | | | | 皆不授十分私田而賦其一各以所有爲貢 | | |
|---|---|---|---|---|---|---|---|---|---|---|
| 廬 | 廬 | 廬 | | | | | | 八分畝之五 | | |
| 田 | 田 | 田 | | | | | | 皆授上地二十五畝中地倍之下地參之 | | |
| 宅 | 宅 | 宅 | | | | | | 不授 | | |
| 餘夫 | 餘夫 | 餘夫 | | | | | | | | |

抑有進者；周自后稷以來，即以農業開基，故特崇農事，申叔先生謂其重農之舉約有二端：一曰重農政，二曰崇農學。引述如下：

1. 農　政

周代農政最著，春有籍田之典，並有祈穀上帝之典，夏日則行大雩之禮，冬日則行勞農之典；皆天子躬行之，以重農事，不獨省耕、省斂之典已也。若夫掌農政之官，職各不同：大司徒，以土均之法辨五物九等，制天下之地征，以斂財賦；閭師，時徵之賦；縣師，辨人民田萊之數，以歲時徵野之賦貢；均人，掌均地征；遂人，入野職、野賦于王府；里宰，掌徵斂財賦；旅師，掌聚野之耡粟、屋粟閒粟；土均，掌平土地之征；司稼，巡野觀稼，以年之上下出斂法——蓋周代土田廣廓，故特設斂稅之官，以收農民之稅斂，此周代征田賦之政也。若夫小司徒，掌經土地而井牧其田野；載師，掌任土之法，以物地事；遂人，掌邦之野，以土地之圖經田野，造縣鄙形體之法，以田里安氓；遂師，經牧其田野，以辨其可食；縣正，掌頒田里；旋師，掌新氓之治，以地之美惡爲之等——蓋五方土地不同，則田之美惡亦殊，故區民田爲數等，而疆界之區畫，田土之分頒，皆爲體國經野之政，故各設官以掌之，此周代經田之政也。又：司稼，掌巡邦野之稼而辨穜稑之種，周知其名，與其所宜地，以爲法而縣于邑閭；遂人（煌按：人應作師。），巡其稼穡；遂大夫，正歲，簡稼器，修稼政；縣正，趨民稼事而賞罰之；酇長、里宰，咸掌趨民耕耨——則又周代監督農事之官也。至於主伯、亞旅之設，則又農民之長官，所以爲衆農者之表率也。至於溝洫之制，匠人掌人；五穀所入，冢宰司之。皆與農政相關。蓋周代首重民食，故一切之政，均與農政相表裏，此則后稷、公劉之遺化也。

2. 農　學

大司徒，以土會之法辨五地之物生，山林宜早物，川澤宜膏物，丘陵宜覈物，墳衍宜莢物，原隰宜叢物；以土宜之法辨十有二土之名物，以毓艸木；又辨十有二壤之物而知其種，以教稼穡樹藝。遂人亦教人民以稼穡；遂大夫亦然。別有艸人之職，掌土化之法，以物地相其宜而爲之種；又以獸骨之汁漬穀種，各相土宜以施之，名曰糞種——此即農學中之化學也。又：稻人之職，掌稼下地，以豬畜水，以防止水，以溝蕩水，以遂均水，以列舍水，以澮瀉水，以涉揚其芟，作田；而夏令則以水殄艸——此即農學中之水利學也。蓋周代之農學多本于后稷之書，散見於管子、呂覽二書，一曰任地，二曰辨土，三曰審時；推之申農禁、垂農紀、除農害，咸爲農學之精言。〔註 90〕

按：由上觀之，知周代最崇農事，故農政至健全；又民諳種穀之方，農器大備於此，故農學亦最爲發達。申叔先生曰：

要而論之，周代最崇農事，故農夫列于四民之一。周代之所謂民，大抵皆農民也。農之子恆爲農，不見異物而遷，而國家之財政出于農，國家之選士擇于農，即國家之軍伍亦出于農，此可以觀周代之重農人矣。〔註 91〕

## 四、論劉氏治儀禮之創獲

《儀禮》所記爲古代之禮儀，在漢代或謂之「禮」，〔註 92〕或謂之「士禮」；〔註 93〕而「儀禮」二字，則首見於東晉范曄撰《後漢書》，〔註 94〕其次

〔註 90〕《遺書》，冊四，頁 2542，中國歷史教科書。

〔註 91〕《遺書》，冊四，頁 2543 上，中國歷史教科書。

〔註 92〕按《漢書・藝文志》六藝略禮部著錄：「《禮古經》五十六卷，經七十篇。」可知《漢志》稱儀禮爲「禮」；而以今古文分爲「古經」與「經」。所謂古經即古文「禮」之經；所謂經，即今文「禮」之經。

〔註 93〕按《史記・儒林傳》云：「禮固自孔子時，而其經不具。及至秦焚書，散亡益

當爲梁阮孝緒之《七錄》。〔註 95〕逮至唐初，《隋書・經籍志》乃正式著錄：「《儀禮》十七卷（鄭玄注）」，而孔穎達《禮記正義》序亦云：「武王沒後，成王幼弱，周公代之，攝政六年致太平，述文武之德而制禮也。……但所制之禮，則周官『儀禮』也。」又賈公彥爲十七篇作疏，直標曰《儀禮疏》。自是而後，《儀禮》遂爲正式之稱名。

考漢代所傳《儀禮》，凡有三本：一曰戴德本，二曰戴聖本，三曰劉向《別錄》本。就其經文言，亦有二本：高堂生所傳者，謂之今文；魯恭王壞孔子宅所得者，其字皆以篆書之，謂之古文本。〔註 96〕今傳者乃漢鄭玄注，唐賈公彥疏，凡十七篇。申叔先生於《儀禮》一經，除撰有《禮經舊說》、《禮經公士大夫》等文外，又作《逸禮考》，所輯逸禮之篇名雖僅十種，然亦有功於禮學者也。茲分「論儀禮之篇次」、「論儀禮之篇義」、「論逸禮之篇名」三款，論述如下：

### （一）論儀禮之篇次

《儀禮》在先秦原有之篇數，今已不可知矣。漢代發見之古文本爲五十六篇；而漢初魯高堂生所傳今文本僅十七篇，據理當是殘缺不全之本。高堂生而傳今文立於學官，而古文無師說，未立。其後古文亡佚，雖多三十九篇而盡失，僅稍見於羣書之所徵引。而今文本所傳凡有三本：前已言及，一爲戴德本，一爲戴聖本，一爲劉向《別錄》本。申叔先生嘗據賈疏引鄭氏《三禮目錄》，以論大小戴及劉向《別錄》等三家之篇次，〔註 97〕列表以爲對照：

| 目次 | 大戴本 | 小戴本 | 劉向別錄本 |
|---|---|---|---|
| 1. | 士冠禮 | 冠　禮 | 冠　禮 |
| 2. | 士　昏 | 昏　禮 | 昏　禮 |
| 3. | 士相見 | 士相見 | 士相見 |
| 4. | 士　喪 | 鄉飲酒 | 鄉飲酒 |

多，於今獨有『士禮』，高堂生能言之。」是焚餘之十七篇中，士禮最多，故又稱之曰《士禮》。

〔註 94〕按《後漢書・鄭玄傳》云：「凡玄所注，《周易》、《尚書》、《毛詩》、《儀禮》、《禮記》、《論語》、《孝經》、《尚書十傳》……」

〔註 95〕按《七錄》云：「古經出魯淹中，其書周宗伯所掌五禮威儀之事，有六十六篇，無敢傳者。後博士侍其生得十七篇，鄭注今之《儀禮》是也。餘篇皆亡。」

〔註 96〕見《欽定四庫全書總目》卷二十，頁 1～2。

〔註 97〕《遺書》，冊一，頁 67 上，《禮經舊說》。

| 5. | 既　夕 | 鄉　射 | 鄉　射 |
|---|---|---|---|
| 6. | 士　虞 | 燕 | 燕 |
| 7. | 特牲饋食 | 大　射 | 大　射 |
| 8. | 少牢饋食 | 士　虞 | 聘 |
| 9. | 有司徹 | 喪　服 | 公　食 |
| 10. | 鄉飲酒 | 特　牲 | 覲 |
| 11. | 鄉　射 | 少　牢 | 喪　服 |
| 12. | 燕 | 大司徹 | 士　喪 |
| 13. | 大　射 | 士　喪 | 士喪禮下篇（即既夕禮） |
| 14. | 聘 | 既　夕 | 士虞禮 |
| 15. | 公食大夫 | 聘 | 特　牲 |
| 16. | 覲 | 公　食 | 少　牢 |
| 17. | 喪　服 | 覲 | 少牢下篇（即有司徹） |

由上表知三家首篇皆爲〈士冠禮〉。其後前三篇次序全同；再其後前七篇小戴本與劉向別錄本同；以下則各異。申叔先生以爲三家雖篇次各自不同，然均各有意義。其謂三家所以相異之原因曰：

（1）大戴所次，士禮在前，次以大夫禮，故〈特性〉以下，即列〈少牢〉、〈有司徹〉二篇。次以〈鄉飲酒〉、〈鄉射〉者，以此二種，兼有大夫士。且所行之制，或爲大夫士恆禮所無；故於次大夫禮後，次以〈燕〉、〈大射〉、〈聘〉、〈公食〉者，均諸侯禮。次以〈覲〉、〈喪服〉者，〈覲〉爲天子禮，〈喪服〉一篇，亦括天子以下服制也。此蓋大戴次篇之義，即《漢書》〈禮樂〉、〈藝文〉二志所謂推士禮致之天子者也。故凡禮之專屬於士者，篇必列前，以章先卑後尊之旨。

（2）小戴之意，蓋以《禮經》之次，應以類區；……諸禮之中，實區爲四類……先以〈冠〉、〈昏〉、〈相見〉者，所以通冠昏爲一類也。次以〈鄉飲酒〉、〈鄉射〉、〈燕〉、〈大射〉者，所以通射鄉爲一類也。終以〈聘〉、〈公食〉、〈覲〉者，所以通朝聘爲一類也。小戴之旨，蓋實如斯。

（3）《別錄》於此經十七篇：亦以覲禮以前爲一類，統爲吉體。喪服以下爲一類，統爲喪服，即凶禮也。其士虞以下；則統屬祭祀，其禮分屬吉凶之間，故別一類，以居經末。彼之所據，蓋即〈喪服・四制篇〉所謂：「吉凶異道，不得相干也。」故第次《禮經》篇目，非惟迴殊大戴，即於小戴亦不

從同。〔註 98〕

綜上以觀，則知三家之第次，皆有不同之旨趣。惟三家所以同列〈冠〉、〈昏〉於經首者，則申叔先生曰：

> 〈冠〉、〈昏〉二篇，必列經首，……《漢書．匡衡傳》載衡疏曰：「故《詩》始〈國風〉，《禮》本〈冠〉、〈昏〉。始乎〈國風〉，原性情而明人倫也；本乎〈冠〉、〈昏〉，正兆基而防未然也。」〔註 99〕

## （二）論儀禮之篇義

向來言禮，多遵鄭學，而漢、唐師說之據《禮經》以論事者多見；是知禮學之恢宏，未必皆由鄭出。故申叔先生徧蒐兩漢及唐代著述，凡依《儀禮》為論據，以說經議禮之文字，及其凡所轉引者，檢校出處，歸本《禮經》，仍以《儀禮》十七篇為序，董理次第，驗證經學。〔註 100〕邵瑞彭〈題記〉謂申叔先生：「其學實出於高郵王氏，所精在訓故攷訂。《左氏》而外，自六籍以隸先秦、兩漢故書，皆能匡誤補佚，詮發雅言，旁綜歷術、輿地、金石之學。文辭懿美，上轢張衡、蔡邕，齒才及壯，箸書彌匵。辛亥入蜀；居成都，蜀人為立講堂，奉廖先為本師，而君貳之，盍戠餘叚，輒相諏討，時廖先已擯棄今古部分之說，君反惓惓於家法，尤好《白虎通義》。每就漢師古文經說，尋繹條貫，泝流窮原，以西京為歸宿，其所造述，體勢義例，敻異曩日，三百年來，古文流派，至此碻然卓立，烏乎！豈不盛哉？禮經十七篇，鄭注行而舊說晦，言今文者諉為鄭學；其宗鄭者，又以其今文而後之。君乃以訓故攷訂之術，撰次禮經舊說。……其書甄采古義，砉輯遺佚，自經傳《白虎通義》、《通典》，以迄唐、宋類書，網羅殆遍，復下己意，折中而疋通之。雖語出轉引，亦為之一一檢校，期於至當，鄭學而外，別啓抗莊之衢，誠絕業也。往廖翁造《穀梁古義疏》而《春秋》明，君為此書而經禮顯。兩賢比肩，若甚背馳，實乃相得益彰。」〔註 101〕茲列目錄如次：

1. 士冠禮　2. 士昏禮　3. 士相見禮　4. 鄉飲酒禮　5. 鄉射禮　6. 燕禮　7. 大射儀　8. 聘禮　9. 公食大夫禮　10. 覲禮　11. 喪服經傳　12. 士喪禮　13. 既夕禮　14. 士虞禮　15. 特牲饋食禮　16. 少牢饋食禮　17. 有

〔註 98〕《遺書》，冊一，頁 67～68，《禮經舊說》。
〔註 99〕同註 98。
〔註 100〕《六十年來之國學》（一），頁 376，〈六十年來之禮學〉。
〔註 101〕《遺書》，冊一，頁 121，〈禮經舊說題記〉。

司徹

以上十七篇，除〈喪服〉、〈士喪〉、〈既夕〉、〈士虞〉四篇較全外，其餘十三篇皆殘稿。〔註102〕謹述此十七篇之大要於次：

1. 士冠禮

〈士冠禮〉爲《儀禮》首篇，於五禮中屬嘉禮。本篇疏引鄭玄目錄云：「童子任職居士位，年二十而冠。」《禮記・冠義》：「故冠而后服備，服備而后容體正、顏色齊、辭令順。故曰：冠者，禮之始也。是故古者聖王重冠。」是則古人所以特重冠禮，在示其爲成人之始耳。至於始冠之年，漢儒所說，各不相同，申叔先生謂：

> 《公羊》隱元年疏引《五經異義》今禮戴說云：「男子陽也，成於陰，故二十而冠。」《通典》嘉禮政和五禮新儀十一引《石渠禮議》云：「男子，陽也；陽成於陰。偶數起于二，終于十；二十，陰數之偶也。故二十而冠，謂小成也。」（禮議即戴說，爲今禮義。）如其說，是今禮之義，以〈曲禮〉上：「二十曰『弱』，冠。」〈內則篇〉：「二十而冠，爲天子以下通禮。」即《穀梁》文十二年傳所謂：「男子二十而冠，冠而列大夫也。」故《公羊》隱元年解詁云：「禮，年二十見正而冠。」又《說苑・建本篇》云：「周召公年十九，見正而冠，冠則可以爲方伯諸侯矣。」又云：「冠禮：十九見正而冠，古之通禮也。」《白虎通義・紼冕篇》：「禮所以十九見正者而冠何？漸二十之人也。男子，陽也；繫于陰，故二十而冠。」〈曲禮〉曰：「二十而弱冠。」其說並同。所云十九見正而冠，即二十而冠也。二十而冠既爲貴賤所同，則此經士冠亦以二十，確然可知。〔註103〕

是古者男子二十而冠，蓋男子二十成人以後，當知禮儀，求自立，此則冠禮之要旨，百世而不改者也。

2. 士昏禮

〈士昏禮〉爲《儀禮》之次篇，於五禮中屬嘉禮。本篇疏引鄭玄目錄云：「士娶妻之禮，以昏爲期，因而名焉。」《禮記・昏義》：「昏禮者，將合二姓之好，上以事宗廟而下以繼後世也。」古婚禮有六：一曰納采，二曰問名，三曰納吉，四曰納徵，五曰請期，六曰親迎。申叔先生謂：

〔註102〕參見《遺書》冊一，頁185，錢玄同〈禮經舊說後記〉所述。
〔註103〕《遺書》，冊一，頁68，〈禮經舊說攷略〉。

案《藝文類聚》四十引鄭眾婚禮謁文云：「納采始相與言語，采擇可否之時；問名，謂問女名，將歸上之也。納吉，謂歸卜吉，往告之也。納徵，用束帛，徵成也；請期，謂吉日將親迎；謂成禮也。」所說均此經古訓。又《公羊》桓八年解詁云：「婚禮成于五，先納采、問名、納吉、納徵、請期而後親迎。」又文二年解詁亦曰：「禮，先納采、問名、納吉乃納幣。」均據此經爲說。〔註 104〕

及婚期，新郎親往迎新婦，歸而合巹，婚禮乃完成焉。至於婚嫁之年，則漢儒所說，各不相同，申叔先生謂：

《禮記・昏義》疏引異義大戴說云：「男三十，女二十，有昏娶，合爲五十，應大衍之數，自天子達于庶人，同一也。」如其義，是今禮之說，以〈曲禮上〉：「三十曰壯，有室。」〈內則篇〉：「三十而有室。」〈本命篇中〉：「古男三十而娶。」亦爲天子以下通禮，即《穀梁》文十二年傳所謂：「三十而娶」也。故《周禮》媒氏疏載聖證論馬昭說引《尚書大傳》云：「男三十而娶，女二十而嫁。」又引《穀梁》尹更始說云：「男三十而娶，女十五許嫁，笄，二十而嫁。」又引《曲禮》盧植說云：「三十盛壯，可以取女。」又《白虎通義・嫁娶篇》云：「男三十而娶，女二十而嫁，陽數奇，陰數偶，男長女幼者，陽舒陰促，男三十筋骨堅強，任爲人父；女二十肌膚充盛，任爲人母，合爲五十，應大衍之數，生萬物也。故禮內則曰：男三十，壯有室；女二十，壯而嫁。」又云：「陰繫於陽，所以專一之節也。陽尊無所繫，二十五繫者，就陰節也；陽舒而陰促，三十數三終奇，陽節也；二十數再終偶，陰節也。陽小成於陰，大成於陽，故二十而冠，三十而娶；陰小成於陽，大成於陰，故十五而笄，二十而嫁也。其說並同。援此而推，則此經士昏必以三十，亦確爲可知。」〔註 105〕

### 3. 士相見禮

〈士相見禮〉爲《儀禮》之第三篇，於五禮中屬賓禮。此古代士初相見之禮也。古人重初相見之禮，故必有「介」，必有「摯」。介者，介紹，非有人介紹，不得見也。「摯」字亦作「贄」，執以見人之禮物也；非有物爲摯，不得見也。儀節有：士相見及見大夫，大夫相見，臣見君及燕於君等。申叔

〔註 104〕《遺書》，冊一，頁 81 上，《禮經舊說》。
〔註 105〕《遺書》，冊一，頁 68 上～69 上，〈禮經舊說攷略〉。

先生嘗釋此執贄之禮，曰：

> 凡與尊者相見，必有所執，以將其厚意，是之謂摯。天子用鬯，諸侯用圭，孤用皮帛，卿用羔，大夫用鴈，士用雉（或用腒）。……凡賓執摯以見，主人必辭。故士見士及士見大夫，主人皆辭摯。兩士相見，則以賓向時所執者還之于賓，賓亦辭讓而後受，士見大夫，則主人俟賓既出，還其摯于門外。臣見于君則不還摯。若以此國之臣以摯見他國之君，亦使擯還其摯。……若無所執之摯，則不能成禮。〔註 106〕

### 4. 鄉飲酒禮

〈鄉飲酒禮〉爲《儀禮》之第四篇，於五禮中屬嘉禮。敘列諸侯之鄉大夫三年大比，獻賢能於君，以禮賓之，與之飲酒之禮。有獻酢、歌樂、旅酬等儀節。至於所行鄉飲酒禮之時令，則申叔先生曰：

> 據《白虎通義・鄉射（當作饗射）篇》云：「所以十月行鄉飲酒之禮何？所（下挩以字）復尊卑長幼之義，春夏事急，浚井次牆，至有子使父，弟使兄，故以事閒暇，復長幼之序也。」即據漢制證古制。故本經鄭注亦謂今郡國十月行此飲酒禮。又《續漢書・禮儀志》云：「郡、縣、道行鄉飲酒禮于學校，皆祀聖師周公、孔子，牲以犬。」劉注亦引鄭注爲說，均其證也。〔註 107〕

### 5. 鄉射禮

〈鄉射禮〉乃《儀禮》之第五篇，於五禮中屬嘉禮。州長春秋以禮會民，射於州序之禮，有獻酢、酬賓、合樂、行射、飲不勝者、旅酬諸節。申叔先生曰：

> 案，《論語・八佾篇》：「揖讓而升，下而飲。」《集解》引王肅注云：「射于堂，升及下，皆揖讓而相飲。即據本經爲說。又「其爭也君子」，《集解》引馬注云：「多算飲，少算君子之所爭。」亦據此經之制言也。〔註 108〕

### 6. 燕　禮

〈燕禮〉乃《儀禮》之第六篇，於五禮中屬嘉禮。諸侯無事，若卿大夫

〔註 106〕《遺書》，冊四，頁 2551，《中國歷史教科書》。
〔註 107〕《遺書》，冊一，頁 89 上，《禮經舊說》。
〔註 108〕《遺書》，冊一，頁 97 上，《禮經舊說》。

有勤勞之功，與羣臣燕飲爲樂之禮。《禮記・燕義》:「燕禮者，所以明君臣之義也。」儀節大致同於鄉飲酒，而爲諸侯親與。申叔先生曰：

燕禮者，燕飲酒之禮也。宰夫爲主，大夫爲賓，主獻爵七，賓酢爵八，君酢爵十。升歌、間歌、合樂、樂終，自卿至庶子以次，受散爵之獻，於西階上，賓升成拜，示不亢君也。行奠虛觶禮，君立卒觶，降等揖賓，宰夫士庶子俱下，君酢，主人爵，受笙，獻歌詩，小臣辭，賓下將拜。〔註 109〕

7. **大射儀**

〈大射儀〉乃《儀禮》之第七篇，於五禮中屬嘉禮。諸侯時有祭祀之事，與羣臣射以觀禮，數中者得參與祭祀。儀節略同鄉射禮，而爲諸侯親與。惟申叔先生則謂：

（1）案《漢書・吾丘壽王傳》載壽王禁挾弓弩疏云:「《禮曰》: 男子生，桑弧蓬矢以舉之，明示有事也。孔子曰:『我何執？執射乎？』大射之禮，自天子降及庶人，三代之道也。」據彼說，是大射之禮通及士庶人，蓋亦禮經舊說也。

（2）今考《禮記・射義篇》專釋本經大射，〈射義〉之文曰:「古者諸侯之射也，必先行燕禮；卿大夫士之射也，必先行鄉飲酒之禮。」又云:「其節天子以騶虞爲節，諸侯以貍首爲節，卿大夫以采蘋爲節，士以采蘩爲節。騶虞者，樂官備也；貍首者，樂會時也；采蘋者，樂循法也；采蘩者，樂不失職也。是故天子以備官爲節；諸侯以時會天子爲節；卿大夫以循法爲節；士以不失職爲節。故明乎其節之志，以不失其事，則功成而德行立。」是並士有大射之徵。

（3）又據《周禮・射人》職云:「王以六耦射三侯，三獲三容，樂以騶虞九節五正；諸侯以四耦射二侯，一獲一容，樂以采蘋五節二正；士以三耦射豻侯，一獲一容，樂以采蘩，五節二正。」與〈射義〉說符。依先鄭、賈、馬舊說，彼經亦據大射言，是士有大射，古文師說亦同。〔註 110〕

由上知自天子以至於庶人，皆行大射之禮，惟儀節稍有不同耳。至於《周禮》司裘職未言士有大射者，蓋乃文偶不備，故人臣大射與否？實無關於將祭、擇士也。試觀下引亦可了然矣。申叔先生曰：

司裘職僅云「王大射，則共虎侯、豹侯、熊侯，……諸侯則共熊侯、

〔註 109〕《遺書》，冊四，頁 2550 上，《中國歷史教科書》。
〔註 110〕《遺書》，冊一，頁 105 上～106 下，《禮經舊說》。

豹侯，卿大夫則共麋侯」者，文偶不備，故土射豻侯，別詳射人職。乃後鄭司衆注，以彼職惟云卿大夫，遂謂：「士不大射，士無臣，祭無所擇。」更推其義說本經。故本篇「參七十，干五十。」鄭注云：「大夫將祭于已，射麋侯；士無臣，祭不射。」不知據本經言，士有宗祝佐食之屬，不得謂士無臣。即如鄭說，然大射擇士，依〈射義〉說，其制惟屬於天子；則大夫士大射，不必主于擇士，亦不必將祭始射也。〈射義〉記孔子射于矍相之圃，是即大夫士大射之禮。《史記・孔子世家》謂魯諸儒鄉飲大射孔子冢；《漢書・儒林傳》亦謂諸儒始得修其經學，講習大射鄉飲之禮，此即人臣大射不關將祭擇士之確證也。

又曰：

此經舊說，以此禮通及士庶人。蓋人臣大射之禮，經雖不見；然以〈射義〉證之，其與人君大射不同者，則行禮之初，亦行鄉飲酒禮。其與鄉射禮不同者，蓋侯道、侯身均與大射參侯、干侯同，所契之節，則爲采蘋、采蘩；自是而外，雖禮有損益，大抵與人君大射差同。故禮經舉君見臣，其大夫士大射，經並不見。自鄭謂士無大射，由是本經賈疏由鄭氏義，謂士惟有賓射、燕射。其說非也。〔註111〕

## 8. 聘　禮

〈聘禮〉爲《儀禮》之第八篇，於五禮中屬賓禮。諸侯相與久無事，使卿相問，是爲大問，稱之曰聘。小聘則使大夫，故稱作問。凡諸侯之邦交，每歲問；久闊則聘。凡君即位，大國朝，小國聘。儀節有選使備物，告廟受命，假道，入境展幣，受郊勞，聘享禮賓，歸饔餼於賓介，饗食，報享，送賓，反命等。申叔先生嘗徵引舊說以釋其篇義曰：

案《漢書・淮陽憲王傳》載王駿諭指曰：「禮爲諸侯制相朝聘之義，蓋以考禮壹德，尊事天子也。」《北堂書抄》八十一引《白虎通》云：「諸侯相聘爲相尊敬也。故諸侯朝聘天子選鄰國也。往朝聘之問天子無恙，法度得無變更，所以憲禮正刑，壹德以尊天子者也。」又《公羊》隱七年解詁云：「聘者問也。古者諸侯朝罷朝聘謂慕賢考禮，一法度，尊天子。」三說略同，均漢代今文家釋此聘經之義也。〔註112〕

〔註111〕《遺書》，冊一，頁106，《禮經舊說》。
〔註112〕《遺書》，冊一，頁109上，《禮經舊說》。

### 9. 公食大夫禮

〈公食大夫禮〉乃《儀禮》之第九篇，於五禮中屬嘉禮。主國君以禮食小聘大夫之禮。儀節有迎賓、正饌、加饌、侑賓、歸賓、拜賜等。爲主君款宴來使之禮儀。申叔先生嘗釋其篇義曰：

> 案《國語・晉語七》「反役與之禮食。」韋注云：「禮食，公食大夫之禮。」據〈晉語〉此文謂「晉侯食魏絳。」《左傳》襄三年亦同。如韋說，則此篇之禮，雖以待聘賓爲主，於本國大夫亦得用之，猶之饗與燕也。〔註 113〕

### 10. 覲　禮

〈覲禮〉乃《儀禮》之第十篇，於五禮中屬賓禮。係諸侯秋晉見天子之禮。儀節有：郊勞賜舍告覲期，覲王三享請罪，王辭之勞之賜車服，饗食燕而退，兼列儀仗制度。是諸侯見天子，天子饗燕勞賜以待諸侯。申叔先生曰：

> 按《禮記・王制》疏引：「《五經異義》云：朝名。《公羊》說：諸侯四時見天子及相聘（當作朝）皆曰朝；以朝時行禮，卒而相逢于路曰遇。《古周禮》說：春曰朝、夏曰宗、秋曰覲、冬曰遇。許愼案：禮有覲經，《詩》曰：韓侯入覲。《書》曰：江漢朝宗于海。知有朝、覲、宗、遇之禮，從《周禮》說。鄭駁之曰：此皆有似不爲古昔（此二字誤）。案〈覲禮〉曰：諸侯前朝，皆受舍于朝。朝，通名。」據彼說，蓋今文不以覲名屬秋；古文家據《周禮》以覲名惟屬秋朝，兩說迥異。然今文家似亦以朝、覲有區。《白虎通義・王者不臣篇》云：「朝則迎之于著，覲則待之于阼階。」審繹彼說，蓋以曲禮下篇有當依曰覲，當宁曰朝諸語。因以廟見曰覲此禮而外，別有見王於朝之禮（宁著字同）。若然，今文家說《禮經・覲禮》，蓋謂此篇所記無見王于朝之禮；故以覲名即朝王之朝言，則言朝亦可晐覲，即在朝之朝言，則朝、覲非即一禮，此今文佚說略可考見者也。至古文家說，似謂經名〈覲禮〉，則所記亦主秋朝；然許君惟云「視有覲經」，不云覲經而外當有朝及宗、遇三篇，蓋以此篇兼記會禮，則朝、宗、遇三時禮亡。又謂朝、宗禮備，覲、遇禮省；〈曲禮下〉注更謂「春朝受贄于朝，受享于廟，秋覲一受

〔註 113〕《遺書》，冊一，頁 115 上，《禮經舊說》。

之于廟；六代禮家並宗其說，此亦許君所未言也。」〔註 114〕

11. **喪服經傳**

〈喪服〉乃《儀禮》之第十一篇，於五禮中屬凶禮。天子以下，死而相喪，衣服年月，親疏隆殺之禮。列有五服之服制，爲所服者，服喪者，服之時間，正服義服，何以爲服。分爲五章：〈斬衰〉、〈齊衰〉、〈大功〉、〈小功〉、〈緦麻〉。即藉喪服之粗細，期之長短，以表對死者之哀情。申叔先生於〈喪服〉之例，析之至精，其言曰：

> 此經總例具見於傳，如父所不降，子亦不敢降。傳家於〈齊衰・不杖期章〉：大夫之適子爲妻；大夫之庶子爲適昆弟；大夫之子，爲世父母叔父母子昆弟；昆弟之子，姑姊妹女子子無主者，爲大夫命婦者，三發傳文。其〈大功章〉：公之庶昆弟，大夫之庶子，爲母妻（昆弟），發傳亦同。又〈大功章〉：君爲姑姊妹女子子嫁於國君者，傳曰：「封君之孫，盡臣諸父昆弟，故君之所爲服，子亦不敢不服也；君之所不服，子亦不敢服也。」又〈緦麻章〉：公子爲其母練冠麻，麻衣縓緣，爲其妻縓冠，葛絰帶，麻衣縓緣，皆既葬除之。傳曰：「何以不在五服之中也？君之所不服，子亦不敢服也；君之所爲服，子亦不敢不服也。」此皆本經達例。由斯例推之，則凡父有服，子必有服，爲士大夫之通制。君所有服，子亦有服；君所無服，子亦無服，又爲天子諸侯通制。惟君所有服，子亦有服；君所無服，子亦無服者，惟以君存爲限，不晐君歿以後言。又經記傳文，惟言君所不服，子不敢服；不言父所不服，子不敢服；亦不言君所不服，昆弟不服；明大夫士之子，父所不服，亦或有服；公之昆弟，公所不服，亦或有服；此亦本篇之要例也。〔註 115〕

夷考《白虎通德論・喪服篇》云：「天子爲（爲當作及）諸侯絕朞何？示同愛百姓，明不獨親也。故《禮・中庸》曰：『朞之喪，達乎大夫；三年之喪，達乎天子。』卿大夫降緦，重公正也。」〔註 116〕何休《公羊》莊四年解詁云：「禮，天子諸侯絕期，大夫絕緦。」〔註 117〕此禮家舊說也。然申叔先生以爲：

---

〔註 114〕《遺書》，册一，頁 117，《禮經舊說》。
〔註 115〕《遺書》，册一，頁 123，《禮經舊說》。
〔註 116〕見《白虎通德論》卷十頁 4。
〔註 117〕見《公羊疏》卷六，頁 10。

> 據全經達例言，惟諸侯絕期，義由盡臣諸父昆弟本據旁親之服言。以本經之例言，蓋凡大夫所降，即天子諸侯所絕；經記於大夫降服無明文者，或非天子諸侯所絕外親各服是也。大夫絕緦，亦謂旁親本服緦麻者，降而無服，如族曾祖父母，族祖父母，族父母，族昆弟，庶孫之婦，從祖姑姊妹適人者，從祖昆弟之子，父之姑各服是也。若本服在小功，則亦降服緦麻，記言大夫公之昆弟，大夫之子於兄弟，降一等，是其義。其外親各服，本在小功、緦麻者，蓋亦不降；故貴臣、貴妾亦爲服緦，非大夫悉無緦服也。〔註 118〕

綜上所引，可見先生既已深明此經之條例，故能經記各文悉無疑義也。

12. 士喪禮

〈士喪禮〉爲《儀禮》之第十二篇，於五禮中屬凶禮。乃士喪其父母，自始死至既殯之禮。儀節有：招魂、赴君、弔襚、飯含、襲尸設重、小斂、大斂、君臨、三日成服、哭奠、卜葬日。申叔先生引《白虎通義》以釋其篇義曰：

> 案《白虎通義・崩薨篇》云：「喪者何謂也？喪者亡。人死謂之喪，何言其亡？不可復得見也。不宜言喪者何？爲孝子心不忍言。《尚書》曰：『武王既喪。』《喪經》曰：『死爲（當作於）適室。』知據死者稱喪也。生者哀痛之亦稱喪，（《禮》曰：）『喪服斬衰。』《易》曰：『不封不樹，喪期無數。』《孝經》曰：『孝子之喪親也。』是施生者也。」據《通義》，于喪服、士服名篇之義，區晰昭明，亦今文禮家說也。〔註 119〕

此外，申叔先生又謂何休《公羊解詁》即據本篇及〈既夕禮〉以釋喪制。其言曰：

> 又案《公羊》定元年解詁云：「禮，始死于北墉下，浴于中霤，含于牖下，小斂于户内，夷于兩楹之間，大斂于阼階，殯于西階之上，祖于庭，葬于墓。」又云：「夷而絰，殯而成服。」所說喪制，均據本篇及〈既夕〉，故先後之次，悉與經符。〔註 120〕

13. 既夕禮

〈既夕禮〉爲《儀禮》之第十三篇，亦即〈士喪禮〉之下篇；於五禮中

〔註 118〕同註 115。
〔註 119〕《遺書》，冊一，頁 161 上，《禮經舊説》。
〔註 120〕同註 119。

屬凶禮。謂先葬二日，已夕，與葬間一日，行既夕禮。凡朝廟日請啓殯之期，必包括於葬前時間之內。此諸侯之下，士一廟，故與葬間一日；其上士二廟，則既夕哭先葬前三日。儀節有：祖廟陳饌、遷柩朝祖、飾車具明器、還柩車設祖奠、君賵賓賵、葬日陳大遣奠、讀賵讀遣、柩在道君使贈幣、窆柩藏器、反哭就次將初虞。申叔先生嘗論此篇之篇名曰：

> 案疏引鄭《目錄》云：『《別錄》名〈士喪禮下篇第十三〉。』是此篇舊題，《別錄》與二戴異。《公羊》隱元年解詁引稱〈既夕〉，從二戴本；《周禮》巾車校人先鄭注並引作〈士喪禮下篇〉，蓋從《別錄》也。又《白虎通義・崩薨篇》引本記持體屬纊稱爲《禮・士喪經》。經當作記，疑所據亦爲錄本，抑或本篇之記；大戴各本分屬〈士喪〉、〈既夕〉二篇也。〔註 121〕

### 14. 士虞禮

〈士虞禮〉爲《儀禮》第十四篇，於五禮中屬凶禮。乃既葬迎精而反，日中祭之於殯宮以安之之禮。儀節有：饗神、妥尸、尸九飯、主人初獻、主婦亞獻、尸出、陽厭、禮畢送賓。申叔先生嘗引今文說以釋其篇義曰：

> 案《御覽》五百三十一引《白虎通》云：「所以虞而立主何？孝子既葬，日中反虞，念親已歿，棺槨已去，悵然失望，彷徨哀痛，故設桑主以虞，所以慰孝子之心，虞安其神也。」《公羊》文二年解詁亦曰：「禮，平明而葬，日中而反虞，以陽求陰。謂之虞者，親喪以下壙皇皇（焉）無所親，求而虞事之，虞猶安神也。」是今文說虞禮，並以安神爲訓。〔註 122〕

### 15. 特牲饋食禮

〈特牲饋食之禮〉爲《儀禮》第十五篇，於五禮中屬吉禮。乃諸侯之士，祭祖禰之禮。禰，親廟。《公羊傳》隱公元年注：「生稱父，死稱考，入廟稱禰。」〔註 123〕所謂祭祖禰者，一廟有祖，兼有禰。兼祭祖與禰，先祭祖，後祭禰。儀節有：筮日筮尸、宿尸宿賓、陳設、陰厭尸九飯、主人初獻、主婦亞獻、賓三獻、旅酬、佐食獻尸、尸出、歸尸俎、徹庶羞、嗣子長兄弟餕、陽厭、禮畢送賓。申叔先生嘗舉本篇與《國語》所述少牢禮之殊異，曰：

---

〔註 121〕《遺書》，冊一，頁 166 上，《禮經舊說》。
〔註 122〕《遺書》，冊一，頁 170 上～171 上，《禮經舊說》。
〔註 123〕《公羊注疏》，卷一，頁 17。

《國語・楚語》載子期語云:「卿舉以少牢,祀以特牛;大夫舉以特牲,祀以少牢;士食魚炙,祀以特牲。」依其說,則侯國之卿,祭得用牛;似此經〈少牢禮〉惟屬國大夫。此又古文說與今禮殊異者也。〔註124〕

16. 少牢饋食禮

〈少牢饋食之禮〉爲《儀禮》第十六篇,於五禮中屬吉禮。乃諸侯之卿大夫祭其祖禰於廟之禮。羊、豕謂之少牢。禮將祭祀,必先擇牲,繫之於牢,而加以芻養。羊、豕爲諸侯之卿大夫祭宗廟用之牲。祭時之儀節略同特牲饋食禮。申叔先生嘗就《五經異義》及熊安生疏,以論今文禮家所謂卿大夫無主、士大夫無樂之說,曰:

(1) 案《通典・吉禮》引《五經異義》云:「主者神象也。孝子既葬,心無所依,所以虞而立主以事之。唯天子諸侯有主,卿大夫無主,尊卑之差也。卿大夫無主者,依神以几筵,故少牢之祭有尸無主。」所引《異義》似屬鄭駁之文,從公羊卿大夫無主說。然所謂依神以几筵者,此亦今文禮說,故本經司宮筵于奧祝設几于筵上,鄭注以爲布陳神坐。〈特牲禮〉祝几筵于室中東西,鄭注亦云:爲神敷席,均以几筵爲依神之用,與異義同。蓋以本經不見設主,故直以惟設几筵不復設主爲說也。

(2) 又《禮記・曲禮》孔疏引熊氏云:「案《春秋說題辭》樂無士大夫制,鄭玄箴膏肓從題辭之義,大夫士無樂,小胥大夫判縣,士特縣者,小胥所云娛身之樂,及治人之樂則有之也。故鄉飲酒有工歌之樂是也。〈說題辭〉云:『無樂者,謂無祭祀之樂。』故特牲少牢無樂。」推繹熊誼,蓋今文家說。據本篇及特牲不見樂舞,因謂大夫士無樂;鄭氏知其與《周禮》不合,因調停其說,以爲士大夫惟有娛身治人二樂,無祭祀樂舞。凡熊所言,均鄭義也。然今文本說,則大夫士舍琴瑟外,別無他樂;依古文義,則士大夫祭祀亦當有佾舞,不以本經不見爲憑,鄭說均與不合。惟足證士大夫無樂,亦爲今禮之說所同耳。〔註125〕

此外,毛傳間有引本經以釋詩者,蓋亦本經之舊說也。故申叔先生特著

〔註124〕《遺書》,冊一,頁175上,《禮經舊說》。
〔註125〕《遺書》,冊一,頁179,《禮經舊說》。

之曰：

案《詩・小雅・楚茨篇》所詠，皆天子廟祭事，以彼篇毛傳證之，有足明本經舊說者，如彼篇「以享以祀」、「以妥以侑」，毛傳云：「妥，安坐也；侑，勸也。」彼據妥尸、侑尸言，知本經祝主人皆拜妥尸，妥尸之妥亦訓安坐；其獨侑不拜，各侑字，其義亦均訓勸。援是而推，則〈特牲禮〉「主人拜妥尸及祝侑主人拜。」其訓亦同。又彼篇「先祖是皇，神保是饗。」毛傳云：「皇，大；保，安也。」是先祖是皇，皇與大同。知本經皇祖伯某，以及〈特牲禮〉「皇祖某子」，皇祖之皇亦當訓大。又彼篇：「神具醉止，皇尸載起。」毛傳云：「皇，大也。」是皇尸之皇，亦與「先祖是皇」訓同。知本經「皇尸未實侑」，以及〈特牲禮〉：「皇尸卒爵」，兩皇字亦均訓大；〈特牲禮〉鄭注訓皇祖之皇爲君，非毛義也。自斯而外，若彼篇：「或剝或亨。」毛傳云：「亨，飪之也。」以飪詁亨，據本經羹定特牲作羹飪爲說也。又彼篇：「或燔或炙。」毛傳云：「炙，炙肉也。」炙肉之說，亦據〈有司徹〉「羞燔」、「受燔」及〈特牲〉「燔從」爲說也。足證毛釋彼詩，亦據此經大夫各禮以推說天子祭禮，然本經舊說因是而明。〔註 126〕

### 17. 有司徹

〈有司徹〉爲儀禮第十七篇，於五禮中屬吉禮。以其乃少牢饋食禮後必行之禮，是又稱爲〈少牢饋食之下篇〉。係大夫既祭，有司乃徹室中之饋，然後行儐尸之禮儀。尸乃古時祭祀時所設受祭之偶像，以生人代表受祭之人，此生人名之曰尸。祭後，主人另作賓尸之祭，乃敬尸之意。儀節有：將儐尸整設、選侑、迎尸及侑、陳設、主人獻尸侑及受尸酢、主婦獻尸侑及受尸侑酢、上賓三獻尸、主人酬尸、羞于尸侑及主人主婦、主人獻長賓、辯獻眾賓、主人自酢于長賓、主人酬賓、主人獻兄弟及內賓、主人獻私人、上賓三獻、二人舉觶旅酬、賓長加獻尸、次賓舉爵于尸更爲旅酬、賓及兄弟交錯酬、送尸歸尸侑俎禮成。下大夫不賓尸者尸食八飯及又三飯、主人初獻、主婦亞獻、賓長三獻、主人偏獻堂下及內賓、次賓長爲加爵、賓兄弟交錯酬、佐食爲加爵、尸出主人送賓禮成。申叔先生嘗謂：「凡尸侑主人主婦，均有二羞，則天

〔註 126〕同註 125。

子繹祭其尸侑，亦有二羞，天子及后亦然。」又謂：「此經主人退，亦非賓尸之禮盡畢，退反于寢。」〔註127〕所言甚辨，足供參考。

### （三）論逸禮之篇名

前已言及，《禮》分今文與古文二本；惟古文本所多出之三十九篇，後世亡佚，故稱之曰「逸禮」。夷考「逸禮」一詞，在劉歆時已適用之矣。歆〈移讓太常博士書〉云：「及魯恭王壞孔子宅，欲以為宮，而得古文於壞壁之中；《逸禮》有三十九篇，《書》十六篇。」〔註128〕其後《逸禮》雖亡，然於羣書及經注中，亦頗見徵引。申叔先生曰：

> 《漢書・藝文志》云：「《禮古經》五十六卷，《經》十七（刊本誤作七十，據劉敞說改正。）篇。」又云：「漢興，高堂生傳《士禮》十七篇。」……《禮記疏》卷一引鄭氏《六藝論》云：「後得孔子壁中古文禮，凡五十六篇，其十七篇與高堂生所傳同，而字多異。……其十七篇外，則逸禮是也。」……鄭玄注《禮》十七篇，參用今古文二本。從今文者，則今文在經，古文出注；從古文者，則古文在經，今文出注。然各篇注文，有云古文某或作某者，是鄭氏所見古文經，已非一本。又《說文》諸書所引，有與鄭本異字，而鄭注未錄者，其中容有古文別本，疑鄭氏所見古經外，別本滋多。然《逸禮》三十九篇，則古文經師均不作注，計其散亡蓋在東晉以前，其遺文佚句，時見鄭氏及諸家所引。宋元之際，如王應麟、吳澄，均曾略事攷輯，惟所采未備。〔註129〕

按：出於魯淹中及孔氏之《禮古經》五十六卷，與高堂生所傳《士禮》十七篇文相似，去其重則多三十九篇；以在十七篇之外，故稱《逸禮》。時歆嘗有意立之於學官，又〈王莽傳〉載徵天下通逸禮者詣公車所者皆是也。惜在東晉之世，《逸禮》散亡，申叔先生乃繼王應麟、吳澄之後，檢其佚亂篇名之確可考徵者，依類條舉，凡得十種。茲略為錄之如下〔註130〕

1. 朝貢禮

《儀禮・聘禮》鄭注云：「〈朝貢禮〉云：『純四咫制丈八尺。』」

〔註127〕參見《遺書》冊一，頁179上及184上，《禮經舊說》。

〔註128〕見《漢書》卷三十六，〈楚元王傳〉第六所錄。

〔註129〕《遺書》，冊一，頁189～190，《逸禮考》。

〔註130〕參見《遺書》冊一，頁190～193，《逸禮考》。

2. 天子巡狩禮

《周禮·天官·內宰》鄭注云:「玄謂純制〈天子巡狩禮〉所云:『制幣丈八尺,純四䊷。』」

3. 烝嘗禮

《周禮·夏官·射人》鄭注云:「烝嘗之禮,有射豕者。」

4. 中霤禮

《周禮·春官·司巫》鄭玄云:「〈中霤禮〉曰:『以功布爲道布屬于几也。』」

5. 魯郊禮

《禮記·曲禮上篇》疏引《五經異義》云:「許愼引〈魯郊禮〉曰:『祝延帝尸。』」

6. 禘于太廟禮

《儀禮·少牢·饋食禮》鄭注云:「禘于太廟禮曰:『日用丁亥。』」

7. 奔喪禮

《禮記·奔喪篇》孔疏云:「案鄭《目錄》云:『名曰〈奔喪〉者,以其居他國,聞喪奔歸之禮。』」

8. 投壺禮

《禮記·投壺篇》孔疏云:「案鄭《目錄》云:『名曰投壺者,以其記主人與客燕飲,講論才藝之禮。』」

9. 王居明堂禮

《禮記·月令篇》鄭注云:「〈王居明堂禮〉曰:『出十五里迎歲。』」

10. 軍禮

《周禮·秋官·士師》鄭注云:「楚則〈軍禮〉曰:『無干車,無自後射。』此其類也。」

十篇之外,有文見大戴,而莫由定其確屬《逸禮》者;又有篇見大戴,而文似《逸禮》者,若大戴〈保傅篇〉所引學禮之文,申叔先生以爲其文「悉本賈誼《新書》,賈誼之時,《逸禮》未出,疑賈別有所據,非必《禮古經》亦有此篇也。」〔註131〕若吳澄《儀禮逸經》於〈投壺〉、〈奔喪〉外,兼列大戴記〈遷廟〉、〈釁廟〉、〈公冠〉三篇,則申叔先生亦蒐羅剔抉,考訂是非,皆有所論定焉。其言曰:

〔註131〕見《遺書》冊一,頁193下,《逸禮考》。

考〈公冠〉一篇，漢魏之人雖稱爲記，然篇首有公冠二字，與〈奔喪〉篇首有奔喪之禮四字者，其例正同。其〈遷廟〉、〈釁廟〉二篇篇首雖無禮名，文與逸經亦類，則吳氏之説，似亦可信也。〔註 132〕

此外，凡所謂《皇覽逸禮》、《禮記逸禮》，或逕稱大戴爲《逸禮》者，均非《禮古經》之逸篇。茲就申叔先生所考，條列於次：

（1）案古籍所引《逸禮》，有所謂《皇覽逸禮》者，《玉燭寶典》……所引，說與〈月令〉悉符；《初學記》所引亦與《白虎通義》所引《三正記》文略相同，均與逸經不類。又《御覽》所引四節，其迎春里數，與〈王居明堂禮〉互歧。援是以言，則《皇覽逸禮》非必《禮古經》之逸篇矣。

（2）又案古籍所引，有所謂《禮記逸禮》者，……《文選》王元長三月〈三日曲水詩序〉，李注引《禮記逸禮》曰：「三皇禪云云，五帝禪亭亭。」夫所謂《禮記逸禮》者，蓋指大小戴記外之逸記言也。亦與《禮古經》無涉。

（3）有逕稱大戴禮爲《逸禮》者，……《御覽》二百六引《逸禮》云：「太公爲太師，周公爲太傅，召公爲太保。」……見《大戴記．保傅篇》。其稱爲《逸禮》者，蓋六朝以降盛行《小戴記》，由是《小戴記》所無之篇，亦或逕稱《逸禮》，故《通典．嘉禮》直云：「《逸禮．本命篇》」；《御覽》五百四十所引，復有〈大戴逸禮〉一條。若是之屬，尤與《禮古經》無涉。均非漢人所謂《逸禮》也。〔註 133〕

## 五、論劉氏治禮記之創獲

《禮記》者，戴聖所纂四十九篇論禮之雜文也。〔註 134〕自東漢之末，鄭玄爲之作注，合《周官》、《儀禮》爲三禮，歷代相傳，更無別本。《周官》所列，皆係法制；《儀禮》所載，純屬儀式。此等繁文縟節，去古益遠，愈顯其不切於實際，以致被視爲「瀆亂不驗之書」；〔註 135〕或「難讀」而「無所用」之文。〔註 136〕故自唐宋以來，反以《小戴禮記》擢居五經之一。

---

〔註 132〕《遺書》，冊一，頁 193 上～194 上，《逸禮考》。

〔註 133〕詳見《遺書》冊一，頁 194 上～195 上，《逸禮考》。

〔註 134〕按王師吳航《禮記校證．總敘》頁 3 云：「四十九篇於雜輯《漢志》所列《禮》古記之零篇斷簡外，亦兼存西漢博士經生所作之章句，包括后氏之記，小戴之記以迄橋氏之記。」

〔註 135〕見《周禮正義》序，頁 13，賈公彥〈序周禮廢興〉所引。

〔註 136〕見《韓昌黎文集》卷一，〈讀儀禮〉。

夫「禮」「記」二字連詞以指事，蓋始於司馬遷之敘〈孔子世家〉；然所謂「書傳禮記自孔氏」云者，乃泛指禮俗儀文紀錄而非載籍之專名。降至匡衡、翟方進、劉歆、王莽、張純等人之引稱禮記，〔註 137〕以及班書之敘述河間獻王得禮記云云，皆係泛指某一內容之著述；猶如匡衡稱〈檀弓〉爲禮記而張純又以《禮緯含文嘉》爲禮記也。是以王師吳航曰：「蓋班氏泛指百三十一篇說禮之文爲『記』，猶西漢人泛稱說禮之篇章爲『禮記』，其與鄭氏所題四十九篇書名以區別《周官》、《儀禮》爲三禮者迥然不同。皮錫瑞云：『漢初所謂禮，即今十七篇《儀禮》，而漢不稱「儀禮」。專主經言，則曰經；合記而言，則爲「禮記」。許愼、盧植所稱之「禮記」，即《儀禮》中之記，非今四十九篇《禮記》也。其後《禮記》之名爲四十九篇所奪，乃以十七篇之禮經別稱《儀禮》。』按其區分經記名稱之沿革，雖未盡審，然而大體近是。」〔註 138〕

按：記所以釋經，孔子所定謂之經，弟子所釋謂之傳，或謂之記。〔註 139〕朱子云：「《儀禮》是經，《禮記》是解《儀禮》。如《儀禮》有〈冠禮〉，《禮記》便有〈冠義〉；《儀禮》有〈昏禮〉，《禮記》便有〈昏義〉；以至〈燕射〉之類，莫不皆然。」〔註 140〕熊朋來云：「《儀禮》是經，《禮記》是傳，儒者恆言之。以〈冠義〉、〈昏義〉、〈鄉飲酒義〉、〈射義〉、〈燕義〉、〈聘義〉，與《儀禮》〈士冠〉、〈士昏〉、〈鄉飲酒〉、〈射〉、〈燕〉、〈聘〉之禮，相爲經傳也。」〔註 141〕邵懿辰云：「〈冠義〉、〈昏義〉諸記，本以釋經，爲《儀禮》之傳，先儒無異說。觀〈昏義〉曰：『夫禮始於冠，本於昏，重於喪祭，尊於朝聘，和於鄉射。』故有〈冠義〉，以釋〈士冠〉；有〈昏義〉，以釋〈昏禮〉；有〈問喪〉，以釋〈士喪〉；有〈祭義〉、〈祭統〉，以釋〈特牲〉、〈少牢〉、〈有司徹〉；有〈飲酒義〉，以釋〈鄉飲〉；有〈射義〉，以釋〈鄉射〉、〈大射〉；有〈燕義〉，以釋〈燕食〉；有〈聘義〉，以釋〈聘義〉；有〈朝事〉，以釋〈覲禮〉；有〈四制〉，以釋〈喪服〉；而無一篇之義出乎十七篇之外者。」〔註 142〕是小戴記乃

〔註 137〕分見《漢書》卷六十七〈梅福傳〉，卷七十三〈韋賢傳〉，卷九十九上〈王莽傳上〉，以及卷二十五下〈郊祀志下〉。

〔註 138〕見《禮記校證・總敘》頁 2。

〔註 139〕按《漢志》記百三十一篇下班固自注：「七十子後學所記」。

〔註 140〕《朱子語類》，卷八五，頁 2。

〔註 141〕見熊先生《經說》，卷五，頁 1，〈儀禮中自有禮記〉條（《通志堂經解》冊四十頁 23257）。

〔註 142〕《皇清經解續編》，冊十八，卷一二七七，《禮經通論》，頁 1，〈論禮十七篇

釋經之書，其所記各義，必附《儀禮》而行之，然後與事得相互發明也。

申叔先生於《禮記》嘗撰《王制篇集證》、〈王制有後儒竄易之文攷〉、〈月令論〉、〈明堂月令即周書月令解說〉、〈中庸說〉、〈中庸問答〉及〈格物解〉諸篇，雖部分不免有待斟酌，然大都引證精當，詮釋明確者。茲分「論王制」、「論月令」、「論中庸」、「論格物」四款，申述如下：

### （一）論王制

《禮記・王制篇》，其內容乃記爵祿之分配、天子巡狩及諸侯朝聘、官職之制訂、祭祀、養老等事，故與《周禮》一書，同爲我國政治思想史中之偉著。至其著成時代，則聚訟千古，或以爲出於漢文帝時博士諸生之手，〔註143〕或以爲出於秦漢之際，〔註144〕或以爲孔子所立素王法度以俟後世施行者。〔註145〕各家持論紛紛，莫衷一是。然申叔先生〈王制篇集證自序〉則謂：「《禮記正義》引盧植說云：『漢孝文皇帝令博士諸生作此〈王制〉之書。』其說最確。」〔註146〕遂舉《史記・封禪書》：「文帝召魯人公孫臣，拜爲博士，與諸侯艸改厤服色事。明年，使博士諸生刺六經，作〈王制〉，謀議巡狩封禪事。」以爲〈王制〉作於漢文時之明證。復列三證云：

（1）趙岐《孟子題詞》言漢文帝時，《孟子》、《爾雅》皆立博士。今〈王制篇〉中多采《孟子》、《爾雅》說，必漢文時博士所輯無疑。

（2）周尺、東田，明係漢制，非周人之書。

（3）巡狩之事，〈王制〉所言特詳，與《史記》謀議、巡狩、封禪語合。〔註147〕

合斯三證，故申叔先生堅持盧植之說，直指《禮記》之〈王制〉爲文帝時所作之〈王制〉。是以闢鄭玄及康有爲之說曰：

鄭君《三禮目錄》云：「名曰『王制』者，以其記先王班爵（授錄）、

當從大戴之次本無闕佚〉條。

〔註143〕特此說者爲與鄭玄先後同時之盧植。按陸德明《經典釋文》注解傳述人云：「盧植云：『王制是漢時博士所爲。』」孔穎達《禮記正義》云：「盧植云：『漢孝文皇帝令博士諸生作此王制之書。』」陸、孔二氏雖未言盧植持論所本，然眾皆知盧說乃據《史記・封禪書》而立言者。

〔註144〕主此說最力者爲鄭玄，見《禮記正義》卷十一，頁1，〈王制〉題疏。

〔註145〕持此說者皆爲晚清經今文家學者。而主之最力者則爲康有爲、廖平。

〔註146〕《遺書》，冊三，頁1583，《左盦外集》。

〔註147〕同註146。

祭祀、養老之法度。此于別錄屬制度。」又鄭志答臨碩問云：「孟子當赧王之際，〈王制〉之作，復在其後。」又駁《五經異義》云：「《周禮》是周公之制，〈王制〉是孔子之後大賢所記先王之事。」是〈王制〉作于漢文時，鄭君雖未明言，然一示出孟子之後，一云是孔子之後大賢所記，亦未嘗定指爲周人作也。不得據鄭說以非盧說。……乃近人解王制者，其誤有二：一以〈王制〉爲孔子改制之書，或以爲合于《穀梁》，或以爲合于《公羊》。不知〈王制〉所采，本不僅今文；于今文之中，又不僅《公》、《穀》二家之說。謂之偶取《公》、《穀》則可，謂之悉合于《公》、《穀》則不可也。一以羣經非古籍，均依〈王制〉而作，不知此乃〈王制〉雜采羣經也。謂〈王制〉依羣經而作則可，謂羣經依〈王制〉而作，則倒果爲因，夫豈可哉！〔註148〕

按：鄭氏說辭閃鑠，康氏持論無稽，固宜申叔先生闢之也。惟清儒孫志祖《讀書脞錄》、臧庸《拜經日記》均申鄭抑盧，故申叔先生爲之平反，曰：

孫氏之言曰：「文帝之〈王制〉，非《禮記》之〈王制〉也。盧植以其書名偶同而誤牽合之。」臧氏之言曰：「案劉向《別錄》云：『文帝時所造書，有〈本制〉、〈兵制〉、〈服制篇〉。』而《禮記．王制》……並無言服制、兵制者，則非漢文（時）書審矣。……《禮記》本有〈王制〉，與漢文所造，兩列而不容混一。」又曰：「《禮記．王制》與〈王度記〉相後先，非漢人公孫臣輩所爲。」不知〈兵制〉、〈服制〉，本別自爲篇，非附于〈王制〉中，特〈王制〉存而彼篇亡耳。且盧氏爲漢人，亦不至誤解漢事。孫、臧所言，非篤論也。蓋〈王制〉一書爲漢文博士所作，博士各出其師說，彙爲一編，故一篇之中，有古文說，有今文說，不拘于一經之言也；所記之制，有虞夏制，有殷制，有周制，不拘于一代之禮也。惟其不拘于一經之言，故《史記》言其刺六經而成；惟其不拘于一代之禮，故鄭君以爲所記乃先王之事。是則〈王制〉一篇，與東漢《白虎通》無異，乃雜采眾家之說、歷代之制而成書者也。〔註149〕

按：申叔先生申述盧說，嘗欲就〈王制篇〉全文而檢討其爲「今文」、抑係「古文」家說，以證明其爲西漢博士諸生之所作。惜其所撰〈王制篇集證〉，僅成

〔註148〕同註146。

〔註149〕同註146。

二節而未完卷；且用以區別古今文經學之證據，其選擇亦欠嚴格。故除於序文中表示其觀點以外，實未作何等詳實之考辨。〔註150〕

至於申叔先生所謂〈王制篇〉有後人竄易古文以就今文家說之痕迹。按其例證，〔註151〕所見則是而所言則非。蓋《禮記》爲漢儒章句殘文，各篇往往合本文與記文而爲一，初不僅〈王制〉一篇如此。唯以〈王制篇〉本文殘留特多，故其與附記混合之形迹亦較顯。是以王師吳航謂：「稽以《史》《漢》〈儒林傳〉，自文、景迄於昭、宣，今文之學，方興未艾。〈王制〉成篇，又在其前。當時其述但據諸子傳說，本無今古文之異學。自漢武羣儒，重採茲篇以與〈封禪〉、《尚書》、《周官》等書相提並論，茲編始又爲學者所重視而傳之於學官。觀元狩元年詔書存問老者，元狩五年詔書存恤鰥寡孤獨廢疾之文（並見《漢書・武帝本紀》）皆似發自茲篇者。是以知當時學官師弟已在相與講論〈王制〉，且引據古文記及當時流行之今文家說，如《尚書大傳》、《夏侯歐陽說》、《春秋公羊說》、《月令說》等，以相發明。但此眾說，乃從後加入爲附記。劉氏未察其本文與附記之不同，亦未注意輯入時代之先後，遂翻謂後人竄易古文以就今文家說矣。」〔註152〕所附〈王制後案〉，〔註153〕信而有徵，另以證成其說。若能起申叔先生於地下，必獲首肯也。

### （二）論月令

〈月令〉之文，常見於秦漢人著述，惟名稱與文字稍異耳。〔註154〕觀其內容，可大別爲自然現象與行政綱領二大端，前者屬「天」，後者屬「人」，「承天治人」，乃其基本觀念。〔註155〕論其來源，東漢魯恭推爲周人；及鄭玄敘《三禮目錄》，乃謂此本《呂氏春秋・十二月紀》之首章，好事者抄合之，後人因題之名曰「禮記」。然而，王肅、蔡邕皆不然其說。蔡氏以爲〈月令〉「體大經同」，非周公莫能作。〔註156〕於是，自魏之高堂隆、傅玄以下，辯論不絕。

〔註150〕參見王師吳航《禮記校證》卷二，頁64。

〔註151〕詳見《遺書》冊三，頁1441，《左盦集》。

〔註152〕《禮記校證》，卷二，頁69。

〔註153〕見《禮記校證》，卷二，頁70～105。

〔註154〕按王師吳航《禮記校證》頁528云：「月令之名非古，前世所傳，如《呂氏春秋》但稱『月紀』。自餘，如《管子》書中，〈四時〉〈五行〉及〈輕重己篇〉所詳列，〈七臣七主〉、〈禁藏〉、〈水地〉等篇所雜載者，亦僅可稱爲『時令』。質以《淮南》之名『時則』，《逸周書》之名『時訓』，皆近於是。」

〔註155〕參見王師吳航《禮記校證》頁532。

〔註156〕黃氏《逸書考》，冊七，〈蔡邕月令問答〉，頁1～2（《漢學堂經解》）。

輓近世，此事猶懸而未決。大抵所爭者唯周、秦、漢人之異而已。孫星衍力證〈月令〉非秦漢人所撰，〔註 157〕而俞正燮則謂〈月令〉非周書。〔註 158〕申叔先生似欲調和眾說，因之謂月令有三：即〈周月令〉、〈秦月令〉、〈漢月令〉。倘以其命名分之，則〈周月令〉即〈周書〉之「月令解」，〈秦月令〉即《呂氏春秋》之「十二紀」及《淮南》之「時則訓」，〈漢月令〉即小戴鄭注所引之「今月令」。〔註 159〕今〈周書・月令解〉久失傳，據申叔先生所述，惟《論語》何晏《集解》引馬融鑽燧改火注云：「〈周書・月令〉有更火之語，春取榆柳之火，夏取棗杏之火，季夏取桑柘之火，秋取柞楢之火，冬取槐檀之火。」確屬本篇佚文。又《太平御覽》九百七十三引〈周書〉：「夏食鬱，秋食橘柚。」九百七十五引〈周書〉：「冬食菱藕。」《初學記》二十八引〈周書〉：「秋食樝梨橘柚。」而《藝文類聚》八十七亦引食橘柚之文，稱爲〈月令〉；則《御覽》、《初學記》所引〈周書〉，亦均〈月令解〉之詞。〔註 160〕此外，申叔先生以爲前儒所引之〈明堂月令〉，蓋亦〈周月令〉。其言曰：

> 《漢書・藝文志》禮類有《明堂陰陽》三十一篇，此篇及〈秦人月令〉，疑均附入其中。惟〈秦月令〉已采入戴禮，此篇獨否，故漢人稱爲〈明堂月令〉，《漢書・魏相傳》云：「又數表，采易陰陽及〈明堂月令〉奏之。」此漢人稱〈明堂月令〉之始。東漢之書，若《禮記・祭法篇》鄭注、《淮南子》高注、應劭《風俗通義》、蔡邕封事，均引〈明堂月令〉，而《五經異義》復援引〈明堂月令〉書說。漢代以降，若韋昭《國語》、傅玄奏疏、元魏孝文帝詔書、司馬貞《史記索隱》，猶引〈明堂月令〉之文，與小戴所采〈秦月令〉互有異同。如《索隱》所引封諸侯二語，列之季夏事，於小戴屬孟夏；《說文》所引天子飲酎，列之孟秋，於小戴亦屬孟夏。又魏詔所引攷屬官，高誘所引清風至，蔡邕所云季夏迎帝，並於小戴靡所徵，是〈明堂月令〉與〈小戴月令〉非一書。知爲〈周月令〉佚文者，蔡邕〈月令篇名〉曰：「成法具備，各從時月，藏之明堂，所以示承祖考神明，

〔註 157〕見《平津館文稿》卷上，〈王制月令非秦漢人所撰辨〉（《孫淵如詩文集》，頁 146～147）。

〔註 158〕見《癸巳類稿》卷四，頁 17～20，〈月令非周書論〉（《皇清經解續編》，冊十三，卷八三七）。

〔註 159〕見《遺書》冊三，頁 1442，《左盦集》。或頁 1585 下，《左盦外集》。

〔註 160〕同註 159。

不敢泄瀆之義，故以明堂冠月令。」又曰：「文義所說，博衍深遠，宜爲周公所作也。官號、職司，與《周官》合；〈周書〉七十一篇，而〈月令〉第五十三。則月令，〈周書〉明矣。」蓋蔡氏以〈周書月令〉與〈明堂月令〉互勘，知其同屬一書；惟漢代〈周書〉未顯，故舍馬季長而外，援引此文，均據〈明堂月令〉本，實則〈明堂月令〉即此篇也。……後儒不察，恆以〈小戴月令〉即〈周月令〉，或以〈明堂月令〉即〈小戴月令〉。盧氏〈周書〉校本，復以《呂紀》補本書；不知蔡氏以〈明堂月令〉即〈周書〉，爲呂書所自仿，以明〈月令〉非不韋所創作，非謂〈小戴月令〉即〈周書〉也。鄭君以〈小戴月令〉非周公所作，非謂周無月令也。〔註161〕

按：申叔先生掇拾月令異「名」而作成之斷案，恐非的論。是故王師吳航所謂：「〈周書〉之有〈月令〉，語出蔡邕，但今汲冢所傳，實無此篇。故其題名爲何？殊乏證據；必謂『明堂月令』載在〈周書〉，殊爲無根之說。後人所得見《禮記·月令》，雖與呂書〈十二月紀〉之首章大同小異，但謂之爲『抄合』，似猶未諦。因其中有刪節及脫落者在，不僅抄合而已。倘以此爲『抄合』，則《淮南子・時則訓》不亦屬於同類乎？捨《淮南》而專言入於《禮記》者爲〈秦月令〉，亦殊不公。再者鄭玄注《禮》，又不僅引述今〈月令〉，亦且引述〈王居明堂禮〉，倘以〈月令〉爲〈漢月令〉，則〈王居明堂禮〉亦可視如〈明堂月令〉而謂之〈周書〉乎？鄭玄固無是言也。杜臺卿《玉燭寶典》，多纂輯蔡邕〈月令章句〉，蔡氏亦常引今〈月令〉爲解，但又不盡同於鄭氏所述，竊疑自漢興以來，〈月令〉之來源即非一本，例如魏相所言，及《淮南・天文》所載，兼合八卦、八風之〈月令〉，又與呂書及《禮記》所載者不同。可見流傳於兩漢之今〈月令〉，既已政出多門，有非周、秦〈月令〉所得而代表之者。」〔註162〕洵爲知言。要之，本案固毋庸爲申叔先生諱也。

## （三）論中庸

中庸者，羣經之樞要也。《中庸》本爲《禮記》之第三十一篇。由《漢書・藝文志》載有《中庸說》二篇觀之，可知漢人已特重此篇，而將之抽出加以解說。《隋書・經籍志》載有宋戴顒《中庸傳》二卷，梁武帝《中庸講疏》一卷、《私記制旨中庸義》五卷。足證南朝人對《中庸》亦甚重視。洎乎北宋，邢昺

〔註161〕《遺書》，冊三，頁1585～1586，《左盦外集》。
〔註162〕見《禮記校證》頁528。

特爲眞宗陳述《中庸》「凡爲天下國家有九經」一節之大義，深爲眞宗所嘉納。仁宗更屢次以《中庸》賜進士。於是二程子乃表章《中庸》，與《大學》、《論語》、《孟子》並行。及南宋，高宗亦屢次以《中庸》賜進士，並親書中庸，送成均鐫石。孝宗更詔以《中庸》進講，並幸臨太學，講《中庸》九經。於是石𡼖乃輯次二程子門人及講友所記有關《中庸》之言，成《中庸集解》一書。朱子更據石氏書，寫成《中庸章句》、《中庸輯略》及《中庸或問》。自朱子以《中庸章句》與《大學章句》、《論語集註》、《孟子集註》並行，號稱「四書」。寧宗時，刻朱子四書於太學，《中庸章句》乃大行於世。及元仁宗時，規定科場考試經義，限用《朱子章句》、《集註》，既成定制，明、清兩代皆沿襲不改。於是《中庸章句》遂爲六百年來中國士子必讀之書矣。〔註 163〕

首先論及《中庸》作者者，爲司馬遷之《史記》。《史記·孔子世家》:「伋，字子思，年六十二，嘗困於宋。子思作《中庸》。」鄭玄據此，故於《三禮目錄》云:「孔子之孫子思伋作之，以昭明聖祖之德。」〔註 164〕是說宋儒雖有疑之者，惟尠確證，太史公之說既是最古，自當信從爲宜，故申叔先生亦宗太史公之說，並論及其撰述旨趣曰：

> 《中庸記》者，蓋子思贊述《春秋》之書，以與《左氏傳》相爲表裏者也。〔註 165〕

有關「中庸」二字之涵義，據孔穎達《禮記正義》引鄭玄《三禮目錄》云:「名曰『中庸』者，以其記中和之爲用也。庸，用也。」〔註 166〕又《中庸》:「仲尼曰：君子中庸，小人反中庸。」鄭玄注:「庸，常也。用中爲常道也。」申叔先生即此而引申之曰：

> 中爲中和，庸謂用爲常道。中與《春秋》異名同實，孔子作《春秋》，所以用中德也；子思作《中庸》，所以明《春秋》之用也。〔註 167〕

蓋庸雖一名而兩義，具常之與用，相兼乃足，故日用爲常道。君子中庸，若云君子用中爲常耳。〔註 168〕中爲《春秋》之德，亦即《中庸》一書所本之主

〔註 163〕參見高師仲華《高明文輯》上冊，頁 255～259，〈中庸辨〉。
〔註 164〕見孔穎達《禮記正義》卷五十二，頁 1，〈中庸題疏〉。以及陸德明《經典釋文》卷十四，頁 1，〈中庸〉題下所引。
〔註 165〕《遺書》，冊三，頁 1587 下，《左盦外集》。
〔註 166〕同註 164。
〔註 167〕同註 165。
〔註 168〕見《遺書》冊三，頁 1589 上，《左盦外集》。

旨。又《中庸》乃依《春秋》而作，故二書淵源至深，申叔先生曰：

> 《中庸》一書，以中和爲本，以定命爲歸，明王則之，有以知《春秋》制作之功；君子法之，亦以窺動作威儀之則。是非子思不能作，非證以《春秋左氏傳》，亦弗能詮明其誼也。〔註 169〕

## （四）論格物

《禮記．大學篇》，以「明明德」、「親民」、「止於至善」爲三綱領，以「格物」、「致知」、「誠意」、「正心」、「修身」、「齊家」、「治國」、「平天下」爲八條目。「格物」居八條目之首，亦即其他條目之始基，修己治人之發軔；故其解說，所關甚鉅。惟歷來有關「格物」之解釋甚多，異說紛紛，莫衷一是。清人徐養〈原格物說〉云：「釋格物之義者，多至七十二家，聚訟紛紜，幾如議禮。」〔註 170〕今則又不僅七十二家矣。申叔先生嘗論鄭玄所注：「格，來也；物，猶事也。其知於善深則來善物，其知于惡深則來惡物，言事緣人所好來也。」其說近確，而孔穎達所疏：「格，來也，言若能學習，招致所知，已有所知，則能在于來物。若知善深，則來善物；知惡深，則來惡物。」則言焉弗詳，〔註 171〕申叔先生以爲：

> 夫格字訓來，見于《爾雅．釋言篇》；格物之物，兼一切事物言。……《大學》此言，不過言擴充知識，在于引致事物，而日與日接耳。《易經．繫辭上》曰：「寂然不動，感而遂通天下之故。」又曰：「无有遠近幽深，遂知來物。」蓋寂然不動，指未感事物之時言，「感」即感物之感，「通天下之故」，即致知也；「遂知來物」，來物即格物之確詁，猶言引致事物也。……又《禮記．樂記篇》云：「人生而靜，天之性也；感于物而動，性之欲也。物至自知，然後好惡形焉。」又云：「物之感人無窮，而人之好惡無節，則是物至而人化物也。」蓋知物之能爲人類所共具，然非事物至于前，則知不呈。人生而靜，與易之寂然不通不動同，物至自知，即致知在格物之的詁。彼言物

〔註 169〕《遺書》，冊三，頁 1588 下，《左盦外集》。

〔註 170〕見阮元輯《文選樓叢書》第五函：《詁經精舍文集》，冊六，卷九，頁 11。

〔註 171〕按孔疏解格物爲：「善事隨人行善而來應之，惡事隨人行惡亦來應之；」「善惡之來，緣人所好也。」與鄭氏意同，此即理性或心地作用之效果也。惟其解致知爲「學習招致所知」，此乃見聞知識之累積，與鄭氏「知善惡吉凶之所始終」之理性判斷，實爲異轍別徑。蓋《大學》所論者，乃德性之知，而非知識之知故也。

至自知，此言物來則能擴充知識。又心既知物，即能辨其善惡，知其善則心有所好，知其惡則心有所憎，故曰好惡以形，此即鄭注知善知惡所由本也。若夫物至而人化于物，由于徒知格物而不知誠意，故爲外物所誘。《大學》一篇屢言愼好惡，所以正其失也。又《荀子·正名篇》云：「心有徵知，徵知則緣耳而知聲可也，緣目以知形可也，然而徵知必將天官之當簿其類而後可也。」楊注云：「徵，召也；言心能召萬物而知之。」又簿當作薄，引伸則爲迫近之義，當字訓對，當簿之義與以身接物義同，此亦格物之的解。徵知即來物，知聲知形，亦係致知之一端。此大學古誼之僅存者也。又《荀子》有〈解蔽篇〉，於觀物之法，言之甚詳，而終歸之于物至而應，足證格物猶言來物，係不易之確詁。惟鄭注謂「知善則來善物，知惡則來惡物。」係倒解《大學》之文。《大學》此言先格物而後致知，言物至而後心有所知也。若如鄭說，則是先致知而後物格，與物格而後致知一語有不符矣。〔註 172〕

按：鄭氏之意蓋謂：引致事物與己身相接，比較分析，然後辨其善惡，定其好惡。惟所言「其知於善深，則來善物；其知於惡深，則來惡物。」雖其「知」字，乃經驗中之知，意近於嗜好之「好」，但極易與「致知」之「知」相淆，以致被誤爲先致知而後格物，此其失。此外，若司馬光、朱熹、王守仁、王艮、毛奇齡、顏元、李塨、惠棟、孔廣森、焦循、阮元及宋翔鳳等之解格物，申叔先生以爲皆有偏失，茲將其所批駁者，分之爲六類，引述如下：〔註 173〕

1. 論訓格爲至，訓物爲事一派：

朱子以物爲事物之理。其注《大學》也，訓格爲至，謂窮致事物之理，欲其極處無弗到。又取程子之義爲補傳，其言曰：「所謂致知在格物者，皆欲致吾之知，在即物而窮其理也。」又云：「是以《大學》始教，必使學者即凡天下之物，若不因其已知之理而益窮之，以求致乎其極。」與程子所謂一艸一木，均有理可格，正互相發明。其說非不可通，惟格可訓至，不可訓致，更不可引伸爲窮理，安得謂之「古訓是式」乎！且程子既言一艸一木均有理可格，又以玩物喪志爲譏，謂不必盡窮天下之物，非立詞互相矛盾歟！阮元作格物說，其言曰：「物

〔註 172〕《遺書》，冊三，頁 1590～1591，《左盦外集》。

〔註 173〕按以下所列，均摘自《遺書》冊三，頁 1591～1592，《左盦外集》。

者，事也；格者，至也。事者，家、國、天下之事，即止于五倫之至善，明德、新民，皆事也。格有至義，亦有止意，履而至止于其地，聖賢實踐之道也。」又曰：「至善之至，知止之止，皆與格義一也。」又曰：「格物者，至止于事物之謂也。」又曰：「壹是皆以修身爲本，即物有本末之物；物有本末之物，即格物之物。」孔廣森《禮學卮言》以致知格物即致知上之知，與阮說同。又訓格爲止，謂至乎物則不過，不過乎物則得乎正，亦與阮氏之說互證。蓋阮氏以格物之道兼該天下、國、家、身、心、意、知，言其昧于詞例，則與王艮之失相同。

按：朱子等人訓「格」爲「至」，與鄭貌合而神離。梁啓超氏嘗指其「即物窮理」說，有「泛濫無歸宿」與「空僞無實著」之缺失。〔註174〕

2. 論訓格物爲扞禦外物或正其心之不正一派：

司馬光之解格物也，以格爲捍禦，謂捍禦外物而後能知至道。王陽明本之，其言曰：「格，正也，正其不正而歸于正也。」……蓋陽明立說主于良知，以大學明德爲良知，以去惡存善爲止至善，故解釋明明德節，以誠意爲主，既以誠意爲主，故以去不正之意念解格物，由此義而引申，即爲去人欲存天理，與司馬氏捍禦之訓合。王學之徒多守其說，然果如其說，訓格爲正，則格物即正心，即既捍禦外物則感物日稀，與致知之義相反，此陽明之失也。

按：陽明之解格物也，初亦從朱子之說，其所以謂天下之物本無可格者，不過因格亭前之竹，以致勞神成疾耳！故謂格物之功只在身心上做。申叔先生所以不從其格物之說者，蓋以陽明之說易流於虛故也。〔註175〕又熊師翰叔所謂：「陽明之失，不在古本大學，而在增字說經。……至於格物，訓『格』爲『正』可也；而曰：格其心之物；間又增一欲字，謂去吾心之物欲。審如是，則大學此文，當云：『欲致其知，先格其物』；不當作『致知在格物』矣。惟夫『物』乃本末之物，通貫身、心、意、知、家、國、天下而言，故不曰欲致其知先格其物，而曰致知在格物。」〔註176〕亦深有見地，誠不刊之論也。

3. 論訓格物爲格其物有本末之物一派：

王艮之解格物也，謂：「格物即物有本末之物，身與天下、國家，一

〔註174〕見〈王陽明知行合一之教〉，頁4。
〔註175〕見《遺書》冊四，頁2212，《讀書隨筆》。
〔註176〕《仰止詹言》，卷下，頁6。

物也。行有不得者，皆反求諸己；反己即格物之工夫。」又謂：「格如格式之格，與絜矩同。」又曰：「物格、知至，知本也；誠意、正心、修身，立本也；本末一貫，故愛人、禮人、治人，格物也。不親、不治、不愛，是謂行有不得于心，格物然後知自反，反己是格物的工夫。」……蓋以格物即絜矩，引伸則爲人己互親。劉宗周以其説爲最正，全祖望《經史答問》又謂其説同于元儒黎立武，亦程朱之緒言。然果如其説，則《大學》之文，當由致知至平天下，均在于格物，不當僅言致知在格物也。蓋王氏之説可以解絜矩，而不可以解格物，不得謂之爲確詁也。

毛奇齡作《大學古本證文》，其弟子復輯其駁李塨格物之説爲《逸講箋》。其解格物也，謂：「物有本末，明新是也；格物，即格此物有本末之物，知本是也。」……以格物是格明新，格明新是知本，前後一串；以格物即物有本末之物，略與王艮同，惟大學此節僅言明明德，不當以格物兼該新民，又自天子至于庶人一節，明言以修身爲本，即知本指修身言，與格物無與，此毛氏之失也。

按：此派所主，重在人己互親，用意甚善；惟《大學》僅言「致知在格物」，未嘗言「致知、誠意、正心、修身、齊家、治國、平天下，均在於格物。」故知其未合。

4. 論訓格物之物爲鄉三物一派：

顏元之解格物也，謂物即《周禮》鄉三物之物，六德、六行、六藝是也。於三物之中，尤偏崇六藝，惟于「格」字無確詁。其弟子李塨作《大學辨業》，謂《大學》一書教人成法，其法維何？即所謂物也。其物維何？即《周禮》三物也。又以造其至訓格字，與紫陽訓格爲致，其失略同。……既以物爲三物，又以三物之中獨取六藝，復謂格物之物即意、心、身、家、國、天下之物，立説互歧，移經文以就己意，毛奇齡作《逸講箋》攻之，非無以也。

按：「鄉三物」，乃古鄉學之教程，非《大學》之教也。

5. 論訓格物爲感召物祥一派：

宋氏翔鳳以〈禮運〉感召物祥爲解，無論其説近于妄誕，即使古有此説，然感召物祥，係治平以後之事，非致知以前之事也。

6. 論訓格物爲量度事物一派：

惠棟《九經古義》云：「《文選》注：『倉頡篇云：格，量度之也。』量度事物，致知之道也。」焦循用其義而變其訓，其所作格物解曰：「格物者何？絜矩也。格之言來也。」又曰：「己所不欲，勿施于人，則足以格人之所惡；己欲立而立人，己欲達而達人，則足以格人之所好。」又曰：「感于物而動，性之欲也，故格物不外乎欲己與人同此性即同此欲，舍欲則不可以感通于人。」焦氏之說，亦略同王艮，兼采戴震《孟子字義疏證》，與惠氏量度事物之義亦不相背；惟不復訓格爲度，故改訓爲來，以宗鄭注。夫《大學》以絜矩爲治平之事，而格物則在致知之先，不得以格物即絜矩；且既以絜矩之義解格物，復訓格爲來，立詞近曲，又出惠說之下。若惠氏之說，足備格物之一解，惟不若鄭注訓來之確耳！

綜上，知申叔先生以爲捨鄭玄而外，諸家之說均未臻於至善。〔註 177〕先生又謂清人中，「惟孫星衍訓格物爲遇事，洪震煊謂善意存物，緣人所好而來，稍合鄭注之說。餘均膠固罕通，或恢廓其詞，以與宋儒競勝，均不足爲的解也。」〔註 178〕然則申叔先生之所以獨宗鄭氏者，蓋以其引《爾雅》訓格爲來，乃「古誼之僅存」故也。殊不知《文選》所載李康〈運命論〉，李善注引〈倉頡篇〉云：「格，量度之也。」〔註 179〕亦古訓也。申叔先生既謂鄭注「係倒解《大學》之文」，是鄭說亦非確詁也。要之，即「格」之一字，據清人謝江所述，已達十有八解；〔註 180〕今則又不僅此數矣。若欲折衷之，似以高師仲華所謂：「格物」即對「修身」、「齊家」、「治國」、「平天下」等事物加以量度，量度之後，則能獲致「知止」、「知本」、「知所先後」之知，〔註 181〕爲較近《大學》之原旨耳。

〔註 177〕按朱子及陽明二家之說，雖未全合古義，惟據近人唐君毅先生〈大學章句辨證及格物致知思想之發展〉一文所云：「朱子、陽明之思想，……咸有進于《大學》所陳而自立之新義在。……二家之釋《大學》格物致知之言，不視之爲《大學》本文註解，而視爲一獨立之思想表現。」（《清華學報》新四卷第二期第 21 頁）所言甚有見地。是二家之說咸有新義在，彌足珍視也。

〔註 178〕《遺書》，冊三，頁 1592，《左盦外集》。

〔註 179〕見《文選》卷五十三，頁 8。按清儒惠棟《九經古義》，毛奇齡《四書賸言》，皆以此訓爲《大學》「格物」之正解。

〔註 180〕阮元輯《文選樓叢書》第五函：《詁經精舍文集》，冊六，卷九，頁 13。

〔註 181〕見《高明文輯》上冊，頁 250。

# 第柒章　劉申叔先生之春秋左氏學

## 一、引　言

《春秋》，魯史也，〔註1〕亦孔子所以紀變之書。蓋古之王者，世有史官，君舉則書，所以愼言行，昭法式也；而諸侯亦各有國史。孔子生當魯襄、昭、定、哀之世，前有堯、舜、禹、湯、文、武之盛，後有七雄之爭，而其間適爲政變之樞。孔子轍環列國，應聘不遇，自衛以歸。西狩獲麟，傷其虛應，乃觀周室，因魯史而作《春秋》。《史記．太史公自序》云：「余聞之董生曰：『周道衰廢，孔子爲魯司寇，諸侯害之，大夫壅之。孔子知言之不用，道之不行也。是非二百四十二年之中，以爲天下儀表，貶天子，退諸侯，討大夫，以達王事而已矣。』子曰：『我欲載之空言，不如見之於行事之深切著明也。』夫《春秋》，上明三王之道，下辨人事之紀，別嫌疑，明是非，定猶豫，善善惡惡，賢賢賤不肖，存亡國，繼絕世，補敝起廢，王道之大者也。……《春秋》以道義。撥亂世反之正，莫近於《春秋》。《春秋》文成數萬，其指數千。萬物之散聚皆在春秋。……爲人君父而不通於《春秋》之義者，必蒙首惡之名；爲人臣子而不通於《春秋》之義者，必陷簒弒之誅，死罪之名。……故《春秋》者，禮義之大宗也。」是孔子作《春秋》，非惟志在褒貶，而亦欲後人有所遵循也。

---

〔註1〕按《孟子．離婁篇》云：「晉之《乘》，楚之《檮杌》，魯之《春秋》，一也。」《乘》與《檮杌》爲晉、楚二國之史，《春秋》則魯國之史也。《左傳》昭公二年記晉大夫韓起聘魯，觀書於太史，見《易象》與魯《春秋》。韓起在孔子前，其時魯已有《春秋》矣。《公羊傳》莊公七年云：「不修《春秋》曰：『雨星，不及地，尺，而復。』君子修之曰：『星霣如雨。』」所謂不修之《春秋》，乃未經孔子筆削之魯國原本史記。凡此皆魯史本名《春秋》之證。孔子特沿用魯史之舊名耳。

《春秋》上起魯隱公元年，下迄哀公十四年，凡十二公，計二百四十二年，〔註 2〕以魯史爲經，並旁及各國，而以晉、楚、齊、秦等國史事爲多。依年月記載，無事則闕，杜預《春秋左氏傳‧序》云：「《春秋》……記事者以事繫日，以日繫月，以月繫時，以時繫年，所以記遠近，別同異也。故史之所記，必表年以首事，年有四時，故錯舉以爲所記之名也。」〔註 3〕其謂錯舉四時之二以爲書名者，蓋示《春秋》乃編年之史耳。申叔先生亦嘗原《春秋》之名曰：

> 《春秋》制名之誼，以左氏古說爲詳，《漢書‧律曆志》述劉歆《三統術》云：「夫春秋者，天時也，……傳曰：『民受天地中以生，所謂命也。是故有（禮誼）動作威儀之則以定命也，能者養之以福，不能者敗以取禍。』故列十二公二百四十二年之事，以陰陽之中制其禮。故春爲陽中，萬物以生；秋爲陰中，萬物以成。是以事舉其中，禮取其和，曆數以閏（正）天地之中，以作事厚生，皆所以定命也。」舊疏引賈逵說云：「《春秋》取法陰陽之中，春爲陽中，萬物以生；秋爲陰中，萬物以成。欲使人君動作不失中也。」《公羊疏》卷一又云：「《三統術》云：『春爲陽中，萬物以生；秋爲陰中，萬物以成。』故名《春秋》。賈、服依此以解《春秋》之義。」是服君說《春秋》名義與賈君同，均祖述子駿諸言，

〔註 2〕按《漢志》列有《春秋古經》十二編，經十一卷，皆始於隱公元年。《春秋經》十一卷爲公、穀所本，終於哀公十四年西狩獲麟而絕筆，共二百四十二年。《春秋古經》十二篇爲《左傳》所本，終於哀公十六年孔子卒，共二百四十四年。二經迄止之年不同，賈逵、服虔以獲麟後自小邾以下爲弟子所記，蓋弟子欲明夫子作《春秋》以顯其師，故書至孔子卒也。然則《春秋》既爲魯史記之名，魯史當起自伯禽，不始於隱公，孔子修《春秋》何以起自隱公？據顧炎武《日知錄》云：「自隱公而下，世道衰微，史失其官，於是孔子懼而修之。自惠公以上之文無所改焉，所謂述而不作者也；自隱公以下，則孔子以己意修之，所謂作《春秋》也。然則自惠公以上之《春秋》，因夫子所善而從之者也。惜乎其書之不存也。」又申叔先生〈讀左箚記〉云：「其必託始于魯隱者，則以察時勢之變遷，當先今後古，故略古昔而詳晚近。」（《遺書》冊一頁 352 上）知孔子修《春秋》所以始於隱公者，蓋是時周室已東，史失其官，雅頌不興，美刺不作，故有繼詩亡而後，「吾其爲東周」，及略古詳今，用覩時變之意焉。

〔註 3〕按孔穎達《正義》云：「首，始也。事繫日下，年是事端，故史之所記，必先顯其年，以爲事之初始也。年有四時，不可徧舉四時以爲書號，故交錯互舉，取春秋二字，以爲所記之名也。春先於夏，秋先於冬，舉先可以及後，言春足以兼夏，言秋足以見冬，故舉二字以包四時也。」

此左氏先師溯《春秋》制名之始也。蓋歲有四時，惟春秋適得陰陽之中，故以《春秋》名史冊，使人君顧名思義，無失其動作之中。李貽德〈春秋左氏傳賈服注輯述〉曰：「欲使人君動作不失中者，中即天地之中，動作之則，所以定命即不失中也。《玉藻》曰：『動則左史書之。』此《春秋》之名所由立也。」師培案：《漢書．藝文志》云：「左史記言：言爲《尚書》；右史記事，事爲《春秋》。」《申鑒．時事篇》同。鄭君注《玉藻》動則左史書之二語云：「其書《尚書》《春秋》其存者。」疏引《六藝論》云：「春秋者，右史所記之制動作之事也。右史記事，左史記言，是《春秋》爲記動之書也。」《漢志》、《六藝論》、《申鑒》異於《玉藻》者，在於左、右史所職互殊，然所稱記事，即記人君之動作；子駿言欲使人君不失中，舉動不舉言，即以《春秋》爲記動之書。舊疏又引賈逵說云：「周禮盡在魯矣，史法最備，故《史記》與《周禮》同名。」案此乃賈君申本傳昭二年韓宣稱《春秋》爲《周禮》之詞也。然說與子駿互明，子駿言以陰陽之中制其禮，亦以《春秋》爲昭禮之書，本傳隱七年書名例云：「謂之禮經。」亦其證也。故《春秋》之旨，欲使人君動則不失中，動作不失中，誼符秉禮，子駿之說，蓋深得《春秋》、《周禮》同名之誼者也。〔註4〕

按：孔子作《春秋》，其文則史，其義則自謂丘竊取之，諸史無義，而《春秋》有義也。〔註5〕故七十子之徒所以口授其傳指者，爲有所刺譏褒諱挹損之文辭，不可以書見也。丘明恐口耳相傳，弟子各安其意，以致人人異端，而失其眞，故因孔子所修之《春秋》，具論其語，而成《左氏春秋》。然傳中所貶損皆當世君臣大人，有威權勢力者，故亦隱其書而不宣，所以免時難也。及末世口說流行，故有穀梁、公羊、鄒、夾之傳。鄒氏無師，夾氏有錄無書，故不顯於世。〔註6〕是傳《春秋》者，乃左氏、穀梁、公羊三家，〔註7〕後

〔註4〕《遺書》，冊三，頁1595上～1596上，《左盦外集》。

〔註5〕見《皇清經解》卷五十頁14：萬斯大〈學春秋隨筆〉。按高師仲華《春秋研究》云：「所謂『義』者，即孔子理想之所寓寄，必循文以見事，因事以見其義也。然孔子論人議事，當時多所不便，故大抵皆以隱微之言出之，其義固不甚明顯。」

〔註6〕參見《史記》卷十四：〈十二諸侯年表．序〉，及《漢書》卷三十：〈藝文志〉。

〔註7〕按申叔先生〈讀左劄記〉云：「孔子魯人，而設教之地，又在魯境之中，故所編之《春秋》，亦以魯事爲主。……時門人七十，弟子三千，各記所聞，以供

人謂之《春秋三傳》。申叔先生嘗考三傳成書之先後，以爲《左傳》最爲早出，《穀梁》次之，而《公羊》則更在《穀梁》之後，其證有四：

（1）《春秋》一書，有義有事。孔子所記雖非僅限於經文，教授之際，恆資口述，即《史記・十二諸侯年表》序所謂：「七十子之徒，口受其傳也。」〈年表〉序又言：「左丘明懼弟子人人異端，各安其所，失其眞，故因孔子史記，具論其語。」是丘明之世，說《春秋》者已各殊。因所聞不同，或以臆解測經。丘明作傳，誌事特詳，即《漢書・藝文志》所謂：「丘明論本事以作傳也。」……《漢書・劉歆傳》謂：「歆以《公羊》、《穀梁》，在七十子後。」〈藝文志〉言：「末世說盛行，故有公羊、穀梁、鄒、夾之傳。」此二傳後於《左傳》之證。

（2）桓譚《新論》曰：「左氏傳世後百餘年，魯穀梁赤爲《春秋殘略》，多所遺失。又有齊人公羊高，緣經作傳，彌離其本事矣。」（《御覽》六百十引）鄭君釋廢疾曰：「《穀梁》近孔子，《公羊》正當六國之亡。」（《禮記・王制》疏引）此《公羊》後于《穀梁》之證。

（3）蓋《左傳》之書，公、穀二家均未睹。其同於《左傳》者，則所據書同，或略聞丘明之說也。……如崔氏出奔，《穀梁》言舉族而出。崔杼弒君，《穀梁》言莊公失言。淫於崔氏大夫，宗婦覿用幣，《公羊》言當用棗栗腶脩，即本《左傳》御孫說是也。有稍聞《左傳》之說而致訛者：如蔡侯朱奔楚，《左傳》有立東國之文。《穀梁》稍聞其說，遂改朱爲東，謂即東國。齊仲孫來，《左傳》所記，有不去慶父諸言。公、穀稍聞其說，又以本經有仲孫蔑諸文，遂以仲孫爲慶父是也。此均二傳晚出之徵。

（4）《左傳》記事無蓋詞。……《穀梁》於郭公諸條，始著蓋詞。《公羊》所著，則以十餘計。蓋詞而外，公、穀兼用或詞。……如莊三年葬桓王，《穀梁》云：改葬也；或曰卻尸以求諸侯。所云卻尸，即《左傳》緩葬說。僖十三年敗秦師，《穀梁》云：先軫；《公羊》則云：先軫也，或曰襄公親之。蓋稍聞《左傳》子墨衰絰說，故隱著其詞，此均公、穀習聞《左傳》說之證也。又成元年，王師敗績於茅戎（二傳作貿）。《左傳》言：敗績於徐吾氏。《穀梁》言：晉敗之。《公羊》則云：蓋晉敗之；或云貿戎敗之。一本《穀梁》，一本

參考，而所記之語，復各不同。或詳故事，或舉微言，故有左氏、穀梁、公羊之學。然溯厥源流，咸爲仲尼所口述，惟所記各有所偏，亦所記互有詳略耳。」（《遺書》冊一頁352上）

《左傳》，於所聞《穀梁》說，亦著蓋詞；則《穀梁》後于《左傳》，《公羊》後于《穀梁》，復何疑乎？《穀梁》所引有《尸子》、《沈子》說，公羊則稱子沈子，亦其徵也。〔註8〕

按：《左氏傳》乃丘明所作，其成書蓋最早；而公、穀則皆口說流傳，至漢初始著竹帛，故較遲。據陸賈《新語‧道基篇》、〈至德篇〉兩引《穀梁傳》，《新語》之著成在漢高祖末年，則《穀梁傳》之成書亦當在此以前也。又徐彥《公羊》「隱公第一」下疏云：「《公羊》者，子夏口授公羊高，高五世相授，至漢景帝時，公羊壽共弟子胡母生乃著竹帛。胡母生題親師，故曰《公羊》。」是則《公羊傳》蓋成書於漢景帝時，出世最晚也。

觀董仲舒《春秋繁露》云：「《春秋》應天作新王之事，時王黑統，正魯尚黑，絀夏、親周、故宋。」又云：「《春秋》作新王之事，變周之制，當正黑統，而殷周爲王者之後，絀夏改號禹，謂之帝，錄其後以小國。故曰絀夏存周，以《春秋》當新王。」此存三統之義。〔註9〕何休本之，因有一科三旨之說。〔註10〕按董、何之意，蓋以周道既衰，宜有新王繼起，乃託新王受命於魯，以魯隱爲始受命之王。然而《春秋》之時，魯亦不道甚矣，殊不足以爲天下共主，殆以王魯爲託詞，實則孔子方爲繼周之王，因魯史作《春秋》，演新王之法。《春秋》之新王，蓋孔子之理想國也。是說也，誠乃「非常異義可怪之論」。〔註11〕故申叔先生斥之曰：

> 攷《史記‧孔子世家》云：「孔子因史記，作《春秋》，據魯，親周，故殷。」《索隱》云：「言夫子修《春秋》；以魯爲主，故云據魯。」據此，則王魯乃主魯之訛，主、據音義略同，故史公以據代王，即史表所謂：「興於魯而次春秋也。」西漢初年訛主爲王，猶周秦故籍，王、主互訛也（如《國策‧楚策》二王墳墓，今本及鮑本均作主是也。）。董生據之，遂有託王於魯之說。果如其說，則《公羊》於魯作三軍，僭諸公，又何以譏其僭禮乎（觀《公羊》引子家子言，斥魯昭僭用天子禮，則不以王禮許魯甚明。）？若夫親周之誼，《索隱》云：「時周雖危，而親周王者，以見天下之有宗主也。」蓋周

〔註 8〕《遺書》冊三，頁 1446～1447，《左盦集》。

〔註 9〕《春秋繁露》卷七，〈三代改制質文第二十三〉。

〔註10〕徐彥《公羊疏》卷一頁 4 引何氏之言曰：「何氏《作文謚例》云：「……新周、故宋，以《春秋》當新主，此一科三旨也。」

〔註11〕此乃何休《公羊傳解詁》序稱《公羊傳》之語，今特借其言以駁其說耳。

為天子，又於魯為宗國，故施親親之誼。《公羊》宣十六年：「成周宣謝災。」傳云：「外災不書，此何以書？新周也。」新字當作親。蓋外災不書，因周與魯為最親，故特書其災。親新均從亲聲，故親訛為新（亦猶宋人改《大學》親民為新民）。漢儒緣詞生訓，遂有新周之說。幸史公親見故書，著之史冊，足證董生之謬。使漢儒詮明其誼，奚至橫生歧說哉？〔註 12〕

先生以王魯乃主魯、據魯之誤，以新周乃親周之誤。辨明主魯、親周為修《春秋》之大義，用破公羊家王魯新周之傳統科旨，持論甚確。

昔東漢陳元嘗作議立左氏，〔註 13〕唐劉知幾《史通》本之作〈申左〉一篇，謂左氏有三長而公、穀有五短。〔註 14〕是以申叔先生曰：

此說一昌，而左氏之誼，長于公、穀，遂為千秋之定論。〔註 15〕

蓋自晉、唐以來，治《春秋》者，多習左氏傳。以其博采羣書，敘事完備。因事以求意，經文可知。以視公羊、穀梁依經釋義，不免鉤深堅滯者，似為功高。〔註 16〕故清儀徵劉氏即以《左傳》為數世相傳之家學，至申叔先生則更光大之，所撰《春秋原名》、〈孔子作春秋說〉、〈古春秋記事成法攷〉，與夫〈春秋三傳先後考〉、《春秋古經箋》、《春秋古經舊注疏證》、《讀左劄記》、《春秋左氏傳時月日古例考》、《春秋左氏傳答問》、《春秋左氏傳古例詮微》、〈春秋左氏傳古例解略〉、《春秋左氏傳傳注例略》、《春秋左氏傳例略》及〈左氏不傳春秋辨〉、〈周季諸子述左傳考〉、〈左氏學行於西漢考〉、〈王魯新周辨〉、〈司馬遷左傳義序例〉等，或條陳新義，或講明義法，或訂正譌文，或糾駁誤說，以其學識淹貫，故能持論精確而不移。茲析述「論春秋之傳授及歷朝春秋學」與「論劉氏對於左傳之貢獻」二目如下：

## 二、論春秋之傳授及歷朝春秋學

孔子所作之經書，惟有《春秋》一經，若《易》與《詩》、《書》、《禮》、《樂》，蓋僅為整理或闡發耳。孟子曰：「世衰道微，邪說暴行有作：臣弒其君者有之，

〔註 12〕《遺書》，冊三，頁 1451 下～1452 上，《左盦集》。
〔註 13〕見《後漢書》卷三六本傳。
〔註 14〕見《史通》卷十四。
〔註 15〕《遺書》，冊一，頁 353，《讀左劄記》。
〔註 16〕參見程旨雲先生《國學概論》上冊，頁 104。

子弒其父者有之；孔子懼，作《春秋》。」〔註17〕此則孔子作《春秋》之緣起也。孔子筆削史文，以成《春秋》，游、夏之徒，不能贊一辭。孟子曰：「其事則齊桓、晉文，其文則史。孔子曰：『其義則丘竊取之矣！』」〔註18〕孔子作《春秋》，自立其義，因著語無多，故世稱難曉，欲求明通，端賴三傳。三傳者，即左氏、公羊、穀梁三家之學是也。申叔先生嘗論之曰：

> 《春秋》之學，自左丘明入傳，六傳而至荀卿；復由荀卿授張蒼，是爲左氏學之祖。公、穀二傳，咸爲子夏所傳：一由子夏授公羊高；公羊氏世傳其學，五傳而至胡母生，是爲公羊學之祖。一由子夏授穀梁赤，一傳而爲荀卿；復由荀卿授申公，是爲穀梁學之祖。〔註19〕

按：左丘明懼孔子所口授之褒貶，因弟子異言失眞，故論其本事而作《春秋左氏傳》，以授曾申。申傳魏人吳起，起傳其子期，期傳楚人鐸椒，椒傳趙人虞卿，卿傳同郡荀卿；則左丘明之六傳弟子也。自是傳《春秋》者分主二義：有記載之傳，主於記事；《春秋》之左氏傳是也。有訓詁之傳，主於釋經；公羊、穀梁之傳是也。公羊、穀梁之傳，皆自子夏。《孝經緯鉤命訣》云：「孔子曰：『吾志在《春秋》，行在《孝經》。』又曰：『《春秋》屬商，《孝經》屬參。』」〔註20〕如《鉤命訣》所載屬實，則孔子且嘗以《春秋》授子夏矣。《經典釋文・春秋敘錄》云：「《春秋》所貶損人，當世君臣，其事實皆形於傳，故隱其書而不宣，所以免時難也。及末世口說流行，故有公羊、穀梁、鄒氏、夾氏之傳。」又於「公羊」下注云：「名高，齊人，子夏弟子，受經於子夏。」於「穀梁」下注云：「名赤，魯人。《風俗通》云：『子夏門人。』」楊士勛〈穀梁范序疏〉亦云：「穀梁子名俶，字元始，魯人，一名赤，受經於子夏，爲經作傳。」漢初，《春秋》之學，公、穀最顯，而前賢均確言其出於子夏；是則《鉤命訣》所稱「春秋屬商」之語，殆亦信而可徵矣。〔註21〕

## （一）論兩漢春秋學之傳授

西漢之初，傳《春秋》者，有左氏、公羊、穀梁、鄒氏、夾氏五家。其中鄒氏無師，夾氏有錄無書，今俱不傳。申叔先生嘗參覈《漢書・儒林傳》、

---

〔註17〕見《孟子》卷六〈滕文公下〉。
〔註18〕見《孟子》卷八〈離婁下〉。
〔註19〕《遺書》，冊四，頁2356下，《經學教科書》。
〔註20〕見《禮・中庸》注及《公羊注疏序》、《公羊》隱元年疏。
〔註21〕見高師仲華《高明文輯》下冊頁491，〈子夏學案〉。

〈藝文志〉，《後漢書・儒林傳》及各傳並《經典釋文》，以論兩漢《左氏》、《公羊》、《穀梁》三家之學曰：

> 賈誼受左氏學于張蒼，世傳其學，至于賈嘉（誼之孫），嘉傳貫公，而貫公之子長卿能修其學，以傳張敞、張禹；禹傳尹更始，更始傳胡常、翟方進及子尹咸；常傳賈護，方進傳劉歆；歆又從尹咸受業，以其學授賈徽；徽子逵修其學作《左氏解詁》。又陳欽受業尹咸，傳至子元，元作《左氏同異》以授延篤。又鄭興亦受業劉歆，傳至子眾；眾作《左氏條例章句》。而馬融、潁容皆為左氏學。鄭玄初治公羊，後治左氏，以所注授服虔；虔作《左氏章句》，而左氏之說大行。是為左氏之學。

又曰：

> 自胡母生治《公羊》，與董仲舒同師。仲舒傳褚大、嬴公、呂步舒，嬴公授孟卿及眭弘；弘授嚴彭祖、顏安樂，由是有嚴氏春秋，復有顏氏春秋，兩家並立于學官。後漢何休墨守《公羊》之誼，復依胡母生條例作《公羊解詁》。是為公羊之學。

又曰：

> 自江公受《穀梁》于申公，以授榮廣，浩星公；而蔡興公受業榮廣，復更事浩星公，以授尹更始。更始作《章句》十五卷，以授翟方進、房鳳。及宣帝時，江公之孫為博士，以其學授胡常，而韋賢、夏侯勝、蕭望之、劉向並右《穀梁》，其學漸盛。是為穀梁之學。〔註22〕

按：《左氏》詳於記事，《公羊》明於條例，而《穀梁》則精義較多。鄭玄《六藝論》云：「左氏善於禮，公羊善於讖，穀梁善於經，是先儒同遵之義也。」〔註23〕晉范寧《春秋穀梁傳集解》序云：「左氏豔而富，其失也巫；穀梁清而婉，其失也短；公羊辯而裁，其失也俗。」宋胡安國《春秋傳》云：「左氏敘事見本末，公羊、穀梁詞辨而義精。學經以傳為按，則實閱左氏；玩詞以義為主，則當習公、穀。」〔註24〕鄭玄、范寧及胡安國等三家之說，皆篤論也。經之與傳，猶衣之表裏，相待而成；三傳雖來源不同，然皆承傳有自，旨在

〔註22〕《遺書》，冊四，頁2358上～2359上，《經學教科書》。
〔註23〕見《穀梁傳》序疏，頁1所引。
〔註24〕見胡安國《春秋傳》卷首頁3：〈敘傳授〉條。

說解經文，乃《春秋》之羽翼，未可偏廢也。

在漢代，由於經文書寫文字之不同，而有今古文之分，就《春秋》諸傳而言，《左傳》與《穀梁》、《公羊》，不論在文字上、記事詳略上、說經方式上、說經重點上及對一事之褒貶等，皆有甚大之差異。是故申叔先生曰：

> 蓋《公羊》屬今文學，《左氏》、《穀梁》屬古文學；《公羊》為齊學，而《穀梁》則為魯學。〔註25〕

按：公羊高為齊人，穀梁赤為魯人，故所傳《春秋》有齊學與魯學之分。茲列《春秋》三傳傳授系統表如下：

1. 左傳傳授系統

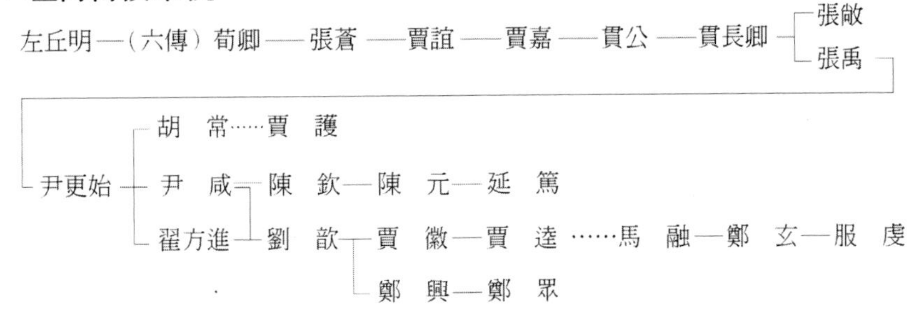


2. 公羊傳傳授系統

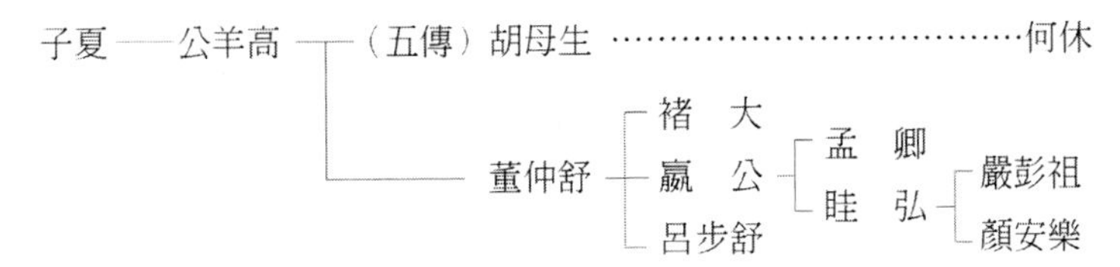


3. 穀梁傳傳授系統

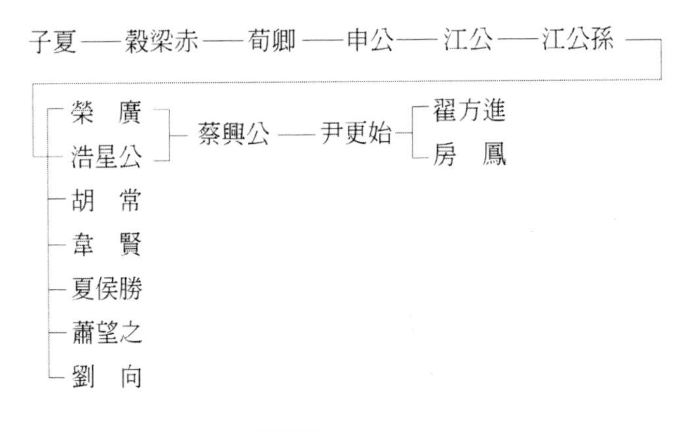


〔註25〕《遺書》，冊四，頁2359上，《經學教科書》。

### （二）論三國南北朝隋唐之春秋學

申叔先生於《經學教科書》中，嘗採《三國志》、《晉書》、南北史各傳，《經典釋文》、《經義考》及《蛾術編》，以論述三國南北朝隋唐之春秋學，其言曰：

> 三國之時，治《春秋》者，有魏王肅《左氏解》，蜀李譔《左氏傳》，而尹默、來敏，咸治《左氏》，《公》、《穀》之學漸衰。晉杜預作《左傳注》，乾沒賈、服之說，復作《春秋釋例》，亦多舛誤（又有京相璠作《春秋土地名》）。

又曰：

> 當南北朝時，服虔《左氏注》行于河北，徐遵明傳服注，作《春秋章義》，傳其業者，有張買奴諸人。杜注得預玄孫杜垣之傳，行于齊地，故服、杜二家互相排擊，李鉉、劉焯咸宗服注，衛翼隆亦申服難杜，姚文安則排斥服注，李獻之復申服義以難之。周遊遜作左氏序義，亦申賈、服排杜注。若夫劉炫作《春秋述異》、《春秋攻昧》，並作《春秋規過》，而張仲亦作《春秋義例略》，咸與杜注立異（以上北學）。江左偏崇杜注（間用服注），惟梁崔靈恩作《左氏經傳義》，申服難杜，虞僧誕復申杜難服以答之（以上南學）。
>
> 唐孔穎達作《義疏》，專用杜注，而漢學盡亡。〔註26〕

至此期公羊、穀梁之學，則申叔先生亦嘗言及：

> 三國以後，公羊學盛行河北，徐遵明兼通之。江左則《公》、《穀》未立學官，惟賀循請立三傳，沈文阿作《三傳義疏》，并及公羊說。穀梁者，有唐固、麋信、孔衍、江熙、程闡、徐先民、徐乾、劉瑤、胡訥十數家，范寧集眾家之說，成《穀梁集解》。及唐徐彥作《公羊疏》，以何休《解詁》爲主，梁士勳作《穀梁疏》，以范寧《集解》爲主，而趙匡，啖助、陸淳（作《春秋集傳纂例》、《春秋微旨》。）掊擊三傳，以己意說經，別成一派。〔註27〕

### （三）論宋元明之春秋學

申叔先生復採《四庫全書提要》、《經義考》及《春秋大事表》，以論宋元

〔註26〕《遺書》，冊四，頁2361下，《經學教科書》。
〔註27〕同註26。

明之春秋學。其言曰：

> 宋儒說《春秋》者，始于孫復；復作《尊王發微》，廢棄傳注，專論書法，慘黷刻深。王晳《皇綱論》，蕭楚《辨疑》，亦發明尊王之旨。劉敞《春秋權衡》（復作《春秋傳》、《春秋意林》及《說例》。），復評論三傳得失，以己意爲進退。而葉夢得（作《春秋傳》、《春秋考》及《春秋讞》。）、高閌（《春秋集說》）之書，咸排斥三傳；陳傅良《春秋後傳》，則又雜糅三傳，蕩棄家法。
>
> 自胡安國作《春秋傳》，借今文以諷時事，亦與經旨不符（戴溪《春秋講義》亦然）；而張洽（《春秋集說》）、黃仲炎（《春秋通說》）、趙鵬飛（《春秋經筌》）、洪咨夔（《春秋說》）、家鉉翁（《春秋詳說》）之書，咸舍事言理，棄傳言經，以元人程端學爲最甚（作《春秋本義》、《春秋或問》、《三傳辨疑》。）。
>
> 自宋陳深（《讀春秋編》）尊胡傳，而元儒俞皐（《春秋集傳釋義大成》）、汪克寬（《胡傳纂疏》），咸以胡傳爲主。明代《大全》（胡廣等選）本之，而胡傳遂頒爲功令矣（明人若陸粲、袁仁、楊于庭，則不從胡傳。）。〔註28〕

按：自唐啖助治《春秋》不專主三傳，揀別三傳之美惡以意彌縫其缺而申以己意。其友生趙匡、陸淳承之，遂開宋人捨棄三傳獨究遺經之風。其中以劉敞爲最優，而胡安國爲最顯。劉敞雖不盡從傳，然亦不盡廢傳，進退諸說，往往依經而立義，是亦說之貴徵實者也。胡安國則往往借《春秋》以寓意，未能悉合經旨。元仁宗延祐三年，定科舉經義經疑取士條格，《春秋》用三傳及胡安國傳。然汪克寬作《春秋纂疏》，一以安國爲主；而明成祖敕修之《春秋大全》，即用克寬之胡傳纂疏爲藍本焉！自是胡傳行而三傳悉廢。此元明兩代春秋學所以卑而無甚高論者也。〔註29〕

惟是時亦有專治《左氏》而間及《公》、《穀》；抑或專治《公》、《穀》而間及《左氏》者；更有兼綜三傳，薈萃舊說者。試觀申叔先生之言曰：

> 宋代以來，以《左傳》爲主者，有蘇轍（《春秋集傳》）、呂祖謙（《左氏傳說》及《續說》）、程公說（《春秋分紀》）、呂大圭（《春秋或問》）、趙汸（《春秋集傳》、《春秋師說》、《春秋屬辭》、《左氏傳補注》。）、

〔註28〕《遺書》，冊四，頁2364上，《經學教科書》。

〔註29〕見錢基博《經學通志》頁204。

童品（《經傳辨疑》）、傅遜（《左傳屬事》），而蘇、趙之書，亦間取資于《公》、《穀》；惟魏了翁（《左傳要義》）、馮時可（《左氏釋》），釋《左傳》以訓詁爲宗。

其以《公》、《穀》爲主者，有崔子方（《春秋本例》、《春秋例要》。）、鄭玉（《經傳缺疑》），亦間取資于《左傳》。若夫薈萃舊說者，宋有李明復（《春秋集義》），元有王元杰（《春秋讞義》）、李濂（《諸傳會通》），明有王樵（《輯傳》）、朱朝瑛（《讀春秋略記》），雜采三傳，旁及宋儒之說；惟語鮮折衷耳。〔註30〕

## （四）論清代之春秋學

清代經學鼎盛，跨越唐、宋，而上躋兩漢之隆。申叔先生嘗論此時之春秋學曰：

順、康之交，說《春秋》者，仍彷宋儒空言之例，如方苞（《春秋通論》）、俞汝言（《春秋平義》、《四傳糾正》。）之書是也。毛奇齡作《春秋傳》，又作《春秋簡書刊誤》、《春秋屬辭比事記》，以經文爲綱；然穿鑿無家法。惠士奇作《春秋說》，以典禮說《春秋》，其書亦雜糅三傳。顧棟高《春秋大事表》，博大精深，惜體例未嚴。〔註31〕

按：清初學者之治《春秋》，雖無家法可言，然如顧棟高之《春秋大事表》，錯比全書，創意爲表，條理詳明，考證典核，其辨論諸篇，引據博洽，議論精確，不愧千古之絕作也。

有關《左氏》之學，清代諸儒講誦不衰，故著述亦富。申叔先生曰：

治《左氏》者，自顧炎武作《杜解補正》，朱鶴齡《讀左日鈔》本之；而惠棟（《左傳補注》）、沈彤（《春秋左氏傳小疏》）、洪亮吉（《左傳詁》）、馬宗璉（《左傳補注》）、梁履繩（《左通補釋》），咸糾正杜注。引伸賈、服之緒言，以李貽德賈服古注輯述爲最備。至先曾祖孟瞻公作《左傳舊注正義》，始集眾說之大成，是爲《左氏》之學。〔註32〕

有關《公羊》之學，自東漢後，垂絕復續，至晚清迺盛，時人目爲治世之學，凡所著作，皆以專明微言大義爲歸。申叔先生曰：

〔註30〕同註28。

〔註31〕《遺書》，冊四，頁2366下，《經學教科書》。

〔註32〕《遺書》，冊四，頁2366下，《經學教科書》。

> 治《公羊》者，以孔廣森《公羊通義》爲嚆矢，會通禮制，不墨守何氏之言。凌曙作《公羊禮說》、《公羊禮疏》、《公羊問答》，亦以禮爲綱（並注《董子繁露》）；弟子陳立，廣其義作《公羊正義》（並疏《白虎通》）。及莊存與作《春秋正辭》，宣究《公羊》大義；其甥劉逢祿，復作《公羊何氏釋例》、《何氏解詁箋》，並排斥《左傳》、《穀梁》。而宋翔鳳、魏源、龔自珍、王闓運，咸以《公羊》義說羣經，是爲《公羊》之學。〔註33〕

至於穀梁之學，則自昔孤微，直至有清中葉，始稍振其緒。申叔先生曰：

> 治《穀梁》者，有侯康（《穀梁禮證》）、柳興恩（《穀梁大義述》）、許桂林（《穀梁釋例》）、鍾文烝（《穀梁補注》），咸非義疏；梅毓作《穀梁正義》，亦未成書；是爲《穀梁》之學。〔註34〕

抑有進者，乾嘉之際，學者崇尚徵實，若段玉裁之《春秋左氏古經》，陳厚耀之《春秋長曆》、《春秋世族譜》，以及江永之《春秋地理考實》，皆求所以致用也。故申叔先生曰：

> 若夫段玉裁校定古經，陳厚耀校正曆譜，江永考究地輿，咸爲有用之學。〔註35〕

## 三、論劉氏對於左傳之貢獻

《左傳》之名，漢代有稱之爲《左氏春秋》者，〔註36〕有稱之爲《春秋左氏傳》〔註37〕或省稱爲《左氏傳》、《左氏》者，〔註38〕亦有稱之爲《春秋傳》者。〔註39〕至其作者，《史記》題爲魯君子左丘明，《漢志》題爲魯太史

---

〔註33〕同註32。

〔註34〕《遺書》，冊四，頁2366上～2367上，《經學教科書》。

〔註35〕《遺書》，冊四，頁2367上，《經學教科書》。

〔註36〕按《史記・十二諸侯年表》序：「魯君子左丘明，懼弟子人人異端，各安其意，失其眞。故因孔子史記，具備其語，成《左氏春秋》。」是《史記》稱其爲《左氏春秋》也。

〔註37〕按《漢書・儒林傳》：「漢興，北平侯張蒼及梁太傅賈誼，太中大夫劉公子皆修《春秋左氏傳》。」《說文解字》敘：「北平侯張蒼獻《春秋左氏傳》。」是《漢書》、《說文》稱其爲《春秋左氏傳》也。

〔註38〕按《漢書・五行志》：「向子歆治《左氏傳》。」〈藝文志〉：「《左氏傳》三十卷。」又〈儒林傳〉：「禹與蕭望之同時爲御史，數爲望之言《左氏》。」是《春秋左氏傳》又省稱爲《左氏傳》或《左氏》也。

〔註39〕按《說文》所引《左傳》之文，多稱爲《春秋傳》，如有部：「有，不宜有也。

左丘明，二家所記既無異辭，吾人自亦無庸置疑。惟有關左丘明之姓氏，則說者各殊。申叔先生曰：

> 《左傳》孔疏云：「丘明為傳，以其姓左，故號為左氏傳。」朱彝尊《經義攷》云：「左丘為複姓，單稱左者，疑孔門避諱。」劉寶楠《論語正義》則曰：「左丘是兩字氏，明其名也。」其說均非。惟俞正燮《癸巳類稿》〈左丘明子孫姓氏論〉云：「廣韻十八尤，丘（字）注引《風俗通》云：『魯左丘明之後。』……丘明子孫為丘姓，義最古，無疑。丘明傳《春秋》，而曰《左氏傳》者，以為左史官言之。」其說最長。今考《大戴禮・盛德篇》云：「內史，太史左右手也。」盧注云：「太史為左史，內史為右史。」是左史即太史也。丘明為魯太史，故以左氏為稱，丘明以左史傳《春秋》，與《玉藻》左史記動合。……又《元和姓纂》左字注云：「臨淄有左丘明後，《急就篇》左地餘句，顏注云：『魯太史，後遂為姓。』」則丘明之後，亦有以官為氏者，惟不得以左為丘明之姓，更不得以左丘為複姓耳。劉說非也。〔註40〕

由上知申叔先生以丘明為魯太史，左史即太史，左其官，丘其姓，明其名。其不稱丘氏傳，而稱左氏傳者，蓋以孔門弟子諱言丘故也。

按申叔先生世其家學，其有關《春秋左氏傳》之著作，古經箋僅殘存三卷，自宣公元年至襄公十年五月；古經舊注疏證唯零稿三頁，止疏標題及鄭伯克段一節，而皆未全；其餘諸篇，言例者適可一半，答問中亦以討論傳例者為多。觀《讀左劄記》所謂：

> 故先曾王父孟瞻公治《左氏》，專釋訓詁名物典章，而不言凡例。另為五十凡例表，均以左氏之例釋《左傳》，其所難明，概從缺如，可謂矯杜氏之曲說，而存杜氏之家法者矣。惜屬稿未盡，賡續無期，言念及此，能無痛乎！〔註41〕

蓋先生繼志述事，思竟其先祖之業也。古人作書，不能謂其無例，然亦恐不能處處拘守條例，以辭害義。故先生雖肆力於斯，惜天不假年，建樹仍尠。若論其貢獻，則在力闢前儒對《左傳》之誹詆，闡明《左傳》真義，另開研

《春秋傳》曰：『日月又食之。』」是《左傳》稱其為《春秋傳》也。

〔註40〕《遺書》，冊三，頁1455，《左盦集》。

〔註41〕《遺書》，冊一，頁358上，《讀左劄記》。

究之蹊徑也。〔註42〕

### （一）力闢前儒對《左傳》之誹詆

自司馬遷謂孔子作《春秋》，丘明爲之傳，劉向、劉歆、桓譚、班固及杜預諸人皆無異議。至唐趙匡始謂左氏非丘明，宋、元諸儒相繼並起。下逮清季民初，劉逢祿、康有爲諸人甚至疑《左氏傳》爲劉歆所僞造。謂左丘明所作，史遷所據，《國語》而已，無所謂《春秋傳》。《春秋傳》乃劉歆依《春秋》編年，比附經文，分《國語》以釋經者。諸家之說，言之似有理，持之似有故；然皆瑕瑜錯出，齟齬難掙。申叔先生嘗力闢之，茲分述如下：

#### 1. 論《左傳》為釋經之書

自西漢之季，太常博士「謂左氏爲不傳《春秋》」；〔註43〕范升謂：「左氏不祖孔子，而出於丘明，師徒相傳，又無其人。」；〔註44〕晉王接遂謂：「左氏辭義贍富，自是一家書，不主爲經發。」；〔註45〕晉賀循、後魏高祐及宋朱子遂主《左傳》爲史學而非經學。〔註46〕宋劉安世謂：「若《左傳》，則《春秋》所有者或不解，《春秋》所無者或自爲傳。」〔註47〕以《左傳》與經不相應，爲《左傳》不解經之證。清劉逢祿遂據此撰成〈左氏春秋考證〉一篇，〔註48〕以疑《左傳》。申叔先生駁之曰：

> 春秋三傳同主詮經，《左傳》爲書，體殊二傳。或經無其文，傳詳其事，經傳異詞，學者疑之。竊考先師遺說，知傳有經無，所以明經文筆削。試舉其證，約有數端；文經不書蕩意諸歸宋。服虔注云：「施而不德。」襄經書衛弒君剽，不言殺子角。服注以爲舉重。襄經書陳殺二慶，弗書以陳叛及楚討。服虔注云：「不成惡人肆其志。」舉斯三證，是知傳書事實，主明經例。舉凡傳詳經略，以及傳有經無

〔註42〕參見《六十年來之國學》（一）頁481。

〔註43〕按此見《漢書》卷三六劉歆〈移讓太常博士書〉。惟太常博士所謂左氏不傳《春秋》之依據，以諸博士不肯置對，故後世無傳。

〔註44〕見《後漢書》，卷三十六，〈范升傳〉。

〔註45〕見《晉書》卷五十一〈列傳第二十一〉。

〔註46〕《晉書》卷六八〈賀循傳〉云：「左氏之傳，史之極也。」《魏書》卷五七〈高祐傳〉載祐等奏云：「左氏屬詞比事，……可謂存史意，而非全史體。」《朱子語類》卷八三頁7：「以三傳言之，《左氏》是史學，《公》、《穀》是經學。史學者記得事却詳，於道理上便差；經學者，於義理上有功，然記事多惧。」

〔註47〕見先師盧聲伯先生《五經四書要旨》頁68所引。

〔註48〕見《皇清經解》卷一二九四～一二九五。

者，筆削所昭，莫不著義（凡傳詳月日，而經不書；傳舉姓名而經弗著者，例與斯同。）。至於同一事實，成、襄以後，斯著於經，引傳勘經，知昭義例（如成傳、華元結晉楚之成，不書於經；襄傳、宋向戌弭兵則書於經；莊傳、子頹之亂不書於經；僖傳、子帶之亂，略書於經；昭傳、子朝之亂詳書於經是也。又如宣、成以前，楚滅諸夏，晉滅夷狄，卿惟見傳；成、襄以後，卿悉見經，比類以觀，可以知微旨矣。）。以史冊舊文爲說，夫豈可哉？〔註49〕

按班固《漢書・藝文志》云：「《春秋古經》十二篇，……《左氏傳》三十卷。」又言：「經十一卷。」自注云：「公羊、穀梁二家。」申叔先生據此以證成其說曰：

蓋古經爲左傳之經，而公、穀二家之經，則只十一卷，與《左傳》古經分十二卷者不同（《左傳》古經因十二公爲十二篇，公、穀經文則合閔公于僖公，故十一卷。）。漢代之時，左傳之經與公、穀殊，使《左傳》非釋經之書，則《左傳》何以另有〈中經〉，以與公、穀不同哉（即經文亦與公、穀多異字。）？〔註50〕

夷考戰國諸儒，均以《春秋》之義即具於《左傳》之中，故申叔先生據之以證左傳爲釋經之書，乃周末諸子所共認，其言曰：

（1）《荀子》〈謝春申君書〉，引楚子圍，齊崔杼弒君事，均本于《左傳》，而稱爲「春秋之記」，其證一。

（2）虞卿引《春秋》「於安思危」，即《左傳》襄十一年「居安思危」，其證二。

（3）《呂覽》一書，引用《左氏》之文者，不下數十則（煌按：如成十七年晉厲死於匠麗氏，其事見於〈禁塞篇〉等是。），其證三。

（4）《說苑》載吳起以《春秋》謹始之義告魏文侯，而謹始之說又見于賈子《新書・胎教篇》，則起以《左氏》之義即《春秋》之義，（又《史記》載吳起在德不在險一節，本於昭四年司馬侯修德不務險之言，此亦起用《左氏》說之證。若曾申之說見於〈檀弓〉者，亦均與《左氏》之義合。）其證四。

〔註49〕《遺書》，冊一，頁409上，《春秋左氏傳傳注例略》。
〔註50〕《遺書》，冊一，頁351，《讀左劄記》。

（5）《韓非子．外儲說》，引晉侯圍原事，又言孔子聞而記之，以攻原爲信，此事惟詳于《左氏》。又〈姦劫弒臣篇〉引楚子圍、齊崔杼弒君事，與《荀子》〈答春申君書〉相同，亦稱爲「《春秋》之記」，其證五。〔註51〕

此外，申叔先生又據漢初諸儒所述，以證成其說曰：

案漢《嚴氏春秋》引〈觀周篇〉云：「孔子將修《春秋》，與左丘明乘如周，觀書于周史，歸而修《春秋》之經，丘明爲之傳，共爲表裏。」（孔氏《左氏正義》引陳沈文阿之說）〈觀周篇〉者，《孔子家語》篇名（此眞家語，非王肅所造之家語也。所言即孔子觀百二國寶書事，故《左傳》多記各國事實。），而引于漢人，且引于公羊經師，則《左傳》爲釋經之書，固公羊家所承認矣。劉向《別錄》云：「左丘明授曾申。」（亦孔氏《正義》引）劉向素以穀義難《左傳》，而于《左傳》之傳授，言之甚詳，則《左傳》爲釋經之書，又穀梁家所承認矣。《史記．十二諸侯年表》序云：「孔子西觀周室，論史記舊聞，次《春秋》，七十子之徒口授傳指，爲有所刺譏褒諱抑損之文不可以書見，左丘明懼弟子人人異端，各安其意，失其眞，因孔子史記，具論其語，成《左氏春秋》。」則丘明爲《春秋》作傳，史公已明言之；而張蒼、賈誼亦傳之（《漢書．儒林傳》）。〔註52〕

由是，申叔先生遂撰〈左氏學行於西漢攷〉，以證西漢之初及西漢之季，《左氏》之學再顯漢廷。文、景以降，哀、平以前，雖伏而未發，然民間傳習，未嘗一日絕也。故曰：「所謂左氏不傳《春秋》者，僅漢季博士之偏詞耳，奚足辯哉！」〔註53〕

2. 論《左傳》未經後儒附益

按唐啖助〈三傳得失議〉，謂《左傳》一書，後儒妄有附益；〔註54〕而清

〔註51〕《遺書》，冊三，頁1630，《左盦外集》。又《韓非子》及《呂覽》引《左氏》之文，申叔先生於《讀左劄記》中，有更詳細之解說，請見《遺書》冊一頁352～353。

〔註52〕《遺書》，冊一，頁351，《讀左劄記》。

〔註53〕參見《遺書》冊三，頁1448～1450，《左盦集》。又冊一頁353～355，《讀左劄記》，申叔先生據《淮南子》所引《左氏》之文，以證劉安傳左氏之學，親見左氏之書。

〔註54〕見陸淳《春秋啖趙集傳纂例》卷一頁4所錄。

劉逢祿作《左氏春秋考證》，謂《左傳》書曰之文，皆劉歆所增益；〔註55〕桐城姚鼐亦云：「左氏之書非出一人所成，……蓋後人累有附益，……竊以爲吳起爲之者，蓋尤多。」〔註56〕其所持之證，大抵據文十三年傳：「其處者爲劉氏」一言，以爲范書、孔疏皆有疑詞。〔註57〕然申叔先生辨之曰：

> 按此句實非賈逵附益也。考《春秋左氏傳》載士匄（襄二十四年）、蔡墨（昭二十九年）之言，已言劉氏係出陶唐，爲劉累之裔，不必藉此語以爲左證。且《漢書・高祖贊》引劉向云戰國時劉氏自秦獲於魏，後都於豐，是以高帝頌云：「漢帝本系，出自唐帝。降及於周，在秦作劉。」又云：「高祖即位，置祠祀官，則有秦、晉、梁、荊之巫（注：「文穎曰：『……范氏世仕於晉，故祠祀有晉巫。范會支庶，留秦爲劉氏，故有秦巫。』」）。」班氏引劉向語，既言「在秦作劉」；而祠祀官有秦、晉巫，又是漢初之制；則此語非賈君所益，彰彰明矣。又《漢書・序傳》載班彪〈王命論〉云：「是故劉氏承堯之祚，氏族之世，著乎《春秋》（注：「師古曰：『謂士會歸晉，其處者爲劉氏。』」）。」彪爲固父，賈君與固同時。彪之年輩在賈君先，其說亦與傳符。班書〈高祖贊〉亦曰：「魯文公世奔秦，後歸於晉，其處者爲劉氏。」正用此傳之語也。故知文傳此文，必非賈君增益。知文傳之非增益，即知他傳之文亦非後儒增益也。劉、姚之說，不足爲信也。〔註58〕

按：賈逵以圖讖說《左氏》，謂劉氏爲堯之後，其迎合時君固屬可議；然亦不致於在《左傳》中插注「其處者爲劉氏」之辭，申叔先生已辨之甚明矣。

此外，申叔先生又據《韓非子》、《呂覽》及《淮南子》，多引《左傳》之文，〔註59〕以證劉歆之前，《左傳》已流傳於世，故學者咸獲睹其書，劉歆勢難作僞。且哀帝時博士反對劉歆立《左氏》於學官，但謂《左氏》不傳經而

---

〔註55〕見《皇清經解》卷一二九四頁2：〈書曰鄭伯克段于鄢〉條。

〔註56〕見《左傳補注》序頁1（附「九經說」後）。

〔註57〕按《後漢書・賈逵傳》：「逵奏云：『五經家皆無以證圖讖明劉氏爲堯後者，而《左氏》獨有明文。』」范曄〈逵傳贊〉則言：「逵能附會文致，最差貴顯。」孔疏因之，謂：「漢室初興，《左氏》不顯於世，先儒無以自申，插注此辭，將以媚於世。」即番禺陳澧亦頗信其說，遂謂：「既可插此一句，安知其不更有所插者乎？」見《東塾讀書記》卷十。

〔註58〕《遺書》，冊一，頁349，《讀左劄記》。

〔註59〕見《遺書》冊一頁352～355，《讀左劄記》。

已，並無劉氏改竄之說。而揭發者，竟爲後於劉歆一千七百餘年之今文學家，豈不怪哉！

### 3. 論《左傳》君子曰非劉歆所增竄

「君子曰」云云，先秦書籍中多有之，如諸子及《國語》等書是。《左傳》中亦有所謂「君子曰」，其性質與諸子、《國語》等書同，蓋皆作者對於某事某人所下之論斷也。此項論斷或爲其本人之意見，或爲取自他人議論，在當時固能代表一部分人之見解；惟事過境遷，前人所以爲公平論斷者，後人或視爲荒謬不通，此《左傳》「君子曰」爲後人附益說之起因也。〔註60〕《朱子語類》云：「林黃中謂《左傳》君子曰是劉歆之辭。」〔註61〕是爲疑「君子曰」之辭之始。清今文家出，掊擊《左傳》不遺餘力，於是「君子曰」爲僞竄說益甚，劉逢祿之《左氏春秋考證》，據謂《左傳》凡引君子云云多出後人附益，〔註62〕而《左傳》任何部分之僞竄無不出劉歆手矣。申叔先生乃據《韓非子・難四篇》記鄭弒昭公之事，其論斷之語，悉本《左傳》〔註63〕以證君子曰以下之文，非劉歆所竄。茲詳述之如下：

《韓非子・難四篇》云：

> 鄭伯將以高渠彌爲卿，昭公惡之，固諫，不聽。及昭公即位，懼其殺己也，辛卯，弒昭公而立子亶也。君子曰：「昭公知所惡矣。」公子圉曰：「高伯其爲戮乎！報惡已甚矣。」

按此事見《左傳》桓公十七年，原文云：

> 初，鄭伯將以高渠彌爲卿，昭公惡之，固諫，不聽。昭公立，懼其殺己也。辛卯，弒昭公而立子亶。君子謂：「昭公知所惡矣。」公子達曰：「高伯其爲戮乎！復惡已甚矣。」

兩者文字相同，當爲《韓非》襲《左傳》無疑。倘謂《韓非子》所引亦出僞竄，則《韓非》尚有對此事及君子曰之批評，其言曰：

> 或曰：公子圉之言也不亦反乎！昭公之及於難者，報惡晚也。然則高伯之晚於死者，報惡甚也。明君不懸怒，懸怒則臣罪輕，舉以行計則人主危，故靈臺之飲，衛侯怒而不誅，故褚師作難；食

---

〔註60〕見《文瀾學報》第二卷第一期，楊向奎先生：〈論左傳「君子曰」〉。及《左傳論文集》頁39，楊向奎先生：〈論左傳之性質及其與國語之關係〉。

〔註61〕《朱子語類》卷八三頁6。

〔註62〕見《皇清經解》卷一二九四頁2：〈君子曰潁考叔純孝也〉條。

〔註63〕見《遺書》冊一頁353上，《讀左劄記》。

> 黿之羹，鄭君怒而不誅，故子公殺君。君子之舉「知所惡」，非甚之也，曰知之若是其明也，而不行誅焉，以及於死，故知所惡，以見其無權也。人君非獨不足於見難而已，或不足於斷制。今昭公見惡，稽罪而不誅，使渠彌含憎懼死以徼幸，故不免於殺，是昭公之報惡不甚也。

若是，豈後人所得附益？則《左傳》中之原有「君子曰」可謂已成鐵案，蓋韓非生在劉歆之前，而上距《左傳》作者年代本不遠也。此外，申叔先生又以《史記》中多載「君子曰」之文，據之以證其說曰：

> 《史記》之述《左傳》也，非惟述其事，抑且述其義。《左氏》微言奧誼恆寓于論事之詞，故《史記》之中，兼述《左氏》論事之語，以爲推闡微言之助。如宣二年載孔子論董孤、趙盾事，〈晉世家〉同其說；文六年載君子論秦穆殉葬事，〈秦本紀〉采其文；又君子論宋宣之說，載于隱三年，而〈宋世家〉采之；君子論荀息之語，載于僖九年，而〈晉世家〉掇之；君子謂祁奚不黨，亦見于襄三年，〈晉世家〉所載與彼略符。此皆史公論史折衷《左傳》之證也。又如桓二年傳以取郜鼎爲非禮，〈魯世家〉亦曰君子譏之；成二年傳，君子謂華元、樂舉于是乎不臣，〈宋世家〉亦曰君子譏華元不臣；襄五年載君子論季文之忠，〈魯世家〉亦云：「君子曰：『季文子廉忠矣。』」〔註 64〕

綜上，知《左氏》一書，景武以前，學者咸獲睹其全文；並足徵君子曰以下之文，決非劉歆所增益也。

#### 4. 論洪邁謂《左傳》議論遣辭害理之非

自宋洪邁謂：「《左傳》議論遣辭頗有害理者，以文章富豔之故，後人一切不復言，今略疏數端，以箴其失。傳云：『鄭武公、莊公爲平王卿士，王貳於虢。』杜氏謂不復專任鄭伯也。『周公閱與王孫蘇爭政，王叛王孫蘇。』杜氏曰：『叛者不與也。』夫以君之於臣，而言貳與叛，豈理也哉！晉平戎於王，單襄公如晉拜成，劉康公徼戎，將遂伐之。叔服曰：『背盟而欺大國，……不義。』晉范吉射、趙鞅交兵，劉氏、范氏世爲昏姻，萇弘事劉文公，故周與范氏，趙鞅以爲討。夫以天子之使出聘侯國，而言拜成，謂周於晉爲欺大國；諸侯之卿跋扈

〔註 64〕《遺書》，冊三，頁 1604 上，《左盦外集》。

於天子而言討，皆於名分不正。其他如晉邢侯殺叔魚，叔魚兄叔向數其惡而尸諸市，其於兄弟之誼爲弗篤矣；而託仲尼之語云：『殺親益榮。』杜氏又謂：『榮名益己。』以弟陳尸爲兄榮，尤爲失也。」〔註65〕又謂：「自《左氏》載石碏事，有『大義滅親』之語，後世援以爲說，殺子孫、害兄弟，如漢章帝廢太子慶，魏孝文殺太子恂，唐高宗廢太子賢者，不可勝數。」〔註66〕顧炎武《日知錄》因之，遂以《左氏》不知《春秋》之義，有背於孔子正名之旨。〔註67〕而申叔先生則辨之曰：

> 夫三代之時，尊卑之分未嚴，故古代之字，多屬上下互用之詞。意之所專屬者爲壹，意之所分屬者爲貳，人同此心，非必爲君者悉能無偏無黨也。叛者，半也（見《說文》）。義與背同（錢竹汀曰：叛與背聲相近，晉背先蔑立靈公，與此叛義同。）《左傳》之書叛，所以著天王反覆之罪也。又當此之時，王室危弱，賴晉以存，拜成者，猶言致謝之義耳。若討訓爲治（見《說文》），所以理其糾紛也。趙鞅以爲討，猶言趙鞅向周廷詰責耳（與出命討罪不同）。足證君臣平等，字無專屬之詞，是猶民利君爲忠，而君之利民亦爲忠（《左傳》曰：上思利民，忠也。）；臣殺君爲弒，而君殺臣亦爲弒也（見《公羊》）。後世以降，尊君抑臣，以得爲在君，以失爲在臣。由是下之對上也，有一定之詞（皆含有背理之義）；上之對下也，亦有一定之詞（皆含有無過、無私之義），而宋儒之苛論起矣。若叔向、石碏之所爲，合于先國後家之義，《左氏》美之，所以著國重家輕之義耳。豈可議乎！〔註68〕

按：申叔先生以君臣平等、國重家輕爲《春秋》之義，故謂《左傳》議論遣辭並無害理之處。其爲《左氏》功臣，良有以也。

### （二）闡明《左傳》之精義

按西漢今文博士排斥《左氏》，乃利祿之途使然。清儒之排斥《左氏》，則生於門戶之見，其能駁正之者，要以餘杭章君及申叔先生之功爲最偉。〔註69〕

〔註65〕《容齋三筆》，卷十四，頁5，〈左傳有害理處〉條。

〔註66〕《容齋續筆》，卷二，頁10，〈二傳誤後世〉條。

〔註67〕見《日知錄》卷五，〈王貳于虢〉條。

〔註68〕《遺書》，冊一，頁350上～351上，《讀左劄記》。

〔註69〕按章太炎先生之《春秋左傳讀敘錄》，及申叔先生之〈春秋左氏傳答問〉、《春秋左氏傳古例詮微》、《春秋左氏傳傳例解略》，駁斥今文家說，極其精闢，可

而申叔先生於力闢前儒誹詆之餘，更進而闡明《左傳》之精義焉。

1. 論《左傳》嚴華夷之界

宋魏安行嘗謂：六經皆先聖筆削，而志獨在於《春秋》者，賞善罰惡尊天子而已矣。〔註70〕蓋《春秋》大義在尊王攘夷。尊王即加強中央政府權力，攘夷即抵禦外侮。數千年來，無論政體如何變遷，而對此二義，必遵行無替也。夷考春秋之時，四夷交侵，王道中絕，故《左傳》於尊王之外，亦多攘夷之義。申叔先生曰：

> 《公》、《穀》二傳之旨，皆辨別內外，區析華戎。吾思丘明親炙宣尼，備聞孔門之諸論，故《左傳》一書亦首嚴華夷之界。僖二十三年傳云：「杞成公卒。《書》曰：子，杞夷也。」二十七年傳云：「杞桓公來朝，用夷禮，故曰子。」此左氏傳之大義，亦孔門之微言也。賈、服諸儒爲《左氏》作注，進夏黜夷，足補傳文所未及。隱元年：「天王使宰咺來歸惠公仲子之賵。」賈注云：「畿內稱王，諸夏稱天王，夷狄稱天子。」非區別夷夏之意乎？僖四年：「楚屈完來盟于師。」服注云：「言來者，外楚也。」……《春秋》古誼，賴此僅存。自杜預注興，而攘夷之旨失矣，可不嘆哉！〔註71〕

由上知《左氏》嚴於華夷之防，而杜預注所以忽之者，蓋欲文飾司馬之篡弒也。在弘揚民族主義之今日，若不從深切處以觀《春秋》，則先聖之微言大義乖矣。

2. 論《左傳》富民主思想

申叔先生嘗謂《公羊》一書最重民權。考《公羊》隱三年傳云：「《春秋》譏世卿，世卿，非禮也。」世卿者，即西人所謂貴族政治也。《春秋》所以譏之者，蓋以世族居於上，下民將無進身之階。故世卿之制廢，則無門第階級之風，此孔子作《春秋》之意也。〔註72〕惟《左傳》一書，亦甚得聖人之旨。申叔先生曰：

> 《左傳》一書，責君特重，而責臣民特輕，宣四年傳云：「凡弒君

參覽。

〔註70〕《通志堂經解》，冊十九，《春秋尊王發微》附錄，頁4。

〔註71〕《遺書》，冊一，頁349，《讀左箚記》。又本書第參章第十一目「別夷夏」條，所論與此相通，請參覽。

〔註72〕《遺書》，冊一，頁678上～679上，《中國民約精義》。

稱君，君無道也。稱臣，臣之罪也。」杜註謂：「稱國以弒，言眾所共絕。」《釋例》申其說曰：「君所以繫民命也，然本無父子自然之恩，未有家人習玩之愛，高下之隔懸殊，壅塞之否萬端；是以居上者降心以察下，表誠以感之，然後能相親也。若崇高自肆，羣下絕望，情誼絕隔，是爲路人，非君臣也。人心茍離，則位號雖存，無以自固。」故傳例曰：「凡弒君稱君，君無道。稱君者惟書君名。而稱國稱人以弒，言眾之所共絕也。」孔疏申杜義曰：「示弒君君無道者，弒君之人固爲大罪，欲見君之無道，罪亦合弒，所以以懲創將來之君。」……予按襄十四年，師曠曰：「天子愛民甚矣，豈可使一人肆於民上以縱其淫，以棄天地之性。」即孟子殘賊之人謂之獨夫之旨，足證弒君稱君、君無道之義。是《左氏》此句之義重於責君，而非所以責臣也。

又：

案隱公四年，經云：「冬十有二月，衛人立晉。」《左氏傳》云：「《書》曰：衛人立晉，眾也。」以證君由民立。……成十五年，晉人執曹伯。《左氏傳》云：「不及其民也。凡君不道於其民，諸侯討而執之，則曰某人執某侯，不然則否。」何一非警戒人君之詞乎？又定公八年傳云：「衛侯欲叛晉，公朝國人，使王孫賈問焉。」哀元年傳云：「陳懷公朝國人而問焉，曰：欲與楚者右，欲與吳者左。」足證春秋之時，各國之中，政由民議，合於《周禮》詢危詢遷之旨（亦與〈洪範〉「謀及庶人」相合），而遺文佚事，咸賴《左傳》而始傳，則《左氏》之功甚巨矣。〔註73〕

蓋三代以後，君主世襲，家天下之制既行，而專制之威亦漸肆。至於春秋，諸侯立，君威少殺，束縛既輕，民主之思想遂漸發達，〔註74〕除上述者外，如僖公十八年，衛文侯欲以君位讓其父兄子弟，以眾不可乃止。僖公二十八年，晉文公假道於衛以伐曹，成公欲與楚，國人不欲，故出其君以悅於晉。哀公二十六年，衛孝公欲復國，文子致眾而問焉。眾曰勿納，孝公不敢入。是國君之廢、立、出、納，有時聽命於眾，而以衛國之民主思潮，尤爲澎湃。是《左傳》亦富民主思想，彼世之詆排左氏者，何足以窺左氏之精深哉。

〔註73〕《遺書》，冊一，頁349～350，《讀左劄記》。
〔註74〕《遺書》，冊一，頁678下，《中國民約精義》。

### （三）另開研究《左傳》之蹊徑

昔者夫子作《春秋》，而游、夏之徒不敢贊一辭。及朱子治經，《易》、《詩》皆有成書。晚年刻意修《禮》書，以《書》傳囑付蔡沈。獨於《春秋》一經，屢戒學者勿治。〔註75〕蓋以《春秋》隱奧難知，非理明而義精者，必多穿鑿，故終其生，迄未有所撰述也。〔註76〕考桓譚《新論》云：「左氏經之與傳，猶衣之表裏，相持而成。經而無傳，使聖人閉門思之，十年不能知也。」〔註77〕又杜預《春秋左氏傳》序云：「傳或先經以始事，或後經以終義，或依經以辯理，或錯經以合異，隨義而發。……將令學者原始要終，尋其枝葉，究其所窮。優而柔之，使自求之，饜而飫之，使自趨之。若江海之浸，膏澤之潤，渙然冰釋，怡然理順，然後爲得也。」二家所言，皆在說明傳之於經相爲發明，互爲表裏，經、傳參讀，其義始得。故欲治《春秋》，必先明《左傳》；〔註78〕欲明《左傳》，則申叔先生特示其蹊徑如下：

#### 1. 論推考左氏故誼應資取諸子《史記》

申叔先生嘗欲撰《周季諸子及史記述左傳考》，僅著序例二篇，書皆未成，斯即〈周季諸子述左傳考〉，及〈司馬遷左傳義序例〉是也。其言曰：

> 昔在周季，吳子、荀子均爲《左傳》先師，故語多述傳，然戰國諸子所述之事，不必盡與傳符，其有本傳爲說，及與傳說互明者，恆足證今本文字之訛，並足徵後儒訓詁之誤。如……僖廿四年：「其後，予從翟君以田渭濱，汝爲惠公來求殺予。」《韓非子》（〈難三篇〉）作：「攻之惠竇。」案重耳奔翟，翟界晉邊，距渭至遙，奚有君畋渭濱之事？蓋渭、惠音同通用，濱爲竇訛（竇訛爲賓，因改爲濱），爲翟境地名，此均足證今本訛文者也。又昭二十年：「鄭國多盜，取人於萑苻之澤。」韓非子（內儲說上七術）作：「鄭少年相率爲盜，處於藋澤，則取人即聚人，故曰相率爲盜。」宣二年：「華元殺羊食士，其御羊斟不與，《呂氏春秋》（〈察微篇〉）」作：「羊斟御，明日將戰，華元殺羊饗士，羊斟不與焉。」則羊斟爲人姓名，故曰羊斟御。宣

〔註75〕見《朱子大全集》文續集卷一〈答黃直卿〉云：「《春秋》難看，尤非病後所宜。」卷二〈答蔡季通〉又云：「《春秋》無理會處，不須枉費心力。」
〔註76〕見《朱子大全集》文集卷三九〈答魏元履〉及卷四三〈答趙佐卿〉。
〔註77〕《太平御覽》卷六一○頁7所引。
〔註78〕按《朱子語類》卷八三云：「《春秋》之書，且據《左傳》。」又云：「左氏所傳《春秋》事，恐八、九分是。公、穀專解經，事則多出揣度。」

二年：「舍於翳桑。」《呂氏春秋》（〈報更篇〉）作：「見骪桑之下有餓人。」則翳桑非地名。僖二十三年：「大司馬固諫。」《韓非子》（〈外儲說左上〉）作：「右司馬購強趨而諫。」則固爲人名，非司馬即子魚。昭二十六年：「諸侯釋位，以間王政。」《魯連子》（《史記索隱引》）作：「共伯名和，王奔於彘，諸侯奉和以行天子事。」則諸侯即共和，非指周召，此足闡傳文故誼者也。自是而外，有足爲傳文注詞者，如襄廿五年：「公登臺而請。」《韓非子》（〈姦劫弑臣篇〉）作：「入室請與之分國。」宣十四年：「鄙我也。」《呂氏春秋》（〈行論篇〉）作：「是以宋爲野鄙也。」襄七年：「爲臣而君。」《韓非子》（〈難四篇〉）作：「臣而不後於君。」昭廿七：「吾無以酬之。」《呂氏春秋》（〈愼行覽〉）作：「我且何以給待之」是也。有足考傳文異字者，如昭五年：「吳蹶由。」《韓非子》（〈說林篇〉）作：「蹶融。」宣二年：「使鉏麑賊之。」《呂氏春秋》（〈過理論〉）作：「沮麛。」僖二十七年：「蒐於被廬。」《韓非子》（〈外儲說右〉）作：「圃陸。」昭四年：「任之會。」《韓非子》（〈十過篇〉）作：「有戎」是也。欲考《左傳》故文舊誼，不得不取資於斯。蓋漢人述傳，或逞臆詞，惟周季學士大夫，時與春秋相接近，前儒謂子可證經，此之謂矣。〔註 79〕

又曰：

〈太史公自序〉言：「年十歲，誦古文。」又言：「爲太史令，紬史記金匱石室之書。」古文者，即古文《尚書》、《左氏》、《國語》之屬也；金匱石室者，漢代秘書所藏之所也。漢代秘府，有北平（侯）所獻《春秋左氏傳》；及景、武之際，古文《春秋》經傳獲于孔壁，亦爲秘書；此皆史公所克睹者也。故史公作《史記》，均據《春秋古經》及《左傳》。又當此之時，貫嘉爲賈誼孫，世傳左氏學（《史記》曰：「嘉世其家。」即世傳左氏學也。），而史公與之通書；孔安國爲孔子之裔，親睹孔氏古文，而史公從之問故；故左氏古誼，恆載于《史記》之中。蓋均賈、孔二子之緒言也。……史公作書，折衷《左氏》，丘明緒說，賴以僅存。西漢張、賈而外，說左之書，莫古

〔註 79〕《遺書》，冊三，頁 1447～1448，《左盦集》。

於《史記》。〔註80〕

由上知左氏之學，戰國時已盛行於世，左氏古誼恆載於諸子、《史記》之中。考漢儒注左傳者，鄭、賈、服、潁皆生東漢，去古漸遙，已多讆說；杜預《集解》，更無論矣。故餘杭章君癸卯遺申叔先生書亦云：「鄙意左氏古文，太史公時有義訓；子政《說苑》，斯類亦多，其可以發見古義者凡數十條。……賈太傅書有〈道術〉一篇，悉訓詁，若取此以說《左氏》，則舊義存者多矣。《韓非》采《左氏》說最多，其辯論繁而不殺，僕曩時嘗刺取之。」〔註81〕審乎是，則二公「學術素同，蓋乃千載一遇。」要之，欲推考《左氏》故文舊誼，自應資取諸子、《史記》。近世治左氏學者，不唯下覽漢、晉，又復上窺周、秦，蹊徑另闢，實二公有以啓之也。

2. 論研治《左傳》之條例

申叔先生嘗著〈司馬遷左傳義序例〉，臚列研治之條例凡二十，巨至《左氏》大義之推闡印證，細至文詞之參校剖析，靡不敘其旨意，示以方針。茲約之如下，學者倘執此而隨文疏證，各附其年，必能抉奧發微，綱記秩如；〔註82〕不惟可據之以治《左傳》，亦可推之以治他書也。

（1）《左傳》記事記言，間有文詞省約者，史公引述傳文，則增字以顯其義。如成十年：「札雖不才，願附于子臧。」〈吳太伯世家〉于子臧下增「之義」二字。……若此之流，均宜詮明史公之例，以證後儒句讀之訛。

（2）《史記》引經如《易》、《書》之屬，均以訓故之字代本字，其述《左傳》亦然。如昭十七年：「軒轅氏以雲紀，故爲雲師，爲雲名。」〈五帝本紀〉曰：「官名皆以雲命，爲雲師。」即以命釋紀，兼以命釋名。……宜疏通證明者也。

（3）《史記》釋傳有既已易字爲訓，復增字以顯其意者，如僖十年：「失眾焉能殺。」〈秦本紀〉既以「百姓」訓「眾」，以「誅」代「殺」；而復申其義曰：「百姓苟不便，何故能誅其大臣？」……有用其意而悉變其詞者，如以「即奴事之」（〈宋世家〉）釋「則如服也」（僖二十三年）。……有增詞以足傳意者，如昭元年：「鍼懼選于寡君，將待嗣君。」〈秦世家〉則曰：「秦公無道

〔註80〕《遺書》，冊三，頁1596上～1597上，《左盦外集》。

〔註81〕《遺書》，冊三，頁1971上，《左盦外集》所錄。

〔註82〕按今人劉正浩先生即取申叔先生之條例，考證《史記》所述傳文，比麗文辭，排列眾說，而成《太史公左氏春秋義述》（師大國文研究所集刊第六號），極便學者參考。

畏誅（以誅釋還），待其後世乃歸。」以無道及乃歸二字足其意。……有倒其文以顯其義者，如僖三十二年：「彼實構吾二君，寡君若得而食之。」又曰：「使歸就戮于秦，以逞寡君之志。」〈秦本紀〉則曰：「繆公之怨此三人入於骨髓，願令此三人歸，令我君得自快烹之。」蓋省節其語，而以烹字詁上文之食。……有增詞以擴傳意者，如莊十一年：「孤實不敬。」〈宋世家〉曰：「寡人以不能事鬼神，政不修。」即推闡不敬之意者也。……達此數例，則史公詁傳之義明，均宜詳加採錄，以存《左傳》之故訓。

（4）《史記》述傳有省約其詞，易繁爲簡者，有省字之例，如……昭二十九年：「既而復求之，懼而遷于魯縣。」〈夏世家〉作「夏后使求，懼而遷去。」……若是之屬，雖較傳文爲簡，然訓故仍寓于其中，……宜隨文採錄，不必以改傳爲疑。

（5）《左傳》古文爲史公所親睹，《史記》之中，雖以訓故之字改古文，亦有存古文而不改者，而今本所傳《左傳》，則字沿俗體，失古文之眞。故《史記》所存之古文，可以正今本傳文之誤。如〈吳太伯世家〉：「曲而不詘。」詘即屈（襄二十九年）字之古文。……若是之屬，均孔壁古文之僅存者，宜仿薛氏傳均《說文答問疏證》之例，以古文證今本之訛，並明其通叚之由，而辨其字體之正俗，庶舍說文所引外，《左傳》古文猶有可考。

（6）《左傳》當西漢之時，世鮮傳本，致多訛文，史公親見古文，所引之說，有可證今本文字之誤者。如成三年：「齊侯朝于晉，將授玉，郤克趨進曰：『此行也，君爲夫人之笑辱也，寡君未之敢任。』」〈齊世家〉曰：「頃公十一年，晉初置六軍，頃公朝晉欲尊王晉景公，景公不敢受。」〈晉世家〉略同。據此以觀，則「授玉」本作「授王」，謂授以王位也（因晉作六軍，爲天子之制，故推晉侯爲王，猶齊閔王以帝號加秦耳。）。「景公不敢受」，即釋郤克「寡君未之敢任」語，後世則誤王爲玉。……若是之屬，均可據《史記》所易之字，以證《左傳》之古訓，並可證今本文字之訛。是宜闡明其誼，以昭史公訓故之精，並證東漢諸儒之失，庶與穿鑿之學不同。

（7）古文字多獨體，且多假借，故《左傳》所存之文，有明係古文者，後人不知古文通假之例，望文生訓。若是之屬，均宜取《史記》所改之字，用爲正字。如《史記》以「芥雞羽」（〈魯世家〉）釋「介雞」（昭二十五年），則知介即芥字。……是今本所存之字，仍未失古文之眞，惟論其本字，則當以《史記》所改者爲正耳。至于舍《史記》所改之字，別生他訓，則失古文之眞矣。故後儒之訓，均當視其合于《史記》與否？以定從違，庶不失《左傳》古文之旨。

（8）史公述《左傳》，既以訓詁之字釋本字，復增字、增詞，以足傳文之意，而加以推闡；數例以外，復有確指傳文而釋之者，其例有三：一曰確指其義，隱元年：「莊公寤生。」〈鄭世家〉釋之曰：「生之難也。」……二曰確指其地，隱八年載鄭伯易許田事，〈周本紀〉釋之曰：「許田，天子之用事太山田也。」三曰確指某人，桓十一年：「三公子皆君也。」〈鄭世家〉釋之曰：「所謂三公子者，太子忽，其弟突，次弟子亹也。」足證三公子中有子忽而無子儀，此史公釋《左傳》人名之正例。……若是之屬，均宜詳爲甄錄，加以引伸，以正東漢諸說之訛。

（9）史公述《左傳》，有增詞以擴傳文之例，復有釋義、釋地、釋人三例；自是以外，有補傳文記事之缺者：蓋《左傳》一書，雖本百二國寶書，然所記之事，亦有從簡省者，故《公》、《穀》二傳，亦兼詳《左傳》未載之事，而《國語》各書，益足補《左傳》之缺。史公生于西漢，多見故書，故凡《左傳》記事簡約者，採他書以補其缺，使傳義益明，此即伏生《尚書大傳》之例也。如宣十七年：「郤克登婦人笑于房。」《左傳》未言其致笑之故，〈晉世家〉釋之曰：「使郤克于齊，齊頃公母從樓上觀而笑客所以然者，郤克僂，而魯使蹇，衛使眇，故齊亦令人如之以導客。」以郤克爲僂，以婦人爲頃公母，而婦人笑房之故顯然矣。……若是之屬，尤宜詳載，仿阮氏元詩書古訓之例，附於《左傳》原文之下，以爲參考之資。

（10）漢儒註《左傳》者，鄭、賈、服、穎皆生東漢，去古漸遙，已多響說，征南集解，更無論矣。故釋傳之書，其精確均遜于《史記》，非獨訓故已也。後人見《史記》之說，與漢、晉注文不同，遂謂《史記》與傳互異，至加以謗訕，此實巨謬之論也。蓋史公述傳，均係古訓，得傳文之眞；後儒望文生訓，反失傳文之意。凡與《史記》互異者，均可據《史記》以正之，若據後儒注文以正《史記》，可謂是非倒置者矣。如莊八年：「公孫無知虐于雍廩。」九年春：「雍廩殺無知。」〈齊世家〉云：「齊君無知游於雍林，雍林人嘗有怨于無知；及其往游，雍林人襲殺無知。」此史公釋傳文之詞。雍林人嘗有怨于無知，即傳所謂虐于雍廩也（猶言行暴虐于雍廩之地）。雍林人襲殺無知，即傳所謂「雍廩殺無知」也。增一人字，而雍廩之爲地益明。……若是之屬，均宜引伸其義，以證後儒立說之訛，不得據後儒述傳之詞，以斥史公之誤。

（11）《史記》述傳，有似與傳意相違，實則仍與傳相合者，非深思莫克知其意。如襄十年：「子孔當國爲載書以敘位聽政辟，即按次而立爲聽政之君也。」故子產以爲專欲，此《左傳》之古誼也。……若是之屬，均宜用《史記》之說，以證《左傳》本文，不得據《左傳》注文之說，以爲傳義本然，遂別《史記》所言爲異說。此非立異於前儒，蓋以闡明古義爲主，固當爾也。」

（12）《史記》之述《左傳》也，非惟述其事，抑且述其義，蓋左氏微言奧誼，恆寓于論事之詞，故《史記》之中，兼述左氏論事之詞，以爲推闡微言之助。如宣二年載孔子論董狐、趙盾事，〈晉世家〉同其說。……若是之屬，均宜詳采，附錄傳文之後，以證史公稱《左傳》爲《春秋》，並足徵君子曰以下之文，非劉歆所增益，即《左氏》微言奧義，亦或於是可窺矣。

（13）《史記》載言誌事，有與《左氏》意同語別者，如郤至之諫班師（〈晉世家〉與成十六年所載語別。）……係史公約《左傳》之義，而稍易其文。有與《左傳》所記稍殊者，如晉悼語晉臣之言（〈晉世家〉與成十八年所載殊。）……係史公據《左傳》之事，而兼採他書。蓋旁採異說，爲史公述《左傳》家法，均宜詳載其說，以證異同。

（14）《史記》一書，有非述《左傳》之詞，而其語與傳文相證明者，如《左傳》昭二十八年：「昔武王克商，光有天下，兄弟之國，十有五人，姬姓之國，四十人。而〈漢興以來諸侯年表〉云：「武王成康所封數百，而同姓五十五。」所謂五十五者，即總括十五、四十，二數之詞也，此可證明傳誼。……若是之屬，均宜引《史記》之文，以擴傳文之說，是亦引史解經之例也。

（15）《公羊》解經多《左傳》固有之例，惟左氏未筆之於書。如五始、譏世卿、譏二名，左氏家均有古說，其明證也。《史記》之中，間有論《春秋》書法者，如〈趙世家〉曰：「孔子聞趙簡子不請晉君，而執鄲鄲午保晉陽。故書《春秋》曰：『趙鞅以鄲鄲畔。』」〈田敬仲世家〉曰：「陳厲公之殺，以淫出國。故《春秋》曰：『蔡人殺陳佗，罪之也。』」此二誼者，雖與《公羊》多符，然必左氏家相傳之誼與《公羊》同；或其誼見于鐸、虞之書，爲史公所親見；或係張、賈述傳之旨，爲史公所聞；故引爲《春秋》之誼，不得謂史公所言僅本《公羊》也。若是之屬，均宜錄《史記》之文，附于《左氏》經文之後，以闡已絕之微言。

（16）《史記》記春秋之事，雖以《左傳》爲主；然亦旁采雜說，即與《左傳》相異，亦采之以擴異聞。……如〈吳晉世家〉言吳晉爭長事，與哀十一年略同，而〈仲尼弟子傳〉則又言晉人大敗吳師事，此必他籍所錄之異聞也。……史公互錄其事，以待折衷，此一例也。〈晉世家〉兩舉介推之詞，義實相近；蓋《左傳》以為晉文頒賞後所言，他籍以為渡河時所言。史公並載其詞，義主存疑，此又一例也。〈宋世家〉論宋宣讓弟事，既載《左傳》知人之語，而贊文復用《公羊》宋禍首宣公說，蓋以《公羊》之誼，亦有可稱，故附之贊文中，此別一例也。以上三例，其與《左氏》同者，固當採錄；即與《左傳》異者，亦另行鈔錄，以證異同，並于《史記》所載異說，詳徵其所出，以判從違。

（17）《史記》之中，有總括《左傳》之事者，如……〈太史公自序〉云：「春秋之中，弒君三十六，亡國五十二，諸侯奔走，不能保其社稷者，不可勝數」，此皆《史記》據《春秋》古經以稽其數也。非據公、穀今文經（如公、穀經弒君僅三十五，惟《左傳》經三十六，此其證。），其用《左氏》之誼無疑。若是之屬，宜于本書之末，別為一卷，取《史記》總括傳事之詞，詳加解釋，兼可匡後儒釋例之訛。」

（18）《史記》之中，有通論左氏大義者，〈司馬相如傳贊〉云：「《春秋》推見至隱。」此即用成十五年傳：「《春秋》之志，隱而顯」之說也。……若是之屬，宜于本書之末，別為一卷，舉《史記》通論《左傳》之詞，詮明其旨，以闢近人左氏不傳微言之非。

（19）《史記》一書，其記事編年，固有與《左傳》殊異者，如《左傳》：周以陽樊諸田與晉，係僖二十五年春事；賜文公珪鬯弓矢，命為伯，係二十八年事（〈晉世家〉同）。……〈晉世家〉：「趙盾以車八百乘平周亂，而立匡王。」據文十四年傳：趙盾以車八百乘納邾捷菑為一事，平王室又為一事。蓋《史記》誤以率實八百乘為平王室事，而漏伐邾之事也。此皆誤兩事為一事之例，此例於《史記》為最多。此例以外，有記事與《左傳》不同者，如昭二十二年：「王子猛卒。」〈周本紀〉則言猛為子朝所殺。……有事同而人名不同者，如《左傳》僖二十五年，狐偃說晉侯納王，〈晉世家〉作趙衰。……有事同而地名不同者，如昭十三年之棘闈，〈楚世家〉作釐澤。……復有以二人為一人者，如〈晉世家〉以靈輒即示眯明為靈公之宰夫是也。有以一人為二人者，如〈陳杞世家〉以陳悼太子為師，以偃另為一人是也。又如〈周本紀〉言敬王十六年，敬王奔晉；〈趙世家〉載屠岸賈等攻趙氏，均《左傳》所未載。即所載之事悉同《左傳》，亦有年月不符者；此非後世傳寫之訛，即係史公另有所據，或竟係史公記事之疏，亦不必深為曲諱。蓋史公述《左傳》，覃明訓故是其大功，記事偶訛是其所短。若是之屬，亦宜證彼同異，以匡其違，一矯墨守之失。

（20）《左傳》一書，訓故當宗西漢，《史記》而外，若賈誼《新書》，劉向《說苑》、《新序》、《列女傳》，以及班書所載劉歆說，均可證明《左傳》古誼，俟斯編告成後，即推斯例，以治他書，庶西漢古文絕學，不致湮墜。〔註83〕

3. 論左氏之禮例事三端尚待探討

《春秋》與《禮》，實相表裏。故傳發凡，杜預謂皆周公禮典；韓起見〈易象〉、《春秋》，亦謂周禮在魯。是《左傳》之事蹟，每得與《禮》相徵。申叔先生曰：

> 昔江都凌氏作《公羊禮疏》，番禺侯氏作《穀梁禮徵》，而《左氏》則缺如。今觀《左氏》所載古禮，多與《周官》相合。若以《周官》證《左氏》，以西周之禮證東周，以周禮證魯禮，則事半功倍。且《五經異議》一書，所引古文家言，多《左氏》之佚禮。若能疏通證明，亦考古禮者所必取也。〔註84〕

按：申叔先生著有〈周官左氏相通考〉，說明兩漢巨儒，治《周官》者兼治《左氏》。〔註85〕則二書微言大義，多相符合，可即彼通此。又今存許慎《五經異議》之佚文，以論三傳之異義最夥，其中從左氏者又居泰半；〔註86〕然凡論《春秋》之條，即論禮制之條，鄭玄博洽於禮，故於此駁論亦特多。若《說文》所引之《春秋左氏傳》，〔註87〕其說解亦每得與周禮家說互證。今觀餘杭章君癸卯遺申叔先生書謂：「足下所云甄釋字義者，謂取《說文》以補侍中之缺。誠是。」〔註88〕蓋許撰《說文》不惟承其師賈逵之古學，〔註89〕且進而

〔註83〕《遺書》，冊三，頁1597～1606，《左盦外集》。

〔註84〕《遺書》，冊一，頁356上，《讀左劄記》。

〔註85〕按如賈逵周禮學出杜子春，左氏學則本乎家傳；然杜子春與賈徽，並從劉歆受業，左氏、周官二學，至歆始粲然，故二書文義及訓解，自相融會。

〔註86〕按許慎《五經異義》乃考詳白虎觀諸儒異同之論，退而撰成者。其間從《左氏》者三十六條，從《公羊》者二條，從《左氏》、《穀梁》者一條，並從《左氏》與《公羊》者二條，從《公羊》與《穀梁》者一條，又有總論大義或按語失考者五條。以意在博通，故不泥執於一家。

〔註87〕按據馬宗霍氏《說文解字引經考》所言，《說文》引「春秋傳曰」者，凡一百七十八字，皆古《左氏》說。

〔註88〕《遺書》，冊三，頁1971上，《左盦外集》。

〔註89〕按陶方琦〈許君年表〉云：「許君從逵受古學，必先通《左氏春秋》。」（《許學考》卷二六頁43）諸可寶〈許君疑年錄〉云：「許君固五經無雙者，而尤以

匯為大成，故申叔先生昌言據《說文》所釋之字義，足補賈君說左之失，洵不誣也。

傳以釋經，儒家通義。杜預治《春秋左氏傳》謂：「專修丘明之傳以釋經，經之條貫，必出於傳；傳之義例，總歸諸『凡』。」〔註90〕杜氏以「凡」五十為「周公之垂法，史書之舊章，仲尼從而修之，以成一經之通體。……諸稱『書』、『不書』、『先書』、『故書』、『不言』、『不稱』、『書曰』之類，皆所以起新舊，發大義；謂之變例。」〔註91〕是則凡例乃如天經地義，未容衡評者。申叔先生則反對此說，謂「凡」與不「凡」，無新舊之別，皆丘明所立。其言曰：

> 漢儒舊說，「凡」與不「凡」，无新舊之別，不以五十凡為《周公禮經》。明經為孔子所作，經文書法，刱自孔子也。杜預以下，悉以五十凡為周公舊典，魏、晉以前，未聞斯說，今以本傳證之，莊十一年：「得儁曰克。」成十二年：「自周無出。」傳均言「凡」。又隱元年云：「如二君故曰克。」僖二十四年云：「天子無出。」傳文均弗言「凡」。兩文互較，厥例實符；周、孔之分，新舊之別，果安在耶？後師疏明杜例，至以易數大衍相擬，斯愈弗足辯矣。〔註92〕

又曰：

> 凡與不凡，概因經立，鴻筆之人，惟主丘明。〔註93〕

是謂凡例與書法無別，無周公、孔子之分，五十凡例本左氏一家之學。惟《左氏》之例，不僅五十，杜預凡例，實多未備。申叔先生曰：

> 《左傳》之例，有著凡字以為標者，有不著凡字而亦為例者，征南據其著凡字者以為言，故所釋之例僅五十條。自此以外，《左氏》佚例可據傳文類求，如隱元年：「天王使宰咺來歸惠公仲子之賵。」傳云：「緩，且子氏未薨，故名。」是天子大夫貶之則稱名，於恆例則應書字，故經文所書南季仍叔、家父榮叔，皆天下之大夫稱字者也。

---

《左氏》為專門名家之學。」（頁14）馬宗霍氏〈說文引春秋傳考敘〉云：「《後漢書・賈逵傳》稱父徽從劉歆受《左氏春秋》，兼習《國語》，逵傳父業。據此，則賈逵《左氏》之學，於賈誼為八傳。……由逵越賈生而上溯，則逵於丘明為十六傳，許君從逵受古學，故於《春秋》宗《左氏》矣。」

〔註90〕見杜預《春秋左氏傳集解》序。

〔註91〕同註97。

〔註92〕《遺書》，冊一，頁415下，《春秋左氏傳例略》。

〔註93〕《遺書》，冊一，頁392上，《春秋左氏傳古例詮微》。

此佚例可攷者一。又隱元年：「公及邾儀父盟於蔑。」傳云：「未王命，故不書爵。」莊五年：「郳犂來來朝。」傳云：「名未王命也。」是附庸之君未王命者，例皆書名，褒之則稱字，經文所書榮叔，蓋亦援儀父之例，此佚例可攷者二。約舉二例，餘例尚多，有傳中所載之言，而即爲例者：如有事而會，不協而盟，是有引禮文以爲例者，有加故字而亦爲例者，似皆在五十凡例以外。〔註 94〕

又曰：

征南作釋例，於傳中有一、二字可爲例者，即穿鑿附會。擴而充之，其絕無依傍者，即竊取各家之例，以爲已說，在《左氏》固未見明文。若能仿劉氏治《公羊》、柳氏治《穀梁》之例，別爲一書，吾知其必勝於征南矣。〔註 95〕

按：劉逢祿《公羊何氏釋例》與柳興宗《穀梁大義述》，皆推闡嚴密，頗有條貫，故申叔先生以爲仿之而作左氏例，必能藥杜預之失。昔者董仲舒嘗云：「《詩》無達詁，《易》無達占，《春秋》無達辭。」〔註 96〕洪興祖亦云：「《春秋》本無例，學者因行事之迹以爲例；猶天本無度，治曆者即周天之數以爲度。」〔註 97〕其言殊有理致。然初學者，必先略明其例，始不致茫無頭緒，特不當過分拘泥如今文經師耳。

《左傳》一書，包羅萬有，天象地文，禮樂征伐，制度考文之事，無不畢具。據申叔先生之言，《左氏》所記所陳，於孔子講述者外，復參考百二十國寶書而補益之，故語極浩博。《史記・十二諸侯年表》序云：「鐸椒爲楚威王傅，爲王不能盡觀《春秋》，采取成敗，卒四十章，爲《鐸氏微》。趙孝成王時，其相虞卿，上采《春秋》，下觀近世，亦著八篇，爲《虞氏春秋》。呂不韋者，秦莊襄王相，亦上觀尚古，刪拾《春秋》，集六國時事，以爲八覽、六論、十二紀，爲《呂氏春秋》。及如荀卿、孟子、公孫固、韓非之徒，各往往捃摭《春秋》之文以著書，不可勝紀。」今鐸椒、虞卿之書雖佚，然申叔

〔註 94〕見遺書冊三頁 1970 上，《左盦外集》所錄〈答章太炎論左傳書〉。

〔註 95〕同註 84。按申叔先生著〈春秋左氏傳時月日古例考〉一卷，其目錄列正例二十五例，可見釋例之一斑。

〔註 96〕見《春秋繁露》卷三，頁 9：〈精華第五〉。

〔註 97〕見 1986 年臺北：臺灣商務印書館影印文淵閣《四庫全書》本：史部第 677～680 冊收錄朱彝尊《經義考》卷一百八十六《春秋》十九：洪氏（興祖）《春秋本旨》條載：宋・陳振孫《直齋書錄解題》所轉述。

先生嘗證虞氏所引者爲左氏傳。至於荀卿、呂不韋、韓非及兩漢之書，〔註98〕亦大量引述《左傳》，申叔先生均極珍視，以爲須加輯錄，用證左氏之非出自僞託。其言曰：

> 《左氏》一書，爲東周之信史。周末之書，多引《左氏》。昔孫淵如先生作《春秋集證》，大約即羣書之本於《左氏》者，以考其異同。惜其書失傳，未有刊本。若能彷阮氏詩書古訓之例，凡周秦兩漢之書，其援引《左氏》者，分類輯錄，附於左氏原文之後，以證左氏非僞託之書，此亦左氏之功臣也。〔註99〕

按：今人劉正浩氏所撰《先秦諸子述左傳考》及《兩漢諸子述左傳考》，引子證經，從古籍中旁推而交通之，俾左氏蘊義，得以盡情發揮，蓋亦申叔先生之微意也。

要之，申叔先生以爲《左氏》一書，其待後儒討論者，約有三端：一曰禮，二曰例，三曰事。「三書若成，則左氏之學必可盛興。若夫曆譜、地輿之學，治左氏者多詳之，惟考證多疏，董而理之，殆亦後儒之責歟！」。〔註100〕今世承學之士，倘能有志於斯，勒成耑門名家之業，不勝馨香禱祝之矣。

〔註98〕同註51。
〔註99〕同註84。
〔註100〕同註84。

# 第捌章　結　論

遜清乾隆初葉，儒士爲學，尊漢而薄宋，其所張之漢，爲漢之東京。至嘉、道之際；有所謂西京之漢說興，而今古文門戶復立。〔註1〕儀徵劉氏以治《春秋左氏傳》爲其家學，故申叔先生初亦尊尚古文，而力攻今文家。曾先後撰〈漢代古文學辨誣〉、〈論孔子無改制之事〉及〈非古虛〉上下篇，以駁廖平之《今古學考》與康有爲之《孔子改制考》、《新學僞經考》。其論定一說，必旁推交審，抉發隱微，以鉗今師之口，辯證精博，雖百思莫能或易也。故其論清代漢學第四期：

> 嘉、道之際，叢綴之學，多出于文士；繼則大江以南，工文之士，以小慧自矜，乃雜治西漢今文學，旁采讖緯以爲名高。故常州之儒，莫不理先漢之絕學，復博士之緒論。前有二莊，後有劉、宋，南方學者聞風興起。及考其所學，大抵以空言相演，繼以博辯。其說頗返于懷疑。然運之于虛，而不能證之以實。或言之成理，而不能持之有故。于學術合于今文者，莫不穿鑿其詞，曲說附會，于學術異于今文者，莫不巧加詆毀，以誣前儒。甚至顚倒羣經，以伸己見。〔註2〕

申叔先生斥清代今文學派爲虛誣派，是反今文家最力者也。

其後申叔先生於今文家稍爲通融，對廖平等亦漸多寬假，論者謂其前後異趣。實則先生之所以齗齗爭辯者，乃今文家目古文經傳爲僞造及孔子改制之說，並非視今文經全屬無稽，故亦不排斥今文經。其言曰：

> 大約古今說經之書，每書皆有可取處，要在以己意爲折衷耳。〔註3〕

〔註1〕見李漁叔先生《魚千里齋隨筆》卷上，頁12。

〔註2〕《遺書》，冊三，頁1784，《左盦外集》。

〔註3〕見《遺書》冊四，頁2353《經學教科書》第一冊序所注。

先生於前期著作中，間有引用今文經者。如《中國民約精義》之〈上古篇〉，《攘書》之〈夷裔篇〉，《周末學術史序》之〈社會學史序〉及〈哲理學史序〉，皆引《公羊》以發其微旨。故錢玄同序稱：「劉君前期解經，憙實事求是，憙闡發經中粹言，故雖偏重古文，偏重左氏，偏重漢儒經說，實亦不專以此自限」〔註 4〕者，蓋謂此也。

要之，申叔先生雖主古文經學，但並不墨守漢儒家法故轍；雖反對今文學派之非古、疑古說，但亦不否定今文經。此其兼綜今文，左右采獲之本旨，蓋揚州學派如此，亦承阮元之教然也。

吾人於第參章至第柒章內，已就申叔先生有關《易》、《書》、《詩》、《禮》及《春秋左氏傳》五經之學，深致探研，今則綜論如次：

申叔先生《易》學雖承惠棟、張惠言及焦循諸家之緒餘，融通漢、宋，兼采理、數；然不拘陰陽消息，且獨持《易》於〈象傳〉之外，兼有〈象經〉之說，足見其別有創見，亦自有所折衷也。由於申叔先生篤好古文經學，故對今文家龔自珍之不信中古文，極力考辨，因謂：中古文即孔安國所獻古文《尚書》，以遭巫蠱事未立學官，因藏祕府，故謂之「中」，示與今文有別，故謂之「古文」。至成帝時，發祕校理，而後有「中古文」之名也。又謂：《尚書》孔傳實有二僞本，一爲曹魏中葉儒者僞作，一爲東晉梅頤所獻僞孔安國《尚書》五十八篇；魏代《尚書》孔傳，經眞傳僞，東晉《尚書》孔傳，經（指較今文多出之二十五篇）傳俱僞。又以〈書序〉乃古文家所特專，非今文所夙有。且今古文皆有〈泰誓〉，民間晚出之〈泰誓〉與今古文同，而唐人以惑於僞古文，遂目之爲「僞」耳（煌按：今古文皆有〈泰誓〉辭，特非先秦之眞本焉耳。詳見第肆章第六目。）申叔先生又謂：古人於詩，自作爲作、爲賦；諷詠前人之詩亦稱作、稱賦。四家詩序，或溯其源，以指作詩之人；或明其用，以指賡詩之人，是故所載間殊，而義實歸一也。蓋荀卿弟子所記各有所偏，各本所記相教授，由是詩誼由合而分也。又以邶、鄘、衛乃武庚、管叔、蔡叔、霍叔之故土，亦即邶、東、殷三地；其疆域範圍，則鄭玄《詩譜》所云：「自紂城而北謂之邶，南謂之鄘，東謂之衛」當近是。至於所謂頌，則兼備樂舞與祀神之用。又所撰《毛詩札記》，詮釋毛詩字義凡六十三條，其例有九：一、疏引王肅說而立訓似曲；二、疏申傳而非傳旨，或因之益晦；三、箋與傳異義，而疏誤以鄭誼爲毛誼；四、箋與傳異義，而疏以箋意混傳，

〔註 4〕見《遺書》冊一，頁 36 所附〈錢玄同序〉。

因之致誤；五、箋誤，而疏據箋義申傳，因以致誤；六、毛傳訓頗允洽，而陳奐傳疏反致誤；七、毛傳無說，而陳奐傳疏誤以他說爲毛義；八、箋得傳義，而陳奐傳疏致誤；九、諸家俱無釋，而自創爲新說者。是乃博採諸家注疏，糾其謬誤，而發其新解之作也。所撰毛詩詞例舉要，凡三十一例，詳於經義之闡發，說《詩》者不可不讀也。

夫三禮之學，爲申叔先生畢生精力之所萃。其所撰《西漢周官師說考》，乃據《漢書・王莽傳》而成者。其《周禮古注集疏》，申杜氏（子春）及二鄭（鄭興、鄭眾父子。）之說，尤於鄭眾之說，推崇備至，謂爲有本之學（一、本於《尚書》師說，二、本於劉歆《周官》說，三、與王莽同說。）。至於鄭玄之注，則得失參半，約其條例，得者凡八：一、後鄭用先鄭說；二、後鄭同於先鄭說；三、後鄭合於先鄭說；四、後鄭增成先鄭之注義；五、後鄭所釋蓋亦舊說；六、後鄭所釋雖非先鄭義，然說亦可通；七、後鄭之說優於杜氏及先鄭；八、後鄭之說近是者。失者有九：一、後鄭與杜氏義殊；二、後鄭與許書背，非達詁；三、後鄭不達先鄭之旨，妄破先鄭以致誤；四、後鄭不如先鄭；五、後鄭自歧其說，而先鄭確然弗惑；六、後鄭雖與先鄭同說，然後鄭之說似未可從；七、後鄭說之未晐；八、後鄭之說於古無徵，疑亦臆說；九、後鄭所釋，未知是否的當者。蓋申叔先生集疏《周禮》古注，意在折衷先鄭、後鄭；若後鄭之說有未善者，則徵引近儒江永、金鶚、黃以周、俞樾及孫詒讓諸家之說以論定之。試觀其殘存之〈地官九卷集疏〉，於西周田制之詮釋綦詳；其他亦足以考見周代之朝野情狀，彌足珍視也。又申叔先生所撰之《禮經舊說》，於《儀禮》十七篇之次第與大要，闡釋詳明，頗便初學。且於羣書及經注中，檢尋逸禮篇名之確可考徵者，凡十種。十篇之外，有文見《大戴》，而莫由定其確屬逸禮者；又有篇見《大戴》，而文似逸禮者，申叔先生亦蒐羅剔抉，考訂是非，皆有所論定焉。至於所撰《王制篇集證》、〈月令論〉、〈中庸說〉及〈格物解〉等，雖部分不免有待斟酌，然大都引證精當，詮釋明確。要之，於鄭學而外，別啓康莊以導後學，誠絕業也。

《春秋左氏傳》爲儀徵劉氏奕葉家學，雖申叔先生未能踵武其先世緒業（《春秋左氏傳舊注疏證》）而爲之；然所致力之〈春秋古經箋疏〉暨左氏傳古例（按劉文淇致沈欽韓書云：「文淇所爲疏證，專釋訓詁名物典章，而不言例。其《左氏》例，另爲一表，皆以《左氏》之例釋《左氏》，其不知者，概從闕如。」），以其博識淹通，故持論無不精審。語其貢獻，則在力主《左傳》

爲釋經之書、《左傳》未經後儒附益、《左傳》君子曰非劉歆所增竄、洪邁謂《左傳》議論遺辭害理之非，以闢前儒對《左傳》之誹詆；又主《左傳》嚴華夷之界、《左傳》富民主思想，以闡《左傳》之精義；最後則主推考《左氏》故誼應資取諸子《史記》、研治《左傳》之條例凡二十、《左氏》之禮例事三端尚待探討，別開研究之蹊徑。今世承學之士，有志於斯，倘亦勒成耑門名家之業，固所欣願也。

此外，申叔先生對於經學上源流與派別，以理路至晰，慧眼獨具，故有提要鉤玄之作（參見第參章至第柒章所述五經之傳授及歷朝五經學）。又其序《經學教科書》（第一冊）云：

> 大抵兩漢之時，經學有今文、古文之分，今文多屬齊學，古文多屬魯學。今文家言多以經術飾吏治，又詳于禮制，喜言災異五行；古文家言詳于訓詁，窮聲音文字之原，各有偏長，不可誣也。六朝以降，說經之書，分北學、南學二派。北儒學崇實際，喜以漢儒之訓說經，或直質寡文；南儒學尚浮夸，多以魏、晉之注說經，故新義日出。及唐人作義疏，黜北學而崇南學，故漢訓多亡。宋、明說經之書，喜言空理，不遵古訓，或以史事說經，或以義理說經，雖武斷穿鑿，亦多自得之言。近儒說經，崇尚漢學：吳中學派，掇拾故籍，詁訓昭明；徽州學派，詳于名物典章，復好學深思，心知其意；常州學派，宣究微言大義，或推經致用。故說經之書，至今日而可稱大備矣。〔註5〕

若非綜貫羣經，援據博洽，安有如是明融之斷制。至於文辭之淵雅，猶其餘事，蓋他家所弗逮也。

祇惜申叔先生英年早世，以有限之歲月，成如斯之績學，而精博逾於常人，故並世學者莫不深佩其識見。如張繼云：「申叔務爲深湛之思，經學最勝，中以《春秋左氏傳》、《周禮古注集疏》，致力尤勤。《春秋》明大義，嚴夷夏之防；《周官》隆禮制，植人倫之本，此申叔微恉也。」〔註6〕汪東云：「若其經學，能盡通今古文家之說，尤邃《周官》、《左氏》，條理密察，轉勝前人。此聞諸季剛，余固未嘗親炙也。」〔註7〕黃侃云：「我滯幽都，數得相見；敬

〔註5〕《遺書》，冊四，頁2353上，《經學教科書》。
〔註6〕見《遺書》冊一，頁32所附張繼序。
〔註7〕見《遺書》冊一，頁32所附汪東序。

佩之深，改從北面。夙好文字，經術誠疏；自值夫子，始辨津塗。」〔註 8〕以黃君之睥睨羣倫，年華與申叔先生相若，兼又同任教北大，竟下拜而師事之。此不僅見黃君篤學服善之心，亦足徵申叔先生經術之淹通博貫，舉世罕有其匹也。尤以章太炎氏與申叔先生交最密切，有「與君學術素同，蓋乃千載一遇」之語，又嘗貽先生書云：「國粹日微，賴子提倡。」〔註 9〕是申叔先生於國粹之學，其影響民初學風者實至鉅也。

昔王充《論衡》嘗謂：「博士弟子郭路，夜定五經章句，精思不任，殞於燭下。」此由才不副志，英華內竭，遂爾銷鑠以亡。若申叔先生之溺志羣籍，抽心祕文，疾疢纏身，神勞算促；然其等身著作．經術無雙，蔚爲奇馨，歷久不滅，則又與朝榮夕瘁者異矣。〔註 10〕値本書撰述既竟，益覺先生經學之淹貫精深，蠡測之言，容有未當；而瓣香之志，將永矢弗諼也。

〔註 8〕見《遺書》冊一，頁 30 所附黃侃撰〈先師劉君小祥會奠文〉。

〔註 9〕見《遺書》冊一，頁 27 所附章氏於民前六年〈與劉光漢書〉。

〔註 10〕見《遺書》冊一，頁 40 所附南桂馨序。以及《魚千里齋隨筆》卷上，頁 13～14。

# 主要參考書目


《劉申叔先生遺書》，劉師培，京華書局景印民國25年寧武南氏校本。

（按：以上係本論文資料之主要來源，故特予前列。其他有關徵引書目，則按部別類，各略依著者時代其先後如下。）

## 甲、經　部

### 一、易　類

1. 《易緯乾鑿度》，（漢）鄭玄注，成文出版社刊無求備齋易經集成本。
2. 《周易略例》，（魏）王弼，成文出版社刊無求備齋易經集成本。
3. 《周易注疏》，（魏）王弼．（晉）韓康伯注．（唐）孔穎達疏，藝文印書館景印十三經注疏本。
4. 《易例》，（清），惠棟，藝文印書館景印皇清經解本。
5. 《周易述》，（清）惠棟，成文出版社景印清乾隆廿一年雅雨堂刊本。
6. 《周易虞氏義》，（清）張惠言，藝文印書館景印皇清經解本。
7. 《易通釋》，（清）焦循，藝文印書館景印皇清經解本。
8. 《易圖略》，（清）焦循，藝文印書館景印皇清經解本。
9. 《周易釋爻例》，（清）成蓉鏡，，藝文印書館景印皇清經解續編本。
10. 《學易筆談》，杭辛齋，廣文書局景印本。
11. 《周易論略》，陳柱，臺灣商務印書館景印本。
12. 《周易解題及其讀法》，錢基博，臺灣商務印書館景印本。
13. 《易義概論》，李翊灼，黃徵景印東北大學講義本。
14. 《周易大綱》，吳康，臺灣商務印書館景印本。

15. 《周易新解》，曹昇，中華文化出版事業委員會排印本。
16. 《易事理學序論》，劉百閔，香港龍門書店排印本。
17. 《周易事理通義》，劉百閔，中華大典編印會排印本。
18. 《談易》，戴君仁，臺灣開明書店排印本。
19. 《先秦漢魏易例述評》，屈萬里，學生書局排印本。
20. 《易學應用之研究（一）》，陳立夫等，臺灣中華書局景印本。
21. 《易學通論》，王瓊珊，廣文書局景印本。
22. 《先秦易學史》，高懷民，中國學術著作獎助委員會排印本。
23. 《兩漢易學史》，高懷民，中國學術著作獎助委員會排印本。
24. 《易經研究》，徐芹庭，五洲出版社景印本。
25. 《兩漢十六家易注闡微》，徐芹庭，五洲出版社景印本。
26. 〈周易科學思想〉，陳泮藻，學粹八卷 6 期。
27. 〈周易縱橫談〉，黃慶萱，幼獅月刊四七卷 2 期。

## 二、尚書類

1. 《尚書注疏》，舊題（漢）孔安國傳．（唐）孔穎達疏，藝文印書館景印十三經注疏本。
2. 《尚書古文疏證》，（清）閻若璩，政大中正圖書館藏眷西堂刊本。
3. 《古文尚書考》，（清）惠棟，藝文印書館景印皇清經解本。
4. 《古文尚書冤詞》，（清）毛奇齡，清乾隆卅五年刊毛西河全集本。
5. 《尚書後案》，（清）王鳴盛，藝文印書館景印皇清經解本。
6. 《古文尚書撰異》，（清）段玉裁，藝文印書館景印皇清經解本。
7. 《尚書今古文注疏》，（清）孫星衍，藝文印書館景印皇清經解本。
8. 《尚書餘論》，（清）丁晏，藝文印書館景印皇清經解續編本。
9. 《書序述聞》，（清）劉逢祿，藝文印書館景印皇清經解續編本。
10. 《尚書大義》，唐文治，廣文書局景印本。
11. 《尚書大綱》，吳康，臺灣商務印書館景印本。
12. 《尚書釋義》，屈萬里，中華文化出版事業委員會排印本。
13. 《漢石經尚書殘字集證》，屈萬里，中央研究院歷史語言研究所專刊。
14. 《閻毛古文尚書公案》，戴君仁，中華叢書編審委員會排印本。
15. 〈古文尚書作者研究〉，戴君仁，孔孟學報 1 期。
16. 〈古文尚書冤詞再平議〉，戴君仁，東海大學學報二卷 1 期。
17. 〈尚書述略〉，林尹，政大三十週年紀念論文集。

## 三、詩經類

1. 《毛詩注疏》，(漢) 毛亨傳 · (漢) 鄭玄箋 · (唐) 孔穎達疏，藝文印書館景印十三經注疏本。
2. 《詩本義》，(宋) 歐陽脩，臺灣商務印書館景印四部善本叢刊一集。
3. 《詩集傳》，(宋) 朱熹，臺灣商務印書館四部叢刊三編本。
4. 《詩序辨説》，(宋) 朱熹，藝文印書館百部叢書集成景印學津討原本。
5. 《詩經通論》，(清) 姚際恆，廣文書局景印本。
6. 《毛詩傳箋通釋》，(清) 馬瑞辰，藝文印書館景印皇清經解續編本。
7. 《詩毛氏傳疏》，(清) 陳奐，藝文印書館景印皇清經解續編本。
8. 《詩經研究》，謝无量，臺灣商務印書館景印本。
9. 《詩經學》，胡樸安，臺灣商務印書館景印本。
10. 《詩經學纂要》，徐澄宇，廣文書局景印本。
11. 《詩經通釋》，王靜芝，輔仁大學文學院排印本。
12. 〈詩序明辨〉，潘重規，學術季刊四卷4期。
13. 〈朱子詩序舊説敘錄〉，潘重規，香港新亞書院學術年刊9期。

## 四、禮　類

1. 《周禮注疏》，(漢) 鄭玄注 · (唐) 賈公彥疏，藝文印書館景印十三經注疏本。
2. 《儀禮注疏》，(漢) 鄭玄注 · (唐) 賈公彥疏，藝文印書館景印十三經注疏本。
3. 《禮記注疏》，(漢) 鄭玄注 · (唐) 孔穎達疏，藝文印書館景印十三經注疏本。
4. 《禮記通論》，(清) 邵懿辰，藝文印書館景印皇清經解續編本。
5. 《周禮正義》，(清) 孫詒讓，藝文印書館景印楚學社遂湖精舍本。
6. 《禮記校證》，王夢鷗，藝文印書館排印本。
7. 《禮記選注》，王夢鷗，正中書局排印本。
8. 《大小戴記選注》，王夢鷗，正中書局排印本。
9. 《三禮鄭氏學發凡》，李雲光，嘉新文化基金會排印本。
10. 《中國古代禮教史》，周林根，臺灣商務印書館排印本。
11. 《春秋吉禮考辨》，周何，嘉新文化基金會排印本。

## 五、春秋左傳類

1. 《春秋左傳注疏》，(晉) 杜預注 · (唐) 孔穎達疏，藝文印書館景印十三經注疏本。
2. 《春秋啖趙集傳纂例》，（唐）陸淳，藝文印書館百部叢書集成景印經苑本。
3. 《春秋傳》，（宋）胡安國，臺灣商務印書館四部叢刊續編本。
4. 《學春秋隨筆》，（清）萬斯大，藝文印書館景印皇清經解本。
5. 《左傳補注》，（清）姚鼐，惜抱軒全集本。
6. 《左氏春秋考證》，（清）劉逢祿，藝文印書館影印皇清經解本。
7. 《春秋左氏傳舊注疏證》，（清）劉文淇，明倫出版社景印本。
8. 《左傳通論》，方孝岳，臺灣商務印書館景印本。
9. 《春秋辨例》，戴君仁，中華叢書編審委員會排印本。
10. 《左傳論文集》，楊向奎等，木鐸出版社景印本。
11. 〈論左傳君子曰〉，楊向奎，文瀾學報二卷 1 期。

## 六、羣經總義類

1. 《白虎通德論》，（漢）班固，臺灣商務印書館四部叢刊本。
2. 《經典釋文》，（唐）陸德明，臺灣商務印書館四部叢刊本。
3. 《六經奧論》，舊題（宋）鄭樵，台灣大通書局景印通志堂經解本。
4. 《熊先生經說》，（宋）熊朋來，台灣大通書局景印通志堂經解本。
5. 《授經圖》，（明）朱睦㮮，廣文書局書目續編本。
6. 《經義考》，（清）朱彝尊，浙江書局刊本。
7. 《群經補義》，（清）江永，藝文印書館景印皇清經解本。
8. 《傳經表》，（清）洪亮吉，洪北江全集本。
9. 《經義述聞》，（清）王引之，藝文印書館景印皇清經解本。
10. 《經學通論》，（清）皮錫瑞，臺灣商務印書館萬有文庫薈要本。
11. 《經學歷史》，（清）皮錫瑞，臺灣商務印書館景印本。
12. 《經學源流考》，甘鵬雲，廣文書局國學珍籍彙編景印崇雅堂聚珍版本。
13. 《中國經學史》，馬宗霍，臺灣商務印書館中國文化史叢書本。
14. 《經學通志》，錢基博，臺灣中華書局景印本。
15. 《十三經概論》，蔣伯潛，中新書局景印本。
16. 《經學通論》，劉百閔，國防研究院景印本。
17. 《五經四書要旨》，盧元駿，三民書局排印本。
18. 《古籍導讀》，屈萬里，臺灣開明書店排印本。
19. 《兩漢經學今古文平議》，錢穆，香港新亞書院排印本。
20. 《六十年來之國學（一）》，程發軔編，正中書局排印本。

21. 《經學通論》，王靜芝，環球書局排印本。
22. 《群經述要》，高明編，黎明文化事業公司排印本。

## 乙、史　部

### 一、正史類

1. 《史記》，（漢）司馬遷，臺灣商務印書館百衲本二十四史。
2. 《漢書》，（漢）班固，臺灣商務印書館百衲本二十四史。
3. 《後漢書》，（劉宋）范曄，臺灣商務印書館百衲本二十四史。
4. 《三國志》，（晉）陳壽，臺灣商務印書館百衲本二十四史。
5. 《漢書補注》，王先謙，藝文印書館景印長沙王氏虛受堂校刊本。

### 二、雜史別史類

1. 《國語》，（吳）韋昭，臺灣商務印書館四部叢刊本。
2. 《逸周書集訓校釋》，（清）朱右曾，藝文印書館景印皇清經解續編本。

### 三、政書類

1. 《通典》，（唐）杜佑，新興書局景印武英殿本。
2. 《文獻通考》，（元）馬端臨，新興書局景印武英殿本。

### 四、傳記方志類

1. 《國朝先正事略》，（清）李元度，文海出版社景印本。
2. 《碑傳集》，（清）錢儀吉，藝文印書館景印江蘇書局校刊本。
3. 《續碑傳集》，（清）繆荃蓀，藝文印書館景印江楚編譯書局刊本。
4. 《許君年表》，（清）陶方琦，藝文印書館百部叢書集成景印許學叢書本。
5. 《許君疑年錄》，（清）諸可寶，金鉞刊許學四種本。
6. 《清儒學案》，徐世昌，世界書局景印本。
7. 《清代樸學大師列傳》，支偉成，藝文印書館景印本。
8. 《儀徵劉孟瞻年譜》，（日本）小澤文四郎，文海出版社景印本。
9. 《近代二十家評傳》，王森然，文海出版社景印本。
10. 《先秦諸子繫年》，錢穆，香港大學出版社排印本。
11. 《續修江都縣志》，錢祥保等，成文出版社景印民國 15 年刊本。

### 五、目錄類

1. 《郡齋讀書志》，（宋）晁公武，臺灣商務印書館景印四部善本叢刊一集。

2.《中國歷代經籍典》,(清)陳夢雷編,臺灣中華書局景印古今圖書集成本。
3.《四庫全書總目提要》,(清)紀昀等,藝文印書館景印清刊本。

## 六、史評類

1.《史通》,(唐)劉知幾,臺灣商務印書館四部叢刊本。
2.《文史通義》,(清)章學誠,嘉業堂刊章氏遺書本。
3.《古史辨》,顧頡剛等,明倫出版社景印本。

# 丙、子　部

## 一、先秦諸子類

1.《荀子》,(周)荀況,臺灣商務印書館四部叢刊本。
2.《韓非子》,(周)韓非,臺灣商務印書館四部叢刊本。
3.《呂氏春秋》,(秦)呂不韋,臺灣商務印書館四部叢刊本。

## 二、儒學類

1.《孔叢子》,舊題(漢)孔鮒,臺灣商務印書館四部叢刊本。
2.《新論》,(漢)桓譚,臺灣商務印書館四部叢刊本。
3.《朱子全書》,(宋)朱熹,臺灣中華書局四部備要本。
4.《朱子語類》,(宋)黎靖德輯,正中書局景印明成化覆刊宋黎氏編類本。

## 三、雜學類

1.《淮南子》,(漢)劉安,先知出版社景印二十二子本。
2.《論衡》,(漢)王充,臺灣商務印書館四部叢刊本。
3.《金樓子》,梁元帝,臺灣商務印書館四庫全書珍本別輯。
4.《容齋隨筆》,(宋)洪邁,臺灣商務印書館四部叢刊續編本。
5.《困學紀聞》,(宋)王應麟,臺灣商務印書館四部叢刊三編本。
6.《日知錄》,(清)顧炎武,臺灣商務印書館景印本。
7.《癸巳類稿》,(清)俞正燮,藝文印書館景印皇清經解續編本。
8.《東塾讀書記》,(清)陳澧,海粟樓叢書本。
9.《古春風樓瑣記(一)》,高拜石,台灣新生報社排印本。
10.《魚千里齋隨筆》,李漁叔,臺灣中華書局排印本。

## 四、類書類

1.《藝文類聚》,(唐)歐陽詢,新興書局景印宋紹興丙寅年刻本。

2. 《初學記》,(唐)徐堅,藝文印書館景印宋紹興四年刊本。
3. 《太平御覽》,(宋)李昉等,臺灣商務印書館景印日本東京靜嘉堂文庫藏宋刊本。
4. 《玉海》,(宋)王應麟,大化書局景印日本京都建仁寺兩足院藏元至正十二年重刊本。

## 丁、集　部

### 一、別集類

1. 《昌黎先生集》,(唐)韓愈,臺灣中華書局四部備要本。
2. 《歐陽文忠公集》,(宋)歐陽脩,臺灣商務印書館四部叢刊本。
3. 《亭林文集》,(清)顧炎武,臺灣商務印書館四部叢刊本。
4. 《曝書亭集》,(清)朱彝尊,臺灣商務印書館四部叢刊本。
5. 《戴東原集》,(清)戴震,清嘉道間刊經韻樓叢書本。
6. 《述學》,(清)汪中,臺灣商務印書館四部叢刊本。
7. 《孫淵如詩文集》,(清)孫星衍,臺灣商務印書館四部叢刊本。
8. 《揅經室集》,(清)阮元,臺灣商務印書館四部叢刊本。
9. 《定盦文集》,(清)龔自珍,臺灣商務印書館四部叢刊本。
10. 《古微堂集》,(清)魏源,清光緒八年淮南書局刊本。
11. 《王觀堂先生全集》,王國維,文華出版公司景印本。
12. 《章氏叢書》,章炳麟,世界書局景印本。
13. 《汪旭初先生遺集》,汪東,文海出版社景印本。
14. 《書傭論學集》,屈萬里,臺灣開明書店排印本。
15. 《梅園論學集》,戴君仁,臺灣開明書店排印本。
16. 《高明文輯》,高明,黎明文化事業公司排印本。

### 二、總集類

1. 《文選》,(梁)蕭統,藝文印書館景印胡克家仿宋本。
2. 《詁經精舍文集》,(清)阮元輯,藝文印書館百部叢書集成景印文選樓叢書本。

### 三、詩文評類

1. 《文心雕龍》,(梁)劉勰,臺灣商務印書館四部叢刊本。